先義後利の経営

渋沢栄一が求めた
経済士道

田中一弘

有斐閣

目　次

第4章 経済士道 実業道即ち士道――157

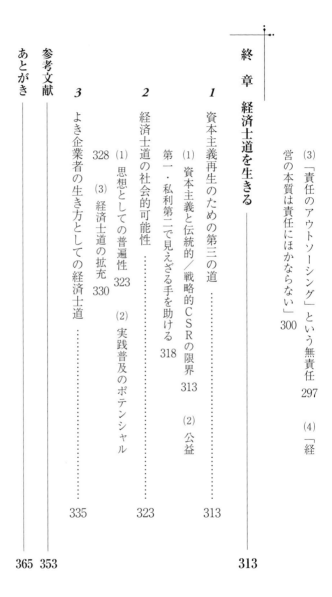

凡例

1　原則として、原典における旧字体は新字体に、歴史的仮名遣いは現代仮名遣いにそれぞれ改め、必要に応じて句読点を補った。また、適宜、漢字を仮名に改めるとともに、難読文字にはルビを付した。

2　〔　〕内は、引用者による補足的説明である。

序章　渋沢栄一が求めたもの

1　論語と算盤を一致させる

日本資本主義の父と言われる実業家・渋沢栄一が、「論語と算盤《そろばん》」を唱えたことはよく知られている。経済活動における「論語＝道徳」と「算盤＝経済」との両立を説く渋沢のこの考え方を「道徳経済合一説」とも言う。本書は、①渋沢が唱道した道徳経済合一説の真意を読み解き、それをもとに②渋沢が求めた、現代にも通じる「よき企業者」のあり方を明らかにしようとするものである。本書の標題・副題にある「先義《せんぎ》後利《こうり》」と「経済士道」が、その「あり方」を端的に示すキーワードである。

道徳経済合一説の真意を読み解くなどと言うと、何を今さらと思われるかもしれない。道徳経済合一説はすでに多くの書籍や記事で紹介されているし、その原典とも言うべき渋沢の代表作『論語と算盤』を読まれた人も少なくないだろう。経済活動において、経済だけでもなく、また道徳だけでもなく、その両方を追求するという、道徳経済合一説に関する基本的な理解は、多くの人がすでにお持ちだと思う。しかしこれだけでは、渋沢の考えを表層的にしか理解したことにならない。

表層的な理解で道徳経済合一を論じるときに生まれる、典型的な誤解が二つある。一つは、道徳と経済を「バランスさせる」ことによって両方を追求する、という誤解（バランスの誤解）。もう一つは、道徳と経済の両方を追求しさえすれば「どちらを優先するかは問わない」という誤解（無差別の誤解）。これらの誤解に基づいて、渋沢の道徳経済合一説の解説がなされたり、社会的課題に直面する今日の企業経営に対する「論語と算盤」の示唆が論じられたりすることが、しばしばある。

誤解というなら、真意は何か。「道徳と経済をバランスさせる」のではなく、「道徳と経済は本質的に一致する」というのが渋沢の主張である。ただし、本質的に一致するからといって、放っておけば自然にそうなるわけではない。経済活動に関わる当事者が、一致させなければならない。その際、「道徳と経済のどちらを優先しても構わない」というのでは、一時的にはともかく持続的な一致は望めない。道徳と経済を一致させるための要訣は「道徳（義）を経済（利）に優先させる」ことである。これこそ渋沢が説いてやまないことであった。要するに論語と算盤は、両者のバランスを取るのではなく、論語を算盤に優先させることによって一致させる――それあっての論語と算盤の両立、道徳経済合一なのである。

こうした渋沢の思想の本質を喝破した経営者もいる。その一人が、コマツの社長・会長を務めた安崎暁《あんざきさとる》であった。公益財団法人渋沢栄一記念財団が毎年行っている催しに「論語とそろばん」セミナーがある。安崎は二〇一七年のこのセミナーでゲストに招かれ、インタビューを受けた。そのとき司会者が次のような投げかけをした。

「(……)いろんな方にインタビューをしていくと、「『論語と算盤』というのは、一緒にするのはすごく難しいし、バランスを取るのも難しい」という言い方をする方がすごく多いのです。それはどうしても競争が厳しくなってしまうと、『論語』とか言っていられなくなり、金勘定のほうに重点を置かざるを得なくなってしまうというところから来るようなのですが……」

安崎はこれに次のように応じた。

「そういう人は社長にならない方がいい。競争に勝つのは、最後はやっぱり利益じゃなくて倫理だということがわかる人のほうが本物だろうと思う。バランスを取るという考え方がそもそもちょっとおかしい。『論語』という倫理のほうが利益よりやっぱり上だし、そちらの方が大事でしょう。両方が大事で『時によってこう』『時によってはこう』というのではなくて、常に倫理が上にあって、その中で時代に合った形でやっていくというのが正解だと思います。だから、『両立しない』と言っている人は両立できないだけの話で、両立している人は世の中に結構いっぱいいるんじゃないですかね[1]」

論語と算盤はバランスを取るものではなく、常に算盤よりも論語の方を重視し、その中で競争に勝ち、利益を出して両立させるものである――渋沢の道徳経済合一説のまさに正鵠を射た発言である[2]。本書でこれから述べようとしていることのいわば骨格は、安崎のこの発言に尽きると言ってもよい。

本書の前半（第1～3章）は、この骨格を渋沢自身による数々の発言（や行動）に即して描き出そうとするものである。

第1章では、道徳経済合一という渋沢の主張が正確には何を意味するのかを、その論拠を示しつつ解き明かす。一言でいえば、「道徳なくして経済なし、経済なくして道徳なし、ゆえに道徳と経済は一致する」。これが道徳経済合一説の論理構造である。

第2章では他の類似思想（アダム・スミスの所説とマイケル・ポーターらの所説）との比較を通じて、渋沢の合一説のエッセンスを抽出する。そのエッセンスとは「公益第一・私利第二」である。渋沢にとって、道徳の最大の眼目は「公益の追求」（『論語』で言われる博施済衆《はくしさいしゅう》＝博く民に施してよく衆を済《すく》う）であって、これはそれ自体を意図して行うべき経済活動の目的であり、私利獲得の手段ではない。私利はその意味で「第二」である。ただし「第二」は「二の次→どうでもよい」ということではない。公益に次いで二番目に大切なのが私利だ、という意味である。私利軽視では決してない。

第3章では、公益第一・私利第二を、「先義後利」というより広義でかつ簡潔な表現に拡張し、その意味合いを討究する。先義後利こそ道徳（義）と経済（利）を合一させるための要訣であり、渋沢が求めたことである。これが本書全体を貫く鍵概念である。経済活動において義を先にして、利を後にする――私利第二がそうであったように「利を後にする」というのは、「利を顧みない」とか「利を捨てる」という意味ではない。利も大切だが、それよりもなお義の方を大切にするのである。『孟子』や『荀子』に由来する先義後利について、本章では「利よりも義を重んじる」という「規範」としての意味合いと、「義を行えば利はついてくる」という「真理」としての意味合いとに着目し、道徳経済合一の観点からこれを検討することになる。

2 経済士道の実践

本書の後半（第4章以降）では、以上のような渋沢の道徳経済合一思想の骨格――先義後利を旨として道徳と経済を合一させる――に肉付けをしていく。

事をなすのに義を重んじるのをその核心にもつ思想として、日本の武士道は代表的なものと言えよう。渋沢は『論語と算盤』の中で「武士道は即ち実業道なり」「想うにこの武士道は、啻《ただ》に儒者とか武士とかいう側の人々においてのみ行うものではなく、文明国における商工業者の、拠りても って立つべき道も、ここに存在することと考える」と述べている。[3] 先義後利で経済活動を行うという実業家、商工業者のゆくべき道は、武士のゆくべき道としての武士道と相通じる、というわけである。それゆえ、「今や武士道は移してもって、実業道とするがよい」と渋沢は言う。[4]

渋沢のこうした主張に着目し、「論語と算盤の両立」という実業家のあり方を「経済士道」という概念で捉え直すのが、第4章である。経済士道とは、先義後利で経済活動を行う道、それによって道徳と経済を合一させる道である。「論語と算盤」「道徳経済合一」は渋沢自身が使った言葉だが、「経済士道」はそうではない。「武士道即実業道」という渋沢の一連の主張に基づいて、本書で筆者が命名し、渋沢の思想の核心をわかりやすく伝える概念として提唱するものである。

敢えてこのようなことをするのには理由がある。「論語と算盤」「道徳経済合一」だけでは、冒頭に述べた「バランスの誤解」や「無差別の誤解」が生じがちで、それでは渋沢の真意が伝わらないことが危惧されるからである。渋沢は、「道徳も経済もほどほどにバランスを取って両立させましょう」とか「状況が悪いときには利益優先でも構いません」とは言っていないし、「企業が儲けるために、社会課題の解決を絶好の手段として利用しましょう」と呼びかけたわけでもない。しかし誤解が流布している限り、そうした似て非なる〝論語と算盤〟があたかも渋沢のお墨付きだと思われてしまう。

渋沢の真意を正確に受け継ぎ、伝えるためには、「論語と算盤」「道徳経済合一」と言うにとどまらず、先義後利によって合一を実現させる、というところまで議論を進めてこれを明確に打ち出さねばならない。「経済士道」はそのために提唱するものである。

第4章では、この「経済士道」という概念の導入を行う。その上で、それがトーマス・カーライルのいう「産業の指揮官（Captains of Industry）」やアルフレッド・マーシャルのいう「経済騎士道（Economic Chivalry）」との間にもつ共通性を指摘する。さらに、本来、利を嫌った武士の道を、利の追求と不可分である実業の道に適用することの妥当性と意義についても考察する。

続く第5章では、経済士道を実践するとは具体的にはどういうことかを明らかにすべく、経済士道において利よりも重んじられるところの「義」とは何かを論じる。渋沢の所説も踏まえつつ、（少なくとも本書では）「公への奉仕」「誠実」「勇気」の三つを経済士道の「義」と位置づける。この三つは武士道倫理にも相通じることは言うまでもない。

先の「公益第一・私利第二」は、義を「公への奉仕」と捉えたときの先義後利の謂《いい》である。社会の公器たる企業の事業活動を通じて、企業者（本書においてこの言葉は企業家や経営者のみならず、企業で働くあらゆる者を指す。次節で詳述する）は様々な形で多様なステークホルダーに貢献する。その使命に取り組むことが公への奉仕である。一方、「他者のために純粋な動機に基づいて全力を尽くす」という真心と、「虚言を為さない」「言を成す」という正直とを貫くのが「誠実」である。そして企業者が公への奉仕と誠実を実践し、その実践に徹する上で必要な心的態度が「勇気」である。渋沢は勇気について「なかんずく事業界に携わる者において、その必要性が甚だ多い」[5]と言っている。

　これらの義に関して先義後利で経済活動に臨むのが経済士道である。そうであれば、次のような振る舞いは経済士道に反することになる。①自分が一儲けするための手段として「公への奉仕」に精を出す、②自分の地位や評判を保ち、高めることを狙って「誠実」に振る舞う、③「勇気」を奮うことなしに、単に成功報酬を目当てに取るべきリスクを取る。

　ところが近年のＥＳＧ／ＳＤＧｓ経営の推進やコーポレート・ガバナンス改革は、このような経済士道に悖《もと》る振る舞い、つまり渋沢の「論語と算盤」とは本来相容れない行き方を説き、求めているように見受けられる。しかも例の誤解に基づいて、それがあたかも渋沢の「論語と算盤」に適うかのように考えられ、論じられることさえある。この問題に焦点を当て、ＥＳＧ／ＳＤＧｓ経営の推進とコーポレート・ガバナンス改革が、渋沢が真に求めた企業者のあり方とはいかなる意味で相容れないのかを第６章の後半で考察する。

　そこでは「責任」がキーワードになる。ピーター・ドラッカーが渋沢を「世界のだれよりも早く、経営の本質は『責任』にほかならないということを見抜いていた」[6]と評したように、渋沢の経営思想は責任によって特徴づけられる。責任ある経営に不可欠なのが、先義後利の経営士道である。経営における責任ということで言えば、今日、ＥＳＧ／ＳＤＧｓ経営もコーポレート・ガバナンスも企業や企業者の責任と深く関わっていることは論をまたない。しかし現状は、その責任の問題が損得の問題に置き換えられてしまっている。ＥＳＧ／ＳＤＧｓ経営の推進もコーポレート・ガバナンス改革も、利を先にすることで義を実現しようという、いわば「先利後義」の発想が支配的になっている。この発想による限り、責任ある経営は期待できないであろう。

3　よき企業者のあり方

義を第一にして利は第二にするのが渋沢の信条であった。しかしだからといって、渋沢は義よりも利を第一にする実業家を、利を第一にしているからという理由だけで批判したり拒絶したりすることはなかった。むしろそうした人たちとも手を携えて、日本の経済・産業の発展を図ろうとした。渋沢は、公益を第一とする経営を「実業界の王道」、私利を第一とするそれを「実業界の覇道」と呼び、結果として公益が増進されるならば「実業界における覇道は決して悪くはない」[7]とさえ述べている。そうであれば、先に述べた現在のＥＳＧ／ＳＤＧｓ経営の推進やコーポレート・ガバナンス改革を、じつは渋沢も（全面的にとは言わないまでも）許容するであろう。

しかしこの発言に続けて渋沢はこう言っている。「しかし真正の実業家に望む処は、どうぞ私はこの王道を以て事業を経営するにあれかしと思うのでございます」[8]。公益の増進は私利第一を動機とする覇道でも得られるだろうけれども、本物の実業家には、公益第一を動機とする王道の経営によって、これを主体的に実現させてほしい、というのである（第6章の前半で、この辺りの議論が展開される）。

先義後利の経済士道を実践して実業界の王道を歩むこと――これが渋沢の求めたことであった。本書の副題に掲げたこの「求める」という言葉には、①価値あるものとして追求する、②希望を相手に伝えてその実現を期待する、という二つの意味が込められている[9]。渋沢はこの道を自ら求めた（①）と共に、「本物の実業家」（たらんとする人々）に対しても求めた（②）のである。

渋沢自身も含めた「本物の実業家」は先義後利で経済活動にあたる。先に引用した安崎の「競争に勝つのは、最後はやっぱり利益じゃなくて倫理だということがわかる人のほうが本物だろうと思う」という発言も併せて想起したい。

本書では「本物の実業家」の代わりに「よき企業者」という言葉を使うことにする。

「企業者」は、普通、アントレプレナー（entrepreneur）の訳語として「企業家」と同義で使われている。新しく企業を立ち上げるにせよ、既存企業の中で行うにせよ、「現在コントロールしている経営資源にとらわれることなく、新しいビジネス機会を追求する人」[10]がアントレプレナーであり、イノベーションの担い手である。それゆえアントレプレナーは、経常的なビジネスの管理にあたるマネジャーとは（少なくとも概念上は）区別される。

しかし本書で言うところの「企業者」は、もちろんアントレプレナーも含むが、それのみを指すのではない。社長をはじめとするトップマネジメント（経営者）も、部課長クラスのミドルマネジャーも含む。それどころか、マネジャーの下で働く担当者・現場レベルの従業員をも含んでいる。つまり企業で働く者すべてを指して「企業者」と呼ぶのである。[11] 道徳と経済の両立が、アントレプレナーやトップマネジメントにとってとりわけ重要な課題であることは間違いない。とはいえ、経済活動に企業という場を通じて従事する限り、道徳と経済の両立は誰もが直面する課題のはずである。したがって、両立の要訣である先義後利の経済士道もまた、企業経営において主導的立場にいる人たちはもちろんのこと、そこで働くあらゆる当事者すなわち「企業者」に関わる。

では、よき企業者の「よき」＝「よい」とはどういうことか。経営学者の加護野忠男は、経営学を「よいことを上手に成し遂げる方法を探求する学問」と定義している。[12] この表現を転用して、「経営に求められるのは『よいことを上手に成し遂げる』ことだ」と言うこともできよう。例えば、顧客や社会に役立つ製品・サービスを提供するのは「よいこと」、それを利益が出るように効率的に行うのは「上手に成し遂げる」ことである。いくら「よいこと」でも「下手に」やる（非効率で赤字が出る）のでは拙劣な経営になるし、「悪いこと」（例えば欠陥のある製品をそうと知りながら売る）

を「上手に成し遂げる」とすれば悪質な経営である。「よいこと」と「上手に」は、真正の経営に不可欠な二つの要素である。

この不可欠な二要素にもう一つの要素を加えたい。それは「立派に」ということである。議論を先取りするなら、「よいことを立派にする企業者」のことを「よき企業者」と呼ぶのである。

一口に「よいことを上手にする」といっても、それを「立派に」するのとそうでないのとがある。例えば、温暖化ガス削減に役立つ事業に取り組み、その事業が高い収益性を実現しているとしよう。これは「よいこと」を「上手に」しているわけだが、その場合、①地球温暖化を憂え、温暖化ガス削減に一企業（者）として強い使命感・責任感をもって取り組む企業（者）もあれば、②温暖化ガス削減ビジネスを（建前はともかく本音としては）もっぱら「絶好の収益機会」と考えて精を出す企業（者）もあるだろう。自己本位の②と比べて、①のこの事業への取り組み方は「立派」である。

一般に、「顧客や社会に役立つ製品・サービスの提供」を「利益が出るように効率的に」行っていても、①本当に顧客や社会のためを念じて利他の精神を重んじてそうするのと、②自分が儲けるための便宜として利己的にそうするのとには違いがある。「正直な商売」（という、よいことを）を効率的に行っていても、①正直さそのものを信条としてそうするのと、②評判を高めたいがために正直（であるかのよう）に振る舞うのとには違いがある。「リスクをとって必要な投資をする」のでも、①責任感と勇気を梃子にそうするのと、②個人的な成功報酬に誘われてそうするのとには違いがある。また、「顧客や社会に役立つ製品・サービスの提供」にせよ「SDGsへの取り組み」にせよ、①大義や徳義のためには時には利益を犠牲にすることも厭わないのと、②得られるはずの利益ならどんな時でも最大限これを手にしなければ気が済まない、というのとにも違いがある。いずれの例でも、なすべきことを「立派に」なしているのは①の方である。

「立派に」は「美しく」と言い換えてもよい。顧客を単に金儲けの手段とみなして商売したり、いわゆる「正直は最良の方策（Honesty is the best policy.）」という打算で正直に振る舞ったり、自身の一攫千金を狙って会社経営の意思決定をしたり、困難に陥っている相手からでも得られる利益ならとことん得てやろうとするのは、いずれも美しくない。立派とは言えない。「よいことを上手に成し遂げる」経営が望ましいのは当然として、そこから一歩進んで「よいことを立派に上手に成し遂げる」経営こそが目指されるべき姿だと思う。

本書では「よいこと」だけでなく、「立派に」も含めて「よき」企業者と言う。よいことを立派にする企業者が「よき企業者」である。この定義に「上手に」は含まれていない。企業者はよいことを立派に行いさえすれば下手に行っても構わない、と言いたいからではない。よき企業者はなすべきことを上手に成し遂げるべきである。上手に成し遂げる企業者を「巧みな企業者」と呼ぶなら、「よき企業者」でありかつ「巧みな企業者」であることが理想である。

ただ、本書では「上手に」の側面はいわば括弧に入れ、「よいことを立派に」の側面に光を当てて、そうした「よき企業者」のあり方を問題にする。渋沢の「論語と算盤」が説く企業者のあり方も、よいことを立派にするよき企業者に他ならない。もっとも、「論語と算盤」は「士魂商才」とも言い換えられ、渋沢自身、『論語と算盤』の中で「私は常に士魂商才ということを唱道するのである」[13]と述べている。「商才」というからには「上手に商売をする」ことも含まれるではないか、と思われるかもしれない。しかしそうではない。渋沢がそこで言う「士魂商才」の「商才」は、商売を上手にする方法ではなく、よいことを立派にするための道を意味している（詳しくは第4章第1節を参照）。渋沢はもちろん上手に商売をすることも重んじたが、少なくとも「論語と算盤」＝「道徳経済合一」の主眼は「よいことを立派に」にあったと言ってよい。

企業者がどのようにして上手に成果をあげるかという問題とは別に、企業者として追求すべきよいこと（義）とは何か、いかにすれば利の追求を立派に行えるのかという問題がある。巧みな企業者のあり方に係る前者の議論はすでに巷間に溢れているが、よき企業者のあり方に係る後者の議論は必ずしも多くない[14]。

本書では、渋沢栄一の道徳経済合一説を橋頭堡として、現代にも通じるよき企業者のあり方を探求していきたい。それによって、「現代の渋沢栄一」を目指す企業者が真に践《ふ》むべき道を確認し、あるいは「よいことを立派に」成し遂げたいと欲する企業者が自らの道標を見出すのに役立つことができれば幸いである。

注

1 『青淵』第八二二号（二〇一七年九月）一四頁。

2 このインタビューの中で安崎は、若かりし頃、一橋大学在学中に、渋沢青淵記念財団竜門社（現・渋沢栄一記念財団）の懸賞論文に応募するために渋沢の思想を勉強したのが「渋沢栄一とのお付き合いの始まり」で、それ以来、「論語と算盤」という言葉がずっと頭に残ってきた、と語っている。後年、コマツの経営者となった安崎は「ハイブリッド経営」という経営哲学を打ち出すことになるが（安崎・西藤・渡辺［2010］）、そこには渋沢の教えが活かされているという（『青淵』第八二二号（二〇一七年九月）一一頁）。

3 渋沢［2008］二四五、二四六頁。

4 渋沢［2008］二四七頁。

5 渋沢［2010］三二七頁。

6 ドラッカー［1974］六頁。

7 渋沢青淵記念財団竜門社編［1959b］四〇六頁。

8 渋沢青淵記念財団竜門社編［1959b］四〇六頁。

9 前者は『明鏡国語辞典 第三版』（大修館書店）、後者は『新明解国語辞典 第八版』（三省堂）における「求める」の語釈を援用している。

10 清水［2022］一八頁。

11 アントレプレナーという通常の意味での「企業者」と区別がつきにくいといううらみはあるものの、①本書の主題が企業を通じた経済活動における義と利の関係であること、②「ビジネスパーソン」など他の代替的な言葉ではしっくりこなかったり冗長だったりすることから、「企業者」という言葉をこのような広い意味で使うことを諒とされたい。

12 加護野［2014］二三八頁。

13 渋沢［2008］二二頁。

14 後者に関する議論として、例えば伊丹［2007］が「経営者」という観点からよき企業者＝「よき経営者」のあり方を論じている。

第1章　道徳経済合一説
――「論語と算盤」の真意

1　道徳と経済の両立とは

(1)　道徳と経済は両立できる――バランスではなく合一

道徳と経済を、我々は互いに相容れないものだと考えがちである。「儲けようと思ったら、多少の嘘やハッタリは仕方ない」「道徳とばかり言っていたら、競争に負けてしまう」……。

しかし渋沢はそうは考えなかった。一九二三年、八三歳となるこの年に渋沢は「道徳経済合一説」と題するレコード録音用の講話において、実業家としての来し方を振り返り、次のように述べている。

「不肖ながら私は論語をもって事業を経営してみよう〔と考えた〕。従来、論語を講ずる学者が仁義道徳と生産殖利〔＝経済〕とを別物にしたのは、誤謬である。必ず一緒になし得られるものである。こう心に肯定して数十年間経営しましたが、大いなる過失はなかったと思うのであります[1]」

「道徳と経済は必ず両立できる」という信念に基づく渋沢の実業家としての活動は、「大いなる過失はなかった」どころか、「大いなる成果を生み出した」と言ってよいだろう。

では、なぜ両立できるのか。それは、そもそも道徳と経済――すなわち論語と算盤――は別物ではなく、本質的に一致するものだからである。少なくとも渋沢はそう考えていた。

「（……）この二者〔論語と算盤〕に調和あるものだとは、多くの人の思い到らぬところであろう。古い漢学者の思想をもってすれば、論語は道徳上の経典であるのに、算盤はこれとまったく反対の貨殖の道具である。如何でか二者相容れることができようぞという、結論を得るに相違ない。ところが、余は（……）久しい以前から論語と算盤とは、相一致しなければならぬ者であるという持論であった[2]」

ここで渋沢が論語〈道徳〉と算盤〈経済〉が「相一致」と言っていることに注意する必要がある。

一般に、渋沢の道徳経済合一説は道徳と経済をバランスさせることを説いたもの、と言われることが少なくない。「企業が利益を過度に追求するのはよくないし、かといって道徳、道徳とばかり言っていたのでは利益もあがらない。道徳と経済をほどよくバランスさせることが必要だ。そして、それを明治の昔にいち早く説いたのが渋沢だ」というわけである。しかし渋沢は「道徳と経済はバランスを取ることによって両立が可能だ」と言ったのではない。「道徳と経済は本質的に一致するから両立が可能だ」と言ったのである。

　道徳経済合一に関する渋沢の講話は数え切れないほどあるが、少なくとも筆者がこれまで見てきた中で、バランスという観点から両立を説いたものはほぼ皆無である。道徳と経済の関係以外のことについて、渋沢がバランスを説く例はしばしば見られる。『論語と算盤』の中でも、例えば、「常識とは如何なるものか」という章で、「『智、情、意』の三者が各々権衡〔バランス〕を保ち、平等に発達したものが完全な常識だろうと考える」[3]と言っている。ところが、こと道徳と経済の関係については、筆者の知る限り、渋沢の最晩年における唯一の例外を除いて、[4]そうした言い方はされていないのである。

　むろん筆者が見落としている例があるかもしれない。しかし、以下で詳説する道徳経済合一説の論理構造からして、道徳と経済のバランスというのは当たらないと考えられる。議論を先取りするなら、合一説において道徳と経済は、それぞれを天秤の左の皿と右の皿に載せてバランスを取るものではなく、あたかも一枚の紙の裏表のように表裏一体のものである。

そうした論理構造の話に進む前に、渋沢が考えたのが道徳と経済のバランスではないことの一つの傍証を挙げておこう。

渋沢が古稀のお祝いの時に贈られた、いわゆる「論語と算盤図」（小山正太郎画）という絵がある。論語と算盤、そして朱鞘の太刀とシルクハット・白手袋（武士道と紳士道を表す）が一つの画面に収まったこの絵は、渋沢栄一を象徴するものといってよいだろう。

渋沢宅でこの絵を見た漢学者の三島中洲《ちゅうしゅう》は、自身も予《かね》て「義利合一論」を唱えてきたことから、渋沢に「論語算盤の図に題して渋沢男〔爵〕の古稀を賀す（題論語算盤図賀澁澤男古稀）」という一文を贈った[5]。これが契機となって、渋沢は「論語と算盤」という言い回しで道徳と経済の関係を語るようになった。

とはいえ、この絵における論語と算盤の描かれ方を、三島も渋沢もじつは全面的に承認していたわけではない。渋沢の『論語講義』の中に、三島から贈られた先の一文に関して次のようなくだりがある。

「〔中洲〕先生のお説は、余〔渋沢〕が平生胸中に懐《いだ》く経済道徳説を〔論語など〕経書によって確乎たる根拠のあるものにして下されたもので、余の論語算盤は、これによって一層光彩を添えたような気がするのである。その文中『画師〔小山正太郎画伯〕よく男《だん》〔渋沢男爵〕を知る。然れどもこれ一を知って未だその二を知らざるなり。何となれば（……）、算盤と論語と一にして二ならず。男嘗《かつ》て余〔三島中洲〕に語って曰く『世人論語算盤を分って二となす。これ経済の振わざる所以《ゆえん》なり』と。今画師これを二とす。深く男を知る者にあらざるなり』という一節あり。先生の経済道徳観至れり尽くせりというべし」6

つまり、この絵の中で論語と算盤が別々に描かれていることが、渋沢〔そして三島〕の唱えている道徳経済合一の趣旨とは異なる、というのである。論語と算盤、つまり道徳と経済は、一つであって二つでない。渋沢と三島の意見はこの点で一致している。そして別々のものではない以上、道徳と経済をそれぞれ天秤の左右の皿に載せてバランスを取ることもできないのである。

「論語と算盤図」はたしかに渋沢を象徴するものである。しかし右で引用した三島の一節とそれに対する渋沢の応答から、論語と算盤はここに描かれているような別々のものではないということに十分注意して見る必要があることがわかるであろう。

道徳と経済はバランスを取るものではなく、表裏一体のものである。では、表裏一体とは具体的にはどういうことか。結論を先取りすれば「道徳なくして経済なし、経済なくして道徳なし、ゆえに道徳と経済は互いに不可分である」というのが、合一説の論理構造である。

そのことに立ち入る前に、ここでいう道徳と経済の意味について確認しておこう。

(2)　二つの道徳、二つの経済

渋沢の道徳経済合一説における経済には二つの意味が含まれる。ひとつは(a)利益・富、もう一つは(b)それを生み出す事業活動である。製造業であれば、原材料を調達して製品を生産し販売することによって、世の中の人々の生活に貢献する。そうした一連の活動が事業活動である。その結果、それを行った企業とそこに携わる人々は利益・富を得る。事業活動と利益・富との関係は、前者が原因、後者が結果である。同様のことはもちろん金融業やサービス業などあらゆるビジネスに当てはまる。

道徳にもまた二つの意味がある。一つは嘘をつくな、盗むな、卑怯なまねをするな、人を害するななど、「人としてなすべからざることをするな」という道徳である。なすべからざる行為を制限したり禁じたりする道徳は、我々が「道徳」という言葉を聞いて真っ先に思い浮かべるものであろう。行為を差し控えることを説くものであることから、これを「消極的道徳」と呼ぶことにしよう。今日でいうコンプライアンスや企業倫理も、主としてこの消極的道徳に結びついていると言ってよい。

道徳にはもう一つ、「積極的道徳」と呼ぶべきものがある。「人としてなすべきことをせよ」という道徳である。社会に貢献しよう（世のため人のため）、目の前に困っている人がいたら助けるべし、自分の責任を全うしよう、人を愛せよ……。このような能動的な行為を促したり命じたりするのもまた道徳の一側面である。こうした積極的道徳は、今日でいえばミッションや、近年盛んに言われるパーパスに関わるものである。

渋沢の道徳経済合一説を理解する上では、経済の二側面もさることながら、道徳に二側面があることを押さえておくことが重要になる。積極的道徳が合一説の全体を特徴づける鍵となるからである。

(3) 合一説の論理構造

道徳と経済は表裏一体で本質的に一致する、と合一説は説く。なぜ、そう言えるか。その論理構造を端的に示せば、こうである。

①道徳なくして経済なし、
②経済なくして道徳なし、
③ゆえに道徳と経済は一致する

これを敷衍《ふえん》すると次のようになる。①経済にとって道徳は不可欠であり、逆に、②道徳にとって経済は不可欠である。つまり道徳と経済は互いに相手方がなければ（少なくとも永続的には）成り立たない。そうである以上、③両者は密接不可分（表裏一体）の関係にある。

ここでいう経済は、いずれも事業活動とそこから生じる利益・富の両方を含んでいる。一方、道徳については、①における道徳は消極的道徳、②におけるそれは積極的道徳を意味している。[7] つまり①は「消極的道徳なくして経済（事業活動と利益・富）なし」、②は「経済（事業活動と利益・富）なくして積極的道徳なし」ということである。

この論理構造の全体が端的に表れている渋沢の発言がある。それは一橋大学の前身、東京高等商業学校において、渋沢が外部講師として担当した同校の正科目「修身」の授業で学生に語ったものである（一九一九年一月）。

「もし〔消極的〕道徳が欠けたならば、いかに経済上の発展があっても必ず争いが生ずる。その争いの結果、経済を壊《やぶ》る。／また単に道徳とばかり言って、物質の進まぬ富の力のない〔経済を無視した〕ただの道徳であると、志は甚だ嘉《よみ》すべくあっても力が足らぬ。世を済《たす》け民を救う〔積極的道徳〕ということのできるものではない。／ゆえにこの両者〔道徳と経済〕は一致せねばいけない」[8]

スラッシュ（／）で区切った第一文、第二文、第三文がそれぞれ前述の①、②、③に対応していることがわかるであろう。

渋沢が『論語』を大事にしたと聞くと、商売で悪さをしない、つまり今でいうコンプライアンス経営のようなものが連想されるかもしれない。たしかにそれもあるが、渋沢にとっては一面（①）にすぎない。もう一面（②）としてなすべきことをせよ――具体的には「社会を豊かにせよ」――という道徳を事業活動に持ち込んでいたことに注意しなければならない。むしろ②こそ、渋沢の事業活動の中核に位置する思想であった。次節で述べるように、渋沢は「博施済衆《はくしさいしゅう》（博く民に施して衆を済《すく》う）」こそ『論語』の中で最も大事な教えだと考えていた。

このような三段構えの論理構造によって、渋沢は道徳と経済の一致を説いた。こうした論法は『論語と算盤』の巻頭第一頁にも出てきている。

「私は不断にこの算盤は論語によってできている。／論語はまた算盤によって本当の富が活動されるものである。／ゆえに論語と算盤は、甚だ遠くして甚だ近いものであると始終論じておるのである」[9]

第一文は、論語がその一面で説く消極的道徳（例えば、道理に反して富を手にしようとしてはいけない）が守られないようでは算盤（経済）は成り立たないことを言っている。つまり①道徳なくして経済なし。一方、『論語』には博施済衆をはじめとして、人々の経済生活――それを可能にする富――の安定と向上の重要性も説かれている。論語の説くそうした富を真に生み出し、活かしていく(それによって積極的道徳を実現する)には算盤による経済活動が必要になる。すなわち②経済なくして道徳なし。これが第二文の意味するところであろう。ゆえに論語と算盤は一見「甚だ遠い」ようで、じつは「(表裏一体の如く)甚だ近い」[10]、つまり③道徳と経済は一致する、のである。

同様の論法は他にも見える。『竜門雑誌』(一九一八年一月)に掲載された「道徳と経済」と題する渋沢の講話の冒頭でも、次のように述べられている。

「道徳と経済とは互いに相離るべからざるものである、互いに照応して始めて活躍するものである、/経済を離れた道徳は空論に過ぎぬ、/道徳を忘れた経済は又その終わりを全うせぬ」[11]

スラッシュで区切った文がそれぞれ上記の③、②、①に対応していることがわかるであろう。

なお、「道徳なくして経済なし」「経済なくして道徳なし」という表現そのものは、合一説の考え方に即して筆者が拵《こしら》えたものだが、渋沢自身にも次の言葉があることを付け加えておこう。すぐ前に引用した「道徳と経済」という講話の中の一節である。

「道徳は経済の中に行われねばならぬ、経済なくして何れの地にか道徳が施されようか、経済の外に道徳なく、／道徳なくして経済を行えば、これ唯《ただ》一時の僥倖《ぎょうこう》を得ようが、決して永久つづくものではない[12]」

スラッシュを挟んで前半が②、後半が①であることは言うまでもない。「道徳なくして経済なし」を〈道徳＝経済説〉、「経済なくして道徳なし」を〈経済＝道徳説〉と呼ぶなら、道徳経済合一説は次のように表すことができる。

道徳経済合一説＝〈道徳＝経済説〉×〈経済＝道徳説〉

では、道徳なくして経済なし、経済なくして道徳なしとは、より具体的にはどういうことなのか。渋沢の説くところを次節でより詳しく見ていくことにしよう。

2　道徳なくして経済なし

⑴　二つの消極的道徳

道徳経済合一説の第一の側面は道徳なくして経済なし、すなわち道徳は経済に適いかつ経済に不可欠であると説くものである。第1節で述べたように、ここでいう道徳は、なすべからざることをしないように制限・禁止する消極的道徳を意味する。

今日の企業倫理などに相当する、ビジネスに関する消極的道徳のことを、渋沢の当時は「商業道徳」と言った。渋沢は商業道徳を様々な場面で説いたが、それらは結局のところ二つのことに集約されるように思われる。

一つは、事業活動をして利益・富を得る上で嘘をついたり人を騙したり、ルールを犯したりしてはいけない、ということである。一言で言えば「不誠実な振る舞いをすべからず」ということであり、この消極的道徳が守られなければ、事業活動も利益・富も永続しない。

ただ、渋沢はルールを守り、正直に商売をすればそれで十分とは考えなかった。それに加えて彼が説くもう一つの消極的道徳が、「自己の利益を先にすべからず」である。自己利益を捨てろ、と言っているのではない。自分の利益も望んでよい。けれども、自己本位で利を求めるべきではない。

自分の利益よりもまずは他者の利益を考えること。それがここで言う「自己の利益を先にすべからず」の意味である。渋沢に言わせれば、この消極的道徳もまた、永続的かつ広く社会に資する事業活動や利益・富には不可欠なのである。

　これら二つの道徳のうち、第一の「不誠実な振る舞いをすべからず」は、今日のグローバル市場経済においてもいわば常識であり、道徳を蔑《なみ》する人を除ければ、これに異を唱える人はいないであろう。それに対して、第二の「自己の利益を先にすべからず」という道徳は、市場経済の常識からは一歩踏み出たものと言ってよい。普通に考えれば、ルールを守り正直に商売をしている限りは、その人が自己利益を優先して取引したからといって、それが道徳的に特に問題視されるわけではない。もちろん、他者の利益を優先するような商売上の振る舞いがあれば、それは立派なこととして評価されようが、そのように振る舞わないからといって「なすべからざることをしている」と批判されるものではない。しかし、少なくとも渋沢にとって自己本位の経営は、いかにそこに嘘偽りがないとしても、道徳的になすべからざることなのである。[13]

　その意味で、第二の消極的道徳は、渋沢に特徴的なものと言うべきであろう。その一方、渋沢は当たり前の商業道徳である正直、信用、すなわち不誠実に振る舞わないこと、の重要性をことあるごとに強調したのも事実である。まずはこちらから見ていこう。

(2) 不誠実に振る舞うべからず

「不誠実に振る舞うべからず」は、渋沢が説く商業道徳の第一の柱である。

正直に、誠実に、詐欺や不正をせずに、商売を行うべきだという考え方は、江戸時代の日本にももちろんあった。石田梅岩が創始した石門心学《せきもんしんがく》が、そうした教えを唱えたことはよく知られている。とはいえ、当時の商人の間にはそれとは正反対の考え方の方がむしろ支配的であった。例えば「嘘も元手のうち」という諺があった[14]。この諺によれば資本は金だけではない。顧客や仕入れ先に上手に嘘をつくスキルもまた事業の資本である。その資本があってこそ商売はスムーズに行うことができ、うまく儲けることもできる、というのである。

渋沢も「昔日の商人は、ほとんど道理や徳義などの考えを持つ必要はないとまで、自棄したものであった[15]」と言っている。昔日に比べれば薄らいだとはいえ、渋沢の生きた時代でも「この道理節義に頓着しなくてもよいという観念が、商工界にはなお今日に至るまで連続しておると思う[16]」と述べ、渋沢は当時の日本の実業界におけるこうした道徳意識の低さを批判して、商売を正直に、誠実に行うべきことを説いた。

「嘘も元手のうち」といった諺について、渋沢は「商人の本分」という講演（一八九三年）の中で「実にこれは大なる間違、情ない有様で涙が溢れる様に思われます[17]」と酷評している。その上で、「商人に信用がなくて商売ができましょうか[18]」と述べて、信用・誠実さこそが商売の根源だと強調している。一八九七年の講演「商工業者の志操」でも次のように述べている。

「商業は元来何に拠って立つかというと、即ち信用に拠ると言わねばならぬ。而してその信用というものは何に根拠を保つかと言ったら、即ち嘘吐かぬということが最も信用の根拠を為すと言わねばならぬ（拍手起る）。ゆえに商売人が是非心掛けねばならぬことは、一言一句も必ず自分が言うた丈《だけ》の事は屹度《きつと》するという決心であろうと考える[19]」

渋沢は「嘘などつかずに商売できる」とも言う（一九〇〇年五月の「全国地方商業学校長会議」での講演）。

「嘘などは一言も言わないで商売は出来る。私は明治六年から明治三三年〔この講演当時〕まで商業に従事して、至って力も細く、為した仕事を顧ると何たることも致しませぬけれども、まず商業に従事して、人に不義理も致しませぬで世の中に立っておりますが、誓って嘘を吐いたことはない。嘘を吐かずに商売はできるということを明言いたします[20]」

事業活動には不正直さではなく正直さが不可欠だというのは、当たり前のことに思われる。嘘ばかりつく商人からはどんな顧客も買わないし、そんな商人にどんなサプライヤーも売りはしない。不誠実に振る舞った債務者に、銀行は二度と金を貸すことはなかろう。それでは事業活動もままならず、利益・富を得ることもできない。

それにも拘わらず、誠実に振る舞うことは経済と矛盾するかのようにみなされることが多いのはなぜだろうか。それは、不誠実な振る舞いによって事業活動から得られる利益が一時的にせよ増えることがあるからであろう。「殖利という事は、常に利益が余計にあればよいとの観念が先立つものであるから、自然道徳に反しやすい[21]」と渋沢は言う。「余計に利益がほしい」がために、例えば製品に瑕疵《かし》があることを知っているのにそれを隠して売る、といったことが起きるのである。それによって、その商人は目先の利益を増やすことはできるかもしれない。

しかしながら、「不正に得た富は決して永続するものではない」と渋沢は繰り返し警告した。『論語と算盤』には、しばしば引用される、渋沢の次の言葉が見られる。

「正しい道理の富でなければ、その富は完全に永続することができぬ[22]」

「真正の利殖は仁義道徳に基づかなければ、決して永続するものではない[23]」

先の「嘘などつかずに商売できる」という渋沢の言葉も考え合わせれば、「不誠実でなければ利益を得られない」というのが、そもそも考え違いだということになる。もちろん現実には、いくら正直に商売（「よいことを立派に」）をしても、「下手な」やり方でやったのでは利益は出ないだろう。だから正直にやるだけで必ず利益が出ると保証することはできない。しかし非効率な経営をしているのに、「自分が利益を上げられないのはバカ正直にやっているからだ」と言うとしたら、それは自らの経営の拙劣さをごまかしている言い訳に過ぎまい。

少なくとも「不誠実でなければ利益を得られない」ということはない。誠実に振る舞うことによって十分な利益は（商売の仕方が拙劣でない限り）得られるはずである。[24] むしろそうして得た利益こそが確実に永続しうるのである。

そうは言っても、「常に利益が余計にあればよいとの観念が先立つ」傾向が人間にある限り、十分な水準を超えてなお多くの利益を得るために不誠実に振る舞う誘惑は絶えず存在する。「上手な経営」の上に、さらに相手を騙したり、自分に都合の悪いことは隠しながら商売をしたら、もっと儲かるのではないか、などと思ってしまう。誠実さは本質において利益と矛盾しないが、この誘惑ゆえに、不誠実な振る舞いをするなという道徳に反した事業活動がなされてしまうかもしれない。だからこそ渋沢は、経済に従事する一人ひとりが、自ら徳義の修養を積むことの重要性を繰り返し訴えたのである。

ところで、「常に利益が余計にあればよいとの観念」が人に促すのは、不誠実に振る舞うことだけではない。他者の利益よりも自分の利益を優先することをも促す。一般に不正を犯さず正直に振る舞うことを前提に、あとは自己の利益を第一に商売をしようというのは、商売が経済活動である以上、特段悪いことではない。ただ、渋沢の考え方は違っていた。

(3) 自己の利益を第一にすべからず

渋沢は自己利益の追求を積極的に容認している（この点は後述する）。しかし自己利益の追求を第一の目的にすることには賛成しなかった。「自己の利益を第一にすべからず」は、渋沢が説く商業道徳のもう一つの柱である。第一に図るべきは、自己のではなく他者の利益である。しかしそうして他者の利益を第一に図ることは、自己の事業活動を円滑に行い、そこから利益を得るのを妨げるものではなく、結果的にはむしろそれらを促すものである。

その第一の理由は、そもそも、もし皆が本当にこぞって自己の利益を先にするという行動に出たら、大きな混乱が起きて経済どころではなくなるからである。例えば『論語と算盤』で渋沢は次のように語っている。

「もし（……）われさえ善ければ宜《よ》いということであったならば、如何になるか。必ずともに不幸を蒙《こうむ》って、おのれ一人を利そうと思った〔、〕そのおのれもまた、不幸を蒙るということになるのである。（……）例えば鉄道の改札場を通ろうというのに、狭い場所をおのれさえ先へ通ろうと、皆思ったならば、誰も通ることができぬ有様になって、ともに困難に陥る。近い例をいうと、おのれをのみという考えが、おのれ自身の利をも進めることが出来ぬというのは、この一事に徴しても分かるだろうと思うのである」[25]

狭い改札口を大勢がスムーズに通り、改札のあちら側に行くという目的を遂げるには、「お先にどうぞ」と互いに譲り合うことが必要になるのである。

それと同様のことが、事業を進めて行くにあたっても言える。渋沢はある論考で次のように述べている。

「……決して（……）為我《いが》主義ではいけない。自己さえ好ければ宜いという行為は必ず彼我《ひが》衝突して終《つい》には奪わずんば飽かずとなってしまう」[26]

我が為にする、つまり自己利益だけを考えて行動する為我主義でいけば、孟子のいう「奪わずんば飽かず（ことごとく奪うまでは満足しない）」という結果を生んでしまう、というのである。[27] これは合一説の論理構造のところで紹介した「道徳が欠けたならば、いかに経済上の発展があっても必ず争いが起き、その結果、経済は破綻する」という言葉ともよく共鳴している。

皆がお互い我先にと利を求めれば無用な争いや混乱が生じるという指摘には、確かに一理ある。ただ、「だからといって自分が遠慮して他人に譲っていたら、『我先に』の連中に利を取られてしまうではないか」――このような反論が出てくるかもしれない。

これに対して渋沢なら、恐らくこう答えるだろう。「他者の利益を先にしてこそ、自分も盤石な利益を得ることができる」。実際、すぐ前に引用した「……奪わずんば飽かずとなってしまう」という言葉に続けて、渋沢は次のように述べている。

「人を助け人に利益を与えると自分も幸福を得るのである。論語には己欲立而立人。己欲達而達人。と孔子は教えて居る」[28]

「己立たんと欲して人を立て、己達せんと欲して人を達す」とは、自分が立ちたいと思えば、まず他者を立たせ、自分が目的を遂げたいと思うなら、まず他者の目的を遂げさせる、ということである。このように「人を立て達せしめて、しかる後に自己が立ち達せんとする」のが、「孔子の処世上の覚悟」であり、「余もまた人生の意義は、かくあるべき筈だと思う」と渋沢は述べている。[29]

孔子のこの言葉は、渋沢の言わんとすることを簡潔にかつ微妙なニュアンスまで反映して表現している。第一に自分の望みを果たすより先に人の望みを果たしてやるべきことを説いている。第二に、しかし自分の望みを達成すること自体は否定していない。自分の目的も遂げてよいけれども、まずは他者のそれを遂げさせる、というのである。道徳的な教えと聞いて我々が連想しがちな無私の献身とはニュアンスが異なる点に注意せねばならない。

かといって、自分が目的を遂げるために、(やむを得ず)まずは他者を立たせておく、という功利的で計算ずくの話ではないことにも注意が必要である。

「おのれ立たんと欲してまず人を立てといい、おのれ達せんと欲してまず人を達すといえば、如何にも交換的の言葉のように聞こえて、自欲を充たそうために、まず自ら忍んで人に譲るのだというような意味にも取れるが、孔子の真意は決してそんな卑屈なものでなかったに違いない。人を立て達せしめて、しかる後に自己が立ち達せんとするは、その働きを示したもので、君子人の行ないの順序は、かくあるべきものだと教えられたに過ぎぬのである」30

つまり、他者のためを図るという義を実践すると、それに伴って自分のための利も得られる(そしてその利を正当なものとして享受する)。そうして得られた利益・富は他者のためという仁義道徳の実践の結果として得られた正しい道理の利益・富であるから、永続するはずのものである。逆に言えば、自己を第一として得た利益はそれ自体脆弱なものである上に、多くの人がそのように振る舞えば経済社会の安定をも損なってますます脆弱になる。ゆえに自己の利益ではなく他者の利益を第一とすることで、自分も盤石な利益を得ることができるのである。これが渋沢の言わんとしたことだと思われる。

3 経済なくして道徳なし

(1) 博施済衆――渋沢にとっての究極の道徳

経済なくして道徳なし。ここでの道徳は、なすべきことをせよという積極的道徳であることはすでに述べた。では、何が「なすべきこと」なのか。経済、すなわち事業活動と利益・富とがその実現に不可欠であるところのなすべきこととは何なのか。

渋沢にとって、それは一言で言えば「公益の追求」であった。これが渋沢にとっての究極の道徳だったと言ってよい。他人に温かい思いやりをかける、目の前の困っている人を助けるなど数ある積極的道徳の中で一番だというだけではない。「なすべからざることをするな」という消極的道徳（これも決して蔑《ないがし》ろにはしなかったが）よりも、積極的道徳であるこの公益の追求こそが、渋沢を動かす原動力であり羅針盤であったという意味で、渋沢にとっての「究極の道徳」なのである。
人々の生活を経済的に心配のないものにし、さらに進んでそれを豊かなものにすること――これこそが儒教道徳の眼目だと渋沢は考えていた。その根拠としたのが、『論語』雍也篇に出てくる孔子とその弟子・子貢の間で交わされた以下の問答である。

「子貢曰く、如《も》し博く民に施して能く衆を済《すく》うことあらば如何。仁と謂う可べきか。子曰く、何ぞ仁を事とせん。必ずや聖か。堯舜も其れ猶《な》お諸《これ》を病めり。……」

（「子貢が『もしひろく民全体に恩恵を施し、よく多数の人を救済することができたら、仁といえましょうか』とたずねた。孔子が言うよう、『それができれば、仁どころではない。強いていうなら聖人といってよかろう。堯・舜のような聖天子ですら、それができないとて心配されたものだ。……』」）[31]

「博く民に施して衆を済う」ことを約《つづ》めて「博施済衆」という。それは人々の生活を経済的に心配のないもの、さらに進んでそれを豊かなものにするという「公益の追求」に他ならない。
仁は言うまでもなく儒教の最高道徳である。[32] 他者を思いやり、慈しむのが仁の働きだが、そこには大小二つの意味があると渋沢は言う。

「個人間に行わるる狭い小さい恵恤《けいじゅつ》・親切・同情等はこれ小仁なり。博く衆を愛し民を済うごとき仁政仁術はこれ大仁なり[33]」

「これ〔仁〕を狭義に解釈すれば、人に対して日々親切を尽くしてやるというような、簡単なる意味になってしまうが、これを広義に解釈すれば、〔この孔子と子貢の問答から〕も解るように、済民の事即ち治国平天下が仁であるという事になる[34]」

個人間の親切を「小仁」「狭義の仁」と呼んでいるからといって、それを軽んじていたというのではない。渋沢自身、個人的な親切を大切にし、その実践に倦《う》むことのない人であった。しかしその上で、相対《あいたい》の親切にとどまらない、広範な人々に及ぶ慈恵を「大仁」としてより重視したのである。

孔子が説いた仁は、それによって自己を完成させるというより、それによって社会（他者）をよりよくするところにその面目がある、と渋沢は言う。

「孔夫子の説かれたところの道は、（……）一個人の私徳を全うするのが御趣意では無く、博く民に施して能く衆を済わんとせられたものであるかの如くに想われるのである。（……）真正の仁は自分の徳を立てんとするよりも、社会の徳を立て、自分が向上進歩するよりも、社会を向上進歩させる処にあるのだというのが、孔夫子の御趣意であったに相違ないのである」[35]

孔子の教えの核心は、博施済衆で社会を進歩・発展させることだというのである。[36]

実際、渋沢は、自らの実体験と共に『論語』の各章句について語った『実験論語処世談』の中で、先に引用した「子貢曰く、如し博く民に施して」で始まる子貢と孔子の問答の章について、「この一章が殆ど論語の眼目であると謂っても可なるほど」と明言している。[37] もっとも「この一章」には、「堯舜も其れ猶お諸を病めり。……」に続く次の言葉（子貢の問いに対する孔子の答えの続き）も含まれる。

「……夫《そ》れ仁者は己立たんと欲して人を立て、己達せんと欲して人を達す。能く近く譬えを取る、仁の方と謂うべきのみ」

（「さて、（……）仁者は自分が立ちたいと思う時に、まず他人を立たしめる。自分が到達したいと思うことは、まず他人を到達せしめる。すなわち、仁とは自他のへだてなく、手近に自分の身にたとえを取って、自分の善意を人に及ぼし、己の欲するところを人に施していくのが、仁に至る方法であるよ[38]」）

「己立たんと欲して云々」は、前節の「自己の利益を第一にすべからず」で紹介したものに他ならない。これも含んで「子貢曰く、如し博く民に施して」から「仁の方と謂うべきのみ」までが「この一章」（雍也篇第二八章）である。全体として「博施済衆章」と呼ばれるこの章が「論語の眼目といってよい」と渋沢は言っているのである。

ただ、その中でも渋沢にとっては、この章の冒頭にある「博施済衆」こそ、眼目中の眼目だった。渋沢がそう確信していたことが窺える証拠がある。渋沢の『論語講義』の巻頭見開き一杯に、渋沢自身が次のように揮毫している[39]。

博施於民而能済衆
大正乙丑秋日
澁澤榮一書

八文字の漢字は「博く民に施して能く衆を済う」の原文（白文）、大正乙丑とは大正一四年（一九二五年）、すなわち『論語講義』初版が刊行された年である。この揮毫は一九七五年に明徳出版社から刊行された「新版」でも見ることができる。論語を代表する一句を巻頭に自ら揮毫すべく渋沢が選んだのが、この言葉だったのである。

渋沢は自ら「処世の金科玉条として、常に座右から離したことはない」[40]という『論語』の教えの核心を、博施済衆に見出していた。そしてこの博施済衆、つまり人々の生活を経済的に心配のないもの、さらには豊かなものにするという（積極的）道徳を実現しようと思えば、経済・産業活動を活発にすることが欠かせない。それゆえ経済なくして道徳なし、なのである。

(2) 公益の追求——民の使命として

博施済衆は渋沢にとっての究極の道徳だった。とはいえ、『論語』に説かれた他の多くの教えもそうであるように、これは本来、為政者に向けられたものだったはずである。孔子が子貢に語った場面でも、堯・舜という古代の（伝説上の）聖王が引き合いに出されている。渋沢自身も「博施済衆というのは、今の聖天子のなさることである。少くとも王道を以て国を治むる君主の行為である。ゆえに国を治むる人は、決して生産殖利を閑却することはできないと私は堅く信じておるのである」[41]と言ってはいる。

博施済衆は実業家のために孔子が説いたのではない。しかし、渋沢はそれを実業家の役割として引き受けた。お上や官の仕事であったはずの博施済衆を、民の使命として捉え直したのである。国を豊かにするには、民間の経済活動を盛んにしなければならない——今日の我々からすれば当たり前のことだが、当時の日本において、これは革新的な考え方だったはずである。公益の追求を、民間経済人の重要な使命とする――この「使命の捉え直し」に、『論語』の実践者・渋沢の革新性、いわばイノベイティブなところがある。

民の立場からの博施済衆への志向が、渋沢の実業家としての旺盛な活動の元だったことは、次の発言からも窺われる。

「真正の国家の隆盛を望むならば、国を富ますということを努めなければならぬ。国を富ますには科学を進めて商工業の活動によらねばならぬ。商工業によるには如何にしても合本組織が必要である[42]」

「合本組織」とは、簡単に言えば会社のことである[43]。渋沢が会社制度を日本に導入し、自らも五〇〇社以上の企業の設立や育成・支援に関わったのも、それを通じて商工業を活発にして国を富ます、つまり博施済衆を実現することを企図してのことだったはずである。

そして商工業に携わる一人ひとりもまた、博施済衆の担い手ということになる。民間経済人は必ずしも「国を治むる人」ではないけれども、「真正の実業家」は「王道を以て」それぞれの事業を経営することを渋沢は期待した[44]。

「一国の繁盛、多数の富を目的とし、自己本位でなく、事業を経営するにまずこの主義を根本として、而してその行いが総てに行き届き得たならば、即ち実業界の王道と申して私は宜かろうと思う。（……）真正の実業家に望む処は、どうぞ私はこの王道を以て事業を経営するにあれかしと思うのでございます[45]」

「一国の繁盛、多数の富を目的とし」とは博施済衆、「自己本位でなく」とは「己立たんと欲して人を立て……」に対応していると言えよう。いずれも「論語の眼目」たる博施済衆章の内容である。その実践が、真正の実業家――よき企業者――の姿だというのである。

人々を豊かにするという公益の実現――積極的道徳――のためには、そうした民間経済人たちによる事業活動が欠かせない。それゆえ、経済なくして道徳なし、なのである。

ここでは詳細には立ち入らないが、壮年期までの渋沢の道徳と経済に関する講話では、産業によって国を富ますという民間経済人の使命が頻繁に説かれる一方で、いわゆる商業道徳についての言及はあまり見られなかった。商業道徳を頻繁に語るようになるのは、じつは還暦を過ぎた頃からなのである[46]。つまり壮年期までは主として「経済なくして道徳なし」の方ばかりを説いていた。実業家としての事績も踏まえれば、民間経済人としての博施済衆という積極的道徳が、渋沢の拠りどころ――原動力や羅針盤――としていかに重要だったかが示唆される。博施済衆を渋沢にとっての

「究極の道徳」と位置づける所以はここにもある。

ところで、民間経済人の使命が公益の追求にあるとして、それなら事業に携わる彼らは、ひたすら公益だけを追求すべきなのだろうか。公のために自分の利益は犠牲にして事業を営め、と渋沢は言っているのだろうか。決してそうではない。

(3) 私利よく公益を生ず

人々を豊かにするという究極の道徳の実現に民間の事業活動が不可欠だと考えた渋沢は、他方で、こうした活動が広く盛んに行われていくためには、それに携わる企業や諸個人が十分な利益・富を得られることもまた不可欠だと考えていた。

「元来商工業について国家の富を図る、その志す所はそれで善いが、事実そのことに効能があっても、それに従事する人に利益がなかったならば、その事は決して繁昌せぬものである。(……)これを世の中に拡めようというのに、利益なくして拡めることは到底できぬからして、どうしてもこの商工業に従事するというにも、商工業者が相当なる利益を得て発達するという方法を考えねばならぬ[47]」

人は事業活動を通じて自分自身の利益も得られるという期待があってこそ、公益を増進するという究極の道徳にも熱心に辛抱強く取り組むことができる。渋沢は言う。

「仮に、もしその仕事が自己の利害に関係せず、人毎に儲かってもおのれの仕合せにならぬ。損しても不仕合せにならぬということであったならば、その事業は完全に進まぬけれども、おのれの仕事であれば、この物を進めたい。この仕事を発達せしむるということは、争うべからざる事実である」[48]

インセンティブの必要性を認めているのである。公益と私利については、次のような発言もある。

「私利能《よ》く公益を生ず、私利から出た公益でなければ役に立たない、公益となるべき程の私利でなければ真の私利とは言えぬのである。又公益たるべきものは果してその一家一家のその従事する者までも併せて補益すべきものである」[49]

渋沢における公益と私利の関係に関しては後に詳しく述べることになるが、少なくとも渋沢は、人々が私利を顧みることなく公益の追求に尽くすべきだとは考えていなかった。むしろ事業活動によって得られる私利があってこそ、事業活動を通じた公益の追求という究極の道徳も十全に行われる。その意味でも「経済（利益・富）なくして道徳なし」なのである。

しかし、だからといって人を騙したり、嘘をついたり、あるいは自己本位で利益・富を求めてよいというのではもちろんない。「国富さえ進んで行けば、（消極的）道徳は欠けても仁義に外れても、世の中はそれで足れりとはどうしても言えまい。遂には種々なる蹉跌を惹起す」[50]、つまり「道徳なくして経済なし」。消極的道徳は守った上での、公益追求を通じた自己利益の享受を肯定している。

以上で見てきたように、一方で「道徳なくして経済なし」（第2節）、他方で「経済なくして道徳なし」（本節）、ゆえに「道徳と経済は互いに不可欠なものとして一致する」というのが道徳経済合一説の論理構造であった。これを踏まえた上で、合一説に関するいくつかの留意点を次節で述べておこう。

4　合一説についての留意点

(1)　合一説の大前提——富の正当性

一般に利益・富は道徳に反し、道徳的に厭《いと》われるべきものと考えられ、それゆえ利益・富を生む事業活動にも道徳的な疑いの目が向けられがちである。渋沢が実業家として活動を始めた頃の日本でも、利益やその獲得手段となる商業は賤《いや》しいものとされていた。

しかしもし利益・富が道徳的に厭われるべきものであるなら、〈経済＝道徳説〉における博施済衆は道徳的な悪（である富）を人々の間に広めることの勧めになるし、[51]〈道徳＝経済説〉は「誠実に振る舞えば、不道徳なものでも得てよい」という話になってしまう。道徳経済合一説の大前提には、利益・富やそれを得るための事業活動が道徳的に正当なものである、という主張がなければならない。

渋沢は実際、それを強く主張した。富それ自体、あるいはそれを人が追求すること自体は、道徳的悪ではないと言う。彼はたびたび次のように論じている。

儒教の最も重要な経典の一つである『論語』のどこを見ても、孔子（やその弟子たち）はそれらが悪だとは一言も言っていない。なるほど富を得ることを戒める言葉は『論語』の中にも散見される。しかしそこに書かれた言葉を素直に解釈すれば、それらはいずれも「不正に富を獲得すること」を戒めているに過ぎない。

例えば『論語』里仁篇に「子曰く、富と貴とはこれ人の欲する所なり。その道を以てこれを得ざればおらざるなり」とある。渋沢によれば、これは「決して富貴を賤しんだのではなく、不義にしてこれを得ることを戒めた[52]」に過ぎない。ところが「従来学者間において往々本章の『人』を悪人の意に解釈しさり、富と貴きとは悪人の欲求する所であって、これを獲得するには道ならぬ方便を以てするを要するがゆえに、君子は富と貴きとに近寄らず、もし富と貴きとが外より舞込んできてもこれを避くべきであるかのごとくに心得る輩少なからず[53]」と言って、渋沢は従来の見方を批判している。

「もし正しい道理を踏んで得たる富貴ならば、あえて差し支えない[54]」のであり、「義に適うた利は君子の行いとして恥ずるところではない、としたのは明らか[55]」だと渋沢は言う。それどころか孔子は「邦、道ありて貧しくかつ賤しきは恥なり」（『論語』泰伯篇）とさえ言っている。

以上が渋沢の説くところである。

もし利益・富が道徳的にいかがわしいなら、それを生む事業活動もまた悪の源泉として道徳的批判の対象となるだろう。しかし利益・富それ自体が道徳的にいかがわしいものでない以上、その源泉である事業活動・商売も、「正しい道理を踏んで」行われる限りは、道徳的に批判されるべきものでないのは明らかである。

さらに、道徳的に正当である事業活動は、それを通じて公益の増進——博施済衆——をすればするほど、「正当だ（悪くない）」という消極的な承認にとどまらず、「すぐれている（善い）」という積極的な称賛を受けるに値するものとなる。商工業の発展によって国を豊かにすることを志した渋沢は、それを実現するのに不可欠なこととして、当時、社会的に低い地位にあった商工業（民間のビジネス）の地位を高めることにも心を砕いた。その根底にあったのは、これら一連の考え方だったであろう。

最後に、富貴つまり利益・富や社会的地位そのものが、正しい道理を踏んで得たものである限り道徳的に正当であるならば、それらを求める人の利欲もまた一概に罪悪視すべきものではないことになる。そもそも生身の人間は枯木死灰ではない。利欲をもっているのがむしろ自然である。渋沢はそうした人情の自然に立脚して、人の利欲を一概に罪悪視することもなかった。だからこそ、積極的道徳を推進する上でのインセンティブの必要性も認めていたのである。

(2) 積極的／消極的道徳と経済との組み合わせ

前節では、渋沢自身が明示した道徳経済合一説の論理構造に則して、〈道徳＝経済説〉における道徳は消極的道徳、〈経済＝道徳説〉におけるそれは積極的道徳、という組み合わせで説明した。しかし、その組み合わせを入れ替えて考えることもできる。

〈経済＝道徳説〉つまり「経済なくして道徳なし」と聞けば、我々は「博施済衆」などというより先に「衣食足りて礼節を知る」という言葉を想起するだろう。渋沢にも次のような言葉がある。

「人は血液の循環する生物なれば、衣食住の欲求なかるべからず。衣食住の給与は則ち経済の道に依らざるべからず。人道も礼節も、経済を離れて行わるべきものにあらず。ゆえに衣食足而知礼節（衣食足りて礼節を知る）との古訓あり。食うことも衣《き》ることもできぬ人に向って仁義忠孝の道を行え礼儀作法を行えということはできまい」[56]

この場合、「経済なくして消極的道徳なし」である。ただ、筆者が知る限りでは、渋沢が消極的道徳との関連で〈経済＝道徳説〉を説くことは稀であった。

それでは逆に〈道徳＝経済説〉について「積極的道徳なくして経済なし」という捉え方ができるだろうか。これも十分可能である。二つの考え方がある。

第一に公益の追求を目指した旺盛な事業活動（という積極的道徳の実践）がなければ、経済の発展は図れない、という考え方である。渋沢が会社制度を日本に導入した当初から会社の公益性を重視し、その会社制度の普及を図り、自身も多くの会社の設立・育成に関わったのは、何よりの証左だろう。

第二に、商売はそれによって他者の役に立つ（という積極的道徳の実践）からこそ、そこから永続的な利益・富が生まれてくる、という考え方である。他者の役に立つことなく利益を得ること——例えば相場で儲けたり、相手を騙して利益をあげたり——も（一時的にせよ）あるだろうけれども、商売を通じて他者に役立てばそこには自ずと真の利益が伴う。このことを強く表現したのが、先に引用した「公益となるべき程の私利でなければ真の私利とは言えぬ」だと見ることができよう。

以上のように、積極的道徳、消極的道徳は共に、それぞれ〈道徳＝経済説〉と〈経済＝道徳説〉のどちらとも結びつけることができるのは確かである。とはいえ、渋沢が道徳経済合一説を明確に意識して説くときには、第1節で紹介したいくつもの例からわかるように、「消極的道徳なくして経済なし、経済なくして積極的道徳なし、ゆえに道徳と経済は一致する」という論法を使った。

ただ、いずれにせよ道徳と経済の関係は、それぞれにとって相手方が不可欠で、互いに離れることができないから「一致する」のである。その意味で両者は「合一」なのであって、一致するはずのない両者を適度にバランスさせるという意味での「合一」ではない。このことには改めて注意を促しておきたい。

(3) 一致させる必要

渋沢の主張は、ごく直截に表現すれば「道徳と経済は一致する」である。しかしこれは「放っておけば自動的に一致する」という話ではないことにも注意せねばならない。第1節で紹介した渋沢の言葉を改めて見てみると、「道徳と経済は一致せねばいけない」、「道徳と経済とは互いに相離るべからざるものである」と言われている。渋沢自身は、単純に「一致する」とは言い切っていないのである。道徳と経済は一致させなければならず、かつ一致させることが可能である、というのが渋沢の主張であり、信念であった。渋沢が「一致することが可能であると信じていた」ことから、本書ではこれを「一致する」と言い切る形で表現している。しかし本当に一致するには、当事者がそのように意識して努めねばならない。渋沢は次のように言う。

「道徳と経済を一致せしめんとするには、すなわちその道徳心が経済を行う人々の頭に完全になければ決して一致するわけには行きません。ただ道徳と経済という一つの植物が水の上にあって、雌蕊《めしべ》と雄蕊《おしべ》が風の力によって相合するごとく具合よく調和することは、どうしてもできないと思う。ゆえに道徳経済を一致させることは、その一致さすべき人その人にそれだけの充分なる覚悟、平素の用心がなければいけないことと思うのでございます[57]」

「雌蕊と雄蕊が風の力によって〔自然に〕相合する」という印象的な比喩は、しかし道徳と経済が「相合する」という現象には当てはまらない。しかるべき「覚悟」や「平素の用心」をもった当事者による作為がなければ、一致するはずの道徳と経済を実際に一致させることは難しい、というのである。

では、どのような覚悟や平素の用心が必要なのだろうか。これが、この後の本書全体を貫くテーマである。議論を先取りするなら、「先義後利」の構えとそれを実践する「経済士道」、その義の内容たる「公への奉仕」「誠実」「勇気」――これらが、渋沢の「経営哲学」を下敷きにしつつ本書が出す答えである。

次章において、まずは渋沢の道徳経済合一説のエッセンスは何かを探ることから始めることにしよう。

＊ 本章の第1～3節は、田中［2014a］第1～3節を（Tanaka［2020］第II節にも拠りつつ）大幅に書き改め加筆を施したものである。

注

1 竜門社［1937］三〇八頁。

2 渋沢［2010］八三頁。傍点は引用者。なお、引用元の渋沢［2010］すなわち『渋沢百訓─論語・人生・経営─』（角川ソフィア文庫）は、一九一二年に同文舘から刊行された渋沢栄一著『青淵百話』所収の一〇〇話の中から五七話を抽出して、現代表記に改めたものである。本書では『青淵百話』（原典）の本文の引用は、現代表記による『渋沢百訓』から行う。他方、『青淵百話』という書名自体に言及するときには（『渋沢百訓』ではなく）『青淵百話』の名称を用いる。

3 渋沢［2008］九二頁。

4 筆者が知る限りの唯一の例外として、一九二九年四月一日（渋沢八九歳）東京銀行倶楽部での「義利何時能両全の詩について」における次の発言がある。「どうしても本当の世界の平和、真正なる文明を描き出すには、経済と道徳、政治と道徳、所謂義と利の権衡〔バランス〕が完全に進んで行かなければならぬ。義・利が合一せねば真正の文明を成し得られず、真正なる富貴も期し難いと思うのでございます」（竜門社［1937］三四八頁）。

5 渋沢［1975］一五四～一五五頁、九三二～九三三頁。

6 渋沢［1975］一五四～一五五頁。

7 ただし、この組み合わせを入れ替えて、「積極的道徳」を①に、「消極的道徳」を②に、それぞれ当てはめて解釈することも可能であることを本章第4節⑵で述べる。

8 渋沢青淵記念財団竜門社編［1962b］二七〇頁。スラッシュは引用者。

9 渋沢［2008］二二頁。スラッシュは引用者。

10 『竜門雑誌』は、渋沢を慕う経済人らが集い互いに研鑽を図った組織「竜門社」（公益財団法人渋沢栄一記念財団の前身）の機関誌である。

11 渋沢［1918］三五頁。スラッシュは引用者。

12 渋沢［1918］三六頁。スラッシュは引用者。

13 ただし、序章でも触れたように、渋沢は他の実業家が「自己本位の経営」をすることには一定の理解を示していた。詳しくは第6章で述べる。

14 土屋［2002］五六六頁。

15 渋沢［1926］一三八頁。

16 渋沢［1926］一三八頁。

17 渋沢青淵記念財団竜門社編［1959b］一六〇頁。

18 渋沢青淵記念財団竜門社編［1959b］一六〇頁。

19 渋沢青淵記念財団竜門社編［1968］二四頁。

20 渋沢青淵記念財団竜門社編［1959b］八三四頁。
21 渋沢［1926］一三七頁。
22 渋沢［2008］二二頁。
23 渋沢［2008］一二四頁。
24 ここでいう「十分な」とは、それによって自社の存続・成長を維持するに足る投資ができる水準と考えればよい。
25 渋沢［2008］一二六頁。
26 渋沢青淵記念財団竜門社編［1963］六二一頁。
27 為我説は（渋沢もこの発言に先立って言及しているように）中国・戦国時代の思想家である楊朱の唱えたものである。なお孟子の「奪わずんば云々」については、第3章第1節で改めて述べる。
28 渋沢青淵記念財団竜門社編［1963］六二一頁。
29 渋沢［2008］一六六頁。
30 渋沢［2008］一六五～一六六頁。
31 吉田［1960］一四八頁。
32 例えば土田［2011］二五頁。
33 渋沢［1975］四三三頁。
34 渋沢［1922］三八～三九頁。
35 渋沢［1922］一七六～一七七頁。
36 「朱子学など孟学の学統にある儒学は修身論重視であるのに対し、渋沢は荀学の学統にあって経世論重視であることが指摘できる」と坂本［2002］（二八七頁）も述べている通りである。

37 渋沢［1922］四七五頁。

38 吉田［1960］一四八頁。

39 一九二五年に二松学舎出版部から刊行された『論語講義』（初版）は、乾・坤の二分冊から成る。本文中で「巻頭見開き」と言ったのは、正確には「（上巻にあたる）乾巻の見開き」である。

40 渋沢［2008］二四頁。

41 竜門社［1937］三〇七～三〇八頁。

42 竜門社［1937］三〇八頁。

43 渋沢の「合本主義」や「合本組織」については、橘川・フリデンソン編著［2014］を参照されたい。

44 坂本［2002］（第二章）は、渋沢の『立会略則』を分析して、渋沢は「実業家たるもの『国臣』として国家意識をもってその経営にあたるべきであると主張し」た、と指摘している（六三頁）。

45 渋沢青淵記念財団竜門社編［1959b］四〇六頁。なお、ここで言われている「実業界の王道」およびそれと対置される「実業界の覇道」については後の第6章で詳しく論じる。

46 詳細については田中［2013］を参照されたい。

47 渋沢青淵記念財団竜門社編［1959b］四四七頁。

48 渋沢［2008］一二六頁。

49 渋沢青淵記念財団竜門社編［1959b］一五九頁。

50 渋沢青淵記念財団竜門社編［1959b］四五〇頁。

51 渋沢にも、次のような発言（一九二三年の講話「道徳経済合一説」）がある。「もしこの仁義道徳が『疏食《そし》を飯《くら》い水を飲む』〔といったいわば清貧の生活をすること（『論語』述而篇）〕のみであるならば、『博く民に施して能く衆を済う』ということは、怪《け》しからぬことと言わなければならぬ」（渋沢青淵記念財団竜門社編

［1962d］三六〇頁。なお、原文の白文は書き下した）。

52 竜門社［1937］三〇七頁。

53 渋沢［1975］一五〇頁。

54 渋沢［2008］一三一頁。

55 竜門社［1937］三〇七頁。

56 渋沢［1975］一五頁。

57 渋沢青淵記念財団竜門社編［1962b］二一二～二一三頁。

第2章 公益と私利をめぐって

――道徳経済合一説のエッセンス

1 公益追求の意図――アダム・スミスの思想との比較[1]

渋沢栄一が唱えた道徳経済合一説は、道徳と経済を一体として捉える思想である。しかも渋沢が確信するところでは、それは元々、孔子その人が説いたものであった[2]。自らも義利合一を唱え、渋沢と意気投合した漢学者・三島中洲も、義と利の一体性が儒学の経書に裏打ちされたものであることを力説した。

道徳と経済を表裏一体とするのは、渋沢や三島だけの見方ではない。東洋に特徴的なものの見方とも言える。例えば内村鑑三が次のように述べている。

「東洋思想の一つの美点は、経済と道徳とを分けない考え方であります。東洋の思想家たちは、富は常に徳の結果であり、両者は木と実との相互の関係と同じであるとみます。木によく肥料をほどこすならば、労せずして確実に結果は実ります。『民を愛する』ならば、富は当然もたらされるでしょう[3]」

道徳と経済の一体性は確かに東洋に特徴的な見方であろう。ただ、西洋に類似の見方がないわけではない。

本章では西洋におけるその代表例として、アダム・スミスとマイケル・E・ポーターの所説を取り上げる。どちらも渋沢の道徳経済合一説と相通ずる、あるいは同じだ、と評されているものである。

本章の目的は、これら二つの所説と道徳経済合一説とを比較することを通じて——その共通点よりもむしろ相違点を明らかにすることによって——合一説のエッセンスを抽出することにある。このエッセンスが、前章の最後で提起した課題、すなわち道徳と経済を一致させるための要訣の柱となる。

(1) 正しい自利心の是認——両者の共通点

渋沢の道徳経済合一説に、アダム・スミスの思想との共通性を見出す人は少なくない。そもそも渋沢自身がその共通性を認めている。一九二三年にレコード録音した講話「道徳経済合一説」の中で、渋沢は次のように述べている。

「聞く所によれば、経済学の祖 英人アダム・スミスはグラスゴー大学の倫理哲学教授であって、同情主義の倫理学を起こし、ついで有名なる富国論（ママ）を著して近世経済学を起こしたということであるが、これいわゆる先聖後聖其《その》揆を一にするものである。利義合一〔道徳経済合一〕は東西両洋に通ずる不易の原理であると信じます[4]」

「先聖後聖其揆を一にする」とは、『孟子』に出てくる言葉で、先に出た聖人も後から出た聖人も行う道は同じだ、という意味である。ここで渋沢がいう「先聖」「後聖」はそれぞれ孔子とスミスである（前者がスミスで後者が渋沢自身、ではない）。道徳経済合一は孔子自身の説くところ、というのが渋沢の信念である。

「聖人」の議論はさておき、道徳と経済をめぐる渋沢とスミスの考え方は、実際、二つの点で共通している。[5] 第一に、彼らは人の自利心を是認している。個人が自分の富を増すことを願って経済活動に従事することをよしとしている。スミスは、個々人が自らの富やよき世評といった自己利益を期待し、それを追求することが、「見えざる手」の働きを通じて、社会の繁栄につながると論じた（『国富論』）。渋沢もまた、私利の追求が人間の自然な欲求だというだけでなく、私利への期待が公益追求に人々が注力するための原動力としても重要であることを見抜いていた（前章第3節）。

第二に、しかし彼らは、そうした自利心を無制限に是認したわけではない。不正を犯さず、フェア・プレイをする限りでの私利の追求、すなわち消極的道徳に制限された自利心をこそ肯定したのである。渋沢は、「不誠実に振る舞うべからず」「自己の利益を第一にすべからず」という商業道徳を蔑ろにした自己利益の追求を許さなかった（前章第2節）。一方、スミスが肯定した自利心も、「義務の感覚（sense of duty）」によって制限された自利心である（『道徳感情論』）。義務の感覚とは、「正義（justice）は犯すべからず」「慈恵（beneficence）はなすべし」という一般的諸規則（general rules）を顧慮して行為しようと思う感覚である。正義を犯せば他者を憤慨させる。そうした行為を制限し禁じるのは、本書の用語でいえば消極的道徳にあたる。慈恵をなせば、それを受ける他者が喜ぶ。そうした行為を促すのは積極的道徳にあたる。それゆえスミスにおいても、自己利益の追求は、消極的道徳と積極的道徳の双方に裏打ちされることを条件としている、ということができる。ただ、次項で改めて述べるように、スミスがとりわけ重視したのは正義（フェア・プレイ）の方であった。フェア・プレイの重要さについて、スミスは次のように述べている。

「富と名誉と出世をめざす競争において、かれはすべての競争者を追いぬくために、できるかぎり力走していいし、あらゆる神経、あらゆる筋肉を緊張させていい。しかし、かれがもし、かれらのうちのだれかをおしのけるか、投げ倒すかするならば、観察者たちの寛容は、完全に終了する。それは、フェア・プレイの侵犯であって、かれらが許し得ないことなのである」[6]

要するに、「正しい自利心」を社会の繁栄にとって不可欠とみなして是認する点で、渋沢とスミスの見方は一致しているのである。

(2) 公益追求という「義務」――両者の相違点

こうした共通点があるとはいえ、両者の間には重要な相違点もある。それは、経済活動に関わる諸個人が公益の追求を意図することを期待するか否かの違いである。渋沢はそれを期待し、スミスは期待しない。

スミスは、諸個人が不正を犯さない限り、自己利益の追求に励むことこそが、社会全体の秩序と繁栄につながると考えた。貧しい人の境遇を改善しようとか、自国の経済発展のために投資しようなどと意図する必要は彼らにはない。豊かな人は自分自身のために贅沢な生活をし、投資者は自分の投資収益を最大化するために投資をするので構わない。ところが、彼らのそうした私利追求の経済行為の結果、豊かな人々の富は貧しい人々に再分配され、投資された資本は自国の経済力を高める。それを可能にするのが「見えざる手」に他ならない。

「たしかに彼は、一般に公共の利益を推進しようと意図してもいないし、どれほど推進しているかを知っているわけでもない。（……）〔しかし〕彼はこのばあい（……）みえない手に導かれて、彼の意図のなかにはまったくなかった目的を推進するようになるのである。（……）自分自身の利益を追求することによって、彼はしばしば、実際に社会の利益を増進しようとするばあいよりも効果的に、それを推進する」[7]

傍点を付けた「彼の意図のなかにはまったくなかった目的」とは公益の利益であることは言うまでもない。私利の追求が、見えざる手の働きによって、公益の増進という意図せざる結果をもたらす。それゆえ、スミスは一人ひとりの個人が公益の追求を意図して行動することを期待してはいないのである。

だからといって、スミスが公益追求や慈恵に無関心だったわけではもちろんない。彼は人間の義務として、正義という消極的道徳と並んで慈恵という積極的道徳をも挙げている。しかしスミスが明確に重視したのは正義の方であって、慈恵ではなかった。

「慈恵は正義よりも、社会の存在にとって、不可欠ではない。社会は慈恵なしにも、もっとも気持ちがいい状態においてではないとはいえ、存立しうるが、不正義の横行は、まったくそれを破壊するにちがいない」[8]

「それ〔慈恵〕は、建物を美しくする装飾であって、建物を支える土台ではなく、したがってそれは、すすめれば十分であり、けっしておしつける必要はないのである。反対に、正義は、大建築の全体を支える支柱である」[9]

それゆえ経済活動も、個人の自利心と正義には必ず支えられなければならないが、慈恵に支えられる必要はない。以下は『国富論』からの有名な引用である。

「われわれが自分たちの食事を期待するのは、肉屋や酒屋やパン屋の仁愛にではなくて、かれら自身の利益に対するかれらの顧慮に期待してのことなのである。われわれは、かれらの人類愛にではなく、その自愛心に話しかけ、しかもかれらにわれわれ自身の必要を語るのではけっしてなく、かれらの利益を語ってやるのである」[10]

一方、渋沢なら、肉屋やパン屋もまた顧客の必要を気に掛け、それぞれの立場で自己以外の人たちの便益を顧慮するという心構えを期待したはずである。渋沢は諸個人が商売によって私利を得ることを決して罪悪視しないが、彼ら自身の利益だけを考えて商売に従事することは戒めた。正義という消極的道徳にとどまらず、公益の増進といった積極的道徳（慈恵）の実践をも重視したのである。

渋沢は博施済衆という積極的道徳をことのほか重んじ、しかもそれを民間経済人の使命と捉えた。人々が他者の利益をも意図して商売や投資を行うことで、「究極の道徳」たる博施済衆の実現に貢献できる。すなわち、彼らがそのように商売や投資を行うことによって、経済は道徳と合致するのである。道徳経済合一説を唱える渋沢にとって、諸個人が公益の追求を意図することは極めて重要だった。

公益を増進するためには、個人が私利もさることながらそれ以上に公益そのものを意図して行動する必要がある。この考え方は、渋沢自身が様々な事業会社に関与した際の姿勢にも表れている。

「利益本位で事業を起し、またはこれに関与し、またはその株を持ったりすれば、利益の挙らぬ事業会社の株は、これを売り退いてしまうようになりて、結局必要なる事業を盛んにすることができなくなるものである。ゆえに余は（……）国家に必要なる事業は利益の如何をば第二におき、（……）起すべき事業ならばこれを起し、その株も持ち、実際に利益を挙げるようにして、その事業を経営して往くべきものだと思うておる。余は常にこの精神で種々の事業を起し、これに関与し、またはその株を持っておるもので、この株は騰貴《あが》るであろうからと考えて、株を持ったことは未だ曾《かつ》てない[11]」

自分が儲かるか否かよりも、国家にとって必要か否か、つまり私利よりも公益を第一の基準にして――そして私利を第二として――渋沢は企業者活動を展開した。

貧富の格差の是正についても、渋沢はスミスとは異なり「慈恵」――公益の追求――への意図的な取り組みの必要性を強調した。スミスは、富者に貧者救済の取り組みを求めずとも、貧富の格差は自ずと是正されうるという立場をとった。というのは、富者が自己の虚栄心から驕奢《きょうしゃ》な生活をすれば、見えざる手の働きによって、貧者への富の再分配が起きるからである。しかし渋沢は、富者が自己利益を本位にしていたのでは問題は解決しないと考え、富者が貧者を益することを意図した慈恵的行為を期待した。

「自分のかく分限者《ぶんげんしゃ》になれたのも、一つは社会の恩だということを自覚し、社会の救済だとか、公共事業だとかいうものに対し、常に率先して尽くすようにすれば、社会は倍々健全になる。それと同時に自分の資産運用も益々健実になるという訳であるが、もし富豪が社会を無視し、社会を離れて富を維持し得るがごとく考え、公共事業、社会事業のごときを捨てて顧みなかったならば、ここに富豪と社会民人との衝突が起こる[12]」

渋沢は富者が慈恵の精神を持つことが単に道徳的に立派だから望ましいと言っているのではない（それが道徳的に望ましいというだけならスミスも首肯するに違いない）。彼は富者が率先して公益を図るという慈恵的行為が、市場経済につきものの社会的不和を緩和するのに必要だと説いているのである。道徳と経済は、放っておいても雌蕊と雄蕊のように自然に相合するというわけにはいかない、という渋沢の言葉（前章第4節）が想起される。

富者によるそうした行為は、貧富の格差という問題だけでなく、より広範な福祉問題、さらには教育など様々な社会的課題の解決・緩和にも重要であろう。しかも、富者にとってその恩恵は他者だけに及ぶのではない。富者が公益を図って社会をよりよくすれば、やがては「自分の資産運用も益々健実になる」、つまり私利も増進される、というダイナミックなメカニズムをも渋沢は想定しているのである。

(3) 私利追求に勝るとも劣らぬ公益追求

スミスは正義やフェア・プレイといった消極的道徳を「大建築の主柱」とみなして、慈恵という積極的道徳の実践よりも重視した。それに対して渋沢は、不誠実に振る舞うなといった商業道徳つまり消極的道徳も間違いなく重視したけれども、道徳経済合一説の特徴と力点は積極的道徳の方にあった。営利活動において博施済衆という積極的道徳は、消極道徳に「勝るとも劣らぬ（勝ることはあっても決して劣ることはない）」重みをもつのである。

以上のことから、二つの道徳に対する渋沢とスミスの間の違いをシンプルに表現するなら次のようになるであろう。

渋　沢：積極的道徳≧消極的道徳
スミス：積極的道徳＜消極的道徳

渋沢の方の不等号が≧であって＞ではない、という微妙なバランスに注意されたい。

営利活動ということに二つの道徳を関連づけて言うなら、渋沢は、私企業や個人がビジネスを行うにあたって、(a)正義に適った方法で私利を得るというだけでなく、(b)公益を図った結果として自分も私利を得ることを良しとした。このうち、実業家としての渋沢の原動力・羅針盤の役割を果たしたのは(b)の方であったことは、前章第3節(2)で述べた通りである。「積極的道徳（公益追求）≧消極的道徳（商業道徳）」とする所以《ゆえん》である。

ところで、スミスは個々人が公益の追求を意図することを期待しなかったばかりか、『国富論』の中で見えざる手の働きに言及した箇所に続けて、次のように述べている。

「公共の利益のために仕事をするなどと気取っている人びとによって、あまり大きな利益が実現された例を私はまったく知らない[13]」

しかし渋沢こそまさに「公共の利益のために」仕事をして「大きな利益」を実現した人だと言えるのではないか。

スミスが思い浮かべた「公共の利益のために仕事をするなどと気取っている人々」というのは、恐らく公共の利益のために私利をまったく度外視しようとした、過度に理想主義的な人々であろう。渋沢も言う通り、私利を無視したのでは、その事業に携わる人々が本気でそれに取り組むことは難しい。事業活動に必要な資源も十分に集まらないだろう。それでは「大きな利益」など実現できなくても当然である。

一方、別の意味で「公共の利益のためになどと気取っている人々」もいる。それは、「公共の利益のため」をことさらに標榜しながら、じつはもっぱら私利を追求している人々である。そうした人々は公益の名を借りて、いわばそれを手段として利用しているに過ぎない。渋沢は「公共のため」を唱えながら、これらどちらのタイプとも違った。私利と正義の両方を重んじながら、公益の追求を第一に図る実業家だったのである。

2 公益は手段か目的か――マイケル・E・ポーターのCSVとの比較[14]

(1) 公益の意図的な追求――両者の共通点

企業や企業者が公益の追求を意図して行うべきであること、そして公益の増進を図ることが私利を獲得することと矛盾するどころか立派に両立可能であることを、現代において明示的に説いているのが、ハーバード・ビジネススクールのマイケル・E・ポーター教授らによって提唱されているCSV（Creating Shared Value：共通価値の創造）というコンセプトである。CSVの考え方は、アダム・スミスのそれよりも一層、渋沢の考え方に近いように見える。なお、CSVはポーターとマーク・クラマーとによって提唱されたコンセプトだが（Porter and Kramer［2006］［2011］）、以下ではポーターに代表させて論じていく。

ポーターは企業と社会の間の関係を相対立するものと見ずに、相互に依存する関係と捉えている。彼は企業が社会を犠牲にすることで繁栄しているという今日の一般的な見方を否定し、企業は社会の利益を図ることによって自らも繁栄できると主張する。そこで企業と社会を対立的に捉える従来のCSR（Corporate Social Responsibility）に異を唱え、それに取って代わるべきものとして両者の相互依存性に立脚したCSVの概念を提唱する。

CSRとCSVの違いは、端的に言えば、前者が企業がすでに生み出したパイのある部分を社会と分かち合う、いわばゼロサムであるのに対して、後者は企業が社会的課題に取り組むことでパイ自体を拡大し企業と社会が共にプラスサムの価値を享受できること、である。

「〈共通価値の概念〉とは、社会のニーズや課題の解決によって社会的価値をも創造するようにしながら、経済的価値を創造することである」[15]

「共通価値は、すでに企業が生み出した価値を『共有する』こと――再分配アプローチ――ではない。そうではなく、経済的価値と社会的価値の総和を拡大することである」[16]

フィランスロピーに代表される従来のCSRは「すでに企業が生み出した価値を『共有する』こと」であって、「経済的・社会的価値の総和を拡大すること」ではない。それは社会的価値の増加には貢献しても、経済的価値を増やすことにはならない。

共通価値の創造（CSV）は、企業が自社の本業を通じて環境的あるいは社会的課題の解決に貢献することによってなされる。例えばネスレ社は発展途上国のコーヒー農家たちを様々な方法で支援することによって、彼らの生産性と製品品質を高めることに成功した。それによって彼らの生活水準とモチベーションも高まった。途上国における貧困の負の連鎖という社会的課題の緩和に貢献したのである。それと同時に、ネスレ自身も同社の人気商品であるネスプレッソ向けの高品質コーヒー豆の安定調達が可能になるという大きな経済的恩恵を受けている。[17]

かように企業が社会的課題の解決に本業を通じて貢献することと、経済的価値を生み出すことの間には深い繋がりがある。公益の増進という積極的道徳と利益の獲得という経済は両立可能なのである。それどころか公益の増進を図ることが大きな私利をもたらしうるのである。

そうであれば、企業は内向きになって目先の自社の利益（私利）だけに拘泥するのではなく、外にも広く目を向けて、自社が関わりを持つ社会やコミュニティの利益（公益）の増進を図ることが望ましい。それゆえ、「企業の目的は、単に利益それ自体ではなく、共通価値の創造だと再定義されなければならない」と言う。[18]

ポーターは企業ないし企業者が公益を意図的に追求する必要性を説いており、その点では、自分の利害にだけ関心を払って経済活動をすれば、見えざる手によって公益は実現されるというスミスの考え方とは一線を画している、と言える。[19] このように企業と社会の共存可能性を前提に、企業者が意図して公益を追求する必要性を説いている点が、ポーターと渋沢の共通点である。そしてこの共通点のゆえに、今日、渋沢の合一説とポーターのCSVとは同一視されることが多い。しかし、両者の間の本質的な相違点にも目を向けなければならない。

(2) 事業活動の「目的」としての公益——両者の相違点

企業や企業者が公益の増進に意図的に貢献することが、彼ら自身の私利の増進をもたらしうる。このようなメカニズムを想定している点で、ポーターも渋沢も同じといえる。しかしこの客観的メカニズムを実現させる当事者たち（企業や企業者）が、公益と私利のどちらに軸足を置いてそうするのか。すなわち当事者たちが事業を手掛けるにあたって公益の追求と私利の獲得のどちらを主たる動機、主たる目的とすることが想定されるのか。当事者の主観的動機という点で渋沢とポーターの立場は決定的に異なる。ポーターは私利獲得を、渋沢は公益追求を、当事者たちの主たる動機と想定している。

ポーターのCSVでは、私利獲得が目的であり、公益追求はそのための手段と位置づけられている。それは次のような主張からも明らかである。

「共通価値は、社会的責任でもなければフィランソロピーでもなく、サステナビリティーですらない。経済的成功を収めるための新たな方法である」[20]

「我々はより洗練された形の資本主義、すなわち社会目的をもったそれを必要としている。ただしその目的というのは、人間愛からではなく、競争と経済的価値の創出とについてのより深い理解から生ずべきものである」[21]

「CSVから生まれる競争優位は、たいていは従来のコスト改善や品質改善よりも持続性が高い」[22]

CSVというコンセプトにおいては、社会的課題に目を向けて公益の増進を図ることは、それ自体が目的なのではなく、そうすることで企業がより多くかつ持続的に儲けるのに有効な新たな戦略的手段だ、というのである。CSVが「戦略的CSR」と言われる所以である。

公益が自己利益獲得のための手段である以上、CSVは自ずと「利己的な行動」ということになる。ポーター自身、次のように言っている。

「CSVはアダム・スミスの見えざる手という概念を拡張したものである。(……)それはフィランスロピーではなく、社会的価値を創造することによって経済的価値を創造する利己的な行動である[23]」

先に筆者は、CSVの考え方は「自分の利害にだけ関心を払って経済活動をすれば、見えざる手によって公益は実現されるというスミスの考え方とは一線を画している」と述べた。ところがポーターによれば、CSVはじつは「見えざる手の概念の拡張」だと言う。どういうことだろうか。

正義を犯さない限りにおいて、自分の利害だけを考えて経済活動をする。それでよい、とスミスは言った。公共の利益のためなどという余計なことを考えるより、自分の利害だけを考えよ、人々がそのようにすればやがて見えざる手に導かれて社会の繁栄（という公益）が実現される、と。しかし、「公益の追求を意図した方が、かえって自分自身の儲けが増える場合がある」という「新発見」があったらどうだろうか。自分の利害しか考えない人も、まさに自分の利害ゆえに、公益追求を敢えてするようになるだろう（そうした方が儲かるのだから）。ポーターらはその「新発見」をCSVという形で発信した。それによって利己的な経済人が損得勘定に入れるべき範囲が広くなった。「見えざる手の概念が拡張された」のである。

自己利益の追求を、目の前の狭い範囲の経済計算に限定せず、広く社会に目を向けた経済計算によって行うという点で、たしかにポーターはスミスと一線を画している。しかし視野の広狭を別にすれば、「自己利益を第一に考えて損得勘定で事に当たる経済人」という想定において、じつは両者は同じなのである。

渋沢も、公益と私利を両立させる事業活動がフィランスロピーでないことには同意するだろう。また、事業活動における公益の実現のために「競争と経済的価値の創出とについてのより深い理解」が必要なことも決して否定しないはずである。彼は企業が公益追求に持続的に取り組んでいくためにも、きちんと利益をあげていくこと、そしてそのために合理的な思考をめぐらすことを大事なことだと捉えていた。

しかし、そうした活動が「企業の社会的責任」や「サステナビリティー」（渋沢の当時はそうした概念はなかったにせよ）と無縁だとは言わないはずである。ましてや博施済衆を民の使命として重んじた渋沢にとって、「事業を通じた公益の追求」＝「利己的な行動」という主張は相容れない。

渋沢にとって、公益追求は私利獲得の手段ではなく、それ自体が価値ある目的であった。彼は私利獲得の正当性は十分に認める。ただし、公益追求との関係に関する限り、私利獲得は事業を通じた公益増進に人々が主体的に関わるように促すインセンティブ、すなわち公益の持続的な実現の手段、という意味合いが濃厚だった。手段と目的がCSVモデルとは逆なのである。少なくとも渋沢本人にとっては、明らかに公益追求こそが第一の目的であった。

「およそ世事《せじ》に処するに方《あた》っては、一身を立つると同時に社会のことに勤め、能《あた》う限り善事を殖《ふ》やし、世の進歩を図りたいとの意念を抱持《ほうじ》している。したがって、単に自己の富とか、地位とか、子孫の繁栄とかいうものは第二に置き、専ら国家社会のために尽くさんことを主意とするものである[24]」

「自分は常に事業の経営に任じては、その仕事が国家に必要であって、また道理に合するようにして行きたいと心掛けて来た。仮令《たとい》その事業が微々たるものであろうとも、自分の利益は小額であるとしても、国家必要の事業を合理的に経営すれば、心は常に楽しんで事に任じられる[25]」

渋沢によるこの種の発言は枚挙に暇がない。前節で引用した「国家に必要なる事業は利益の如何をば第二におき……」という発言も思い出していただきたい。渋沢の場合、公益を追求する当事者の主たる動機は、「自分のため」よりも「社会のため」なのである。

(3) 公益への責任的アプローチ

以上のことから、公益と私利の軽重に関する渋沢とポーターの考え方の違いは、次のように図式化することができる。

渋　沢：公益≧私利
ポーター：公益＜私利

渋沢が求めるところの企業者は、公益の増進それ自体を究極の目的にして事業活動を行う。彼らは私利の獲得にも十分な意義と価値を認めるものの、私利を公益の上に置くことはない。公益の増進を自らも担うべき「責任」と捉えていることから、これを「公益への責任的アプローチ」と呼ぼう。一方、ポーターのCSVの考え方においては、企業者たちは私利を獲得するための有効な手段として、事業活動を通じた公益の増進に熱心に取り組む。こちらは「公益への戦略的アプローチ」と呼ぶことができる。

渋沢のこうした態度の根底にあるのは、いうまでもなく『論語』の教えである。君子となることは、儒学の目指すところである。儒学の信奉者・渋沢もまた君子たらんとした。君子のあり方について『論語』では様々な角度から語られているが、その一つに「君子は義に喩《さと》り、小人は利に喩る」という孔子の言葉がある（『論語』里仁篇）。「喩る」とは、敏感だ、という意味である。「義」は一般に「正しい道理」とされるが、ここでは「責任」すなわち「なすべきこと」と解するのが最も相応《ふさわ》しい。[26] したがって、「君子は義に喩り、小人は利に喩る」とは、「君子は自らの責任に敏感であり、小人は自らの損得に敏感だ」という意味になる。
渋沢自身、この言葉を引きながら、事業に関与する際の自らのスタンスを語っている。

「余はいかなる事業を起すに当っても、またいかなる事業に関係するに当っても、利益を本位に考えることはせぬ。(……)余は何時でも事業に対する時には、これを利に喩らず、義に喩ることにしておる。まず道義上より起すべき事業であるか盛んにすべき事業であるか否かを考え、利損は第二位において考えることに致しておる」[27]

ある事業は儲かるからやるのではなく、社会にとって必要だからやる。もちろん利益/損失のことも(第二位として)考えるが、どちらに敏感かと言えば、社会に対する責任の方なのである。

「どちらに敏感であろうと、社会的価値と経済的価値が同時に創造できる事業を行いさえすれば、結果的には同じではないか」と人は言うかもしれない。いやむしろポーターの言うような、自己利益を主たる動機にした戦略的アプローチの方が、公益の増進には有効だとさえ言えるかもしれない。というのは、「公益を増進すれば、あなたも儲かる」と言われれば、より多くの人々がそれに取り組むよう促されるからである。

第6章で述べるように、じつは渋沢も戦略的アプローチを全否定したりはしない。むしろその有効性を認めている。しかし、「利に喩る」そうしたアプローチは、君子たらんとする渋沢自身の生き方には馴染まなかった。[28]

しかし事は個人の価値観だけの問題ではない。皆がみな戦略的アプローチで公益を図ろうしたとき、公益に資する事業が十二分に生み出され、発展させられるだろうか、という問題がある。「利益本位で事業を起し、またはこれに関与し、またはその株を持ったりすれば、利益の挙らぬ事業会社の株は、これを売り退いてしまうようになりて、結局必要なる事業を盛んにすることができなくなるものである」と渋沢が考えていたことを前節で紹介した。「利益があがらぬ」というのを「損失が出ている」の意に限定する必要はない。他の投資機会に比べて利益があがらないと予想される場合も含まれる。次のような簡単な設例で考えてみよう。

いま、ある社会的課題の解決など公益の増進に大いに貢献できる事業プロジェクトAと、特にそうした貢献をするわけではない（ただし社会に害を与えはしない）通常の事業プロジェクトBがあるとしよう。そして期待される収益は、プロジェクトBの方がプロジェクトAよりも高いとしよう。自己利益を主たる動機にするのであれば、当然、プロジェクトBが選択されるであろう。これまでプロジェクトAを手掛けていたとしても、より収益性の高いプロジェクトBの出現によって、経営資源がプロジェクトBにシフトされることもありうる。

公益の増進に大いに貢献するプロジェクトAが、他のプロジェクトに比べて常に収益性が高いとは限らない。むしろそうした好ましいケースはさほど多くないであろう。そうであるならば、自己利益を主たる動機にしつつ企業・企業者がとりうる公益志向の事業の選択肢は限られることになる。[29] CSVという概念が、注目を集めている割には現実に大きなムーブメントとはなっていないことの一因は、このあたりにあるように思われる。

しかも、プロジェクトAを推進するのに秀でた能力をもっている企業・企業家が、プロジェクトBから期待される収益機会のゆえに後者を選択し、プロジェクトAを手掛けないことがあるとすれば、どうだろうか。仮に別の企業・企業家がプロジェクトAを手掛けたとしても、社会にとって最善の成り行きとは言えないのではないか。

渋沢は、「大儲けできそうだから、社会的に意義のある事業に取り組む」と言ったのではない。「社会的に意義ある事業には、その意義ゆえに取り組む。その上で、その事業から利益を得られるように努力する」と言ったのである。彼は損得ではなく義務・責任に敏感であった。私利を目的としてではなく、公益自体を目的として、公益を意図的に追求したのである。その上で、しかし彼は義務を果たしさえすれば儲からなくてもよいとも言わなかった。なすべき事業であるならば、我々はそれを利益があるものにしなければならない、と言った。君子は利そのものを否定したりはしない。ただそれを主たる動機にはしない、というだけである。この区別は微妙だけれども、ここにこそ渋沢の道徳経済合一説のエッセンスがある。

3　公益第一・私利第二

(1)　道徳経済合一説のエッセンス[30]

ここまで、渋沢の道徳経済合一説と、それとの類似性が指摘されるアダム・スミス、マイケル・ポーターそれぞれの所説とを比較することを通じて、渋沢の主張の特徴を浮き彫りにしてきた。それは、①公益の追求を企業・企業者が意図的に行うことを第一とし、②彼らの私利の獲得を是認し奨励しつつもそれを第二に置く、ということである。約めて言えば「公益第一・私利第二」である。これが、他の類似の思想との比較から抽出される、道徳経済合一説のエッセンスということになる。

「公益第一・私利第二」という表現自体は渋沢自身によるものではなく、筆者が拵えたものである。しかし、ここまでに引用したいくつかの発言（第1節、第2節）からも、公益第一・私利第二が渋沢が事業に臨む上での基本的なスタンスであることがわかるであろう。これが道徳と経済を一致させるための要訣の一つと言える。議論を先取りするなら、この公益第一・私利第二は、次章以降で話を展開する「先義後利」の一つのあり方と言える。「公益の追求」という義を先にし、私利を後にする、ということである。そしてこの先義後利こそ、より大きな枠組みでの道徳と経済を一致させるための要訣である。

ここでは先義後利の一側面として、公益第一・私利第二を詳しく見ていく。

公益第一・私利第二のうち「公益第一」については多言を要さないであろう。博施済衆という公益の追求こそ渋沢にとって究極の道徳であり、ここに君子が喩るべき最も大きな義がある。儲けるための手段として取り組むものを義とは言わない。義とはそれ自体を目的として取り組むべきものである。利ではなく義を、すなわち私利ではなく公益を、第一にするのである。

そこからある意味では自ずと「私利は第二」ということになる。ただ、この「私利第二」という言葉には注意が必要である。第二である以上第一でないのは勿論で、第一に追求すべきは公益である。しかし第二は第二であって、第三やましてや第十などではない。我々は「第二にする」と聞くと、ややもすると二の次→どうでもよい（軽視）という連想に走りがちである。しかしここで言う「私利第二」とは、私利は公益に次いで二番目に大事だ、という意味である。

これまでにも述べてきたように、渋沢は諸個人が公益の増進に励む上で、彼ら自身も報酬（私利）を得られるという期待が重要であることを認めている。また、いくら公益のために有用な事業だといっても、それに取り組む企業自体がそこから利益（私利）をあげられないようでは、その事業を完遂・継続・拡張することはできない。先の渋沢発言の引用（本章第1節）の中で「起すべき事業ならばこれを起し、（……）実際に利益を挙げるようにして、その事業を経営して往くべきものだ」と言っている、この傍点部分を見落としてはいけない。「公益に資する事業であれば、利益など多少出なくても仕方がない」などとは考えていなかったのである。渋沢は「私利から出た公益でなければ役に立たない」とさえ言っている。[31] 私利をまったく度外視した綺麗事の公益では早晩立ちゆかなくなる、といった意味がここには含まれていよう。

もちろん不正に得た利益は決して容認されるべきものではないが、正しい道理で得たのである限り、私利は公益の追求に匹敵するほどの、しかし順序としては公益に次ぐ重要なものである。それがここでいう私利第二の意味である。公益が金メダルだとすれば、私利は銀メダルなのである。銀メダルは金メダルには及ばないとはいえ、それを獲得することの困難さや価値の大きさを否定する人はいないであろう。

以上で説明した公益第一・私利第二の意味を改めてまとめておこう――事業に臨むにあたっては、公益の追求を第一とし、自分が儲かるための手段としてではなく、まずは顧客のため、社会のためを図る。その上で、私利も決して軽視しない。「第二」は「二番目に大切だ」ということであって、「二の次→どうでもよい」という意味ではない。道理正しい商売である限り、得られた利益は否定しないし、むしろ利益があがるように努めるべきである。つまり私利獲得をも重視する。しかし最重視するのは公益である。公益第一・私利第二とは、そのような「構え」を表している。

(2) よき企業者の経営哲学

公益第一・私利第二は、じつは渋沢だけに特有というわけではない。こうした構えで事業に臨んだ「よき企業者」は他にもいる。

加護野忠男は『経営の精神』と題する本の中で、「優れた経営者は利益を追求していない」という一見すると逆説的な見方を提示している。

「経営者の中には利益がもっとも大切な目的だと考えている人もいるが、利益よりも大切な目的があると考えている経営者もけっこう多いという現実がある。

不思議なことに利益が目的ではないと言っている経営者ほど、多くの利益を上げている」[32]

そうした経営者の例として加護野が挙げているのが、松下幸之助、稲盛和夫、出光佐三、小倉昌男である。しかもこれは日本の経営者に限られるわけではない。例えば、米フォード社の創業者、ヘンリー・フォードにも当てはまるという[33]。

彼らは利益（私利）よりも大切なものとして、何らかの意味での公益の追求を目的として掲げた。松下は事業活動を通じた社会への貢献、稲盛は全従業員の物心両面の幸福と人類、社会の進歩発展、小倉は有用な財サービスを提供することと多数の雇用を通じて人々の生活基盤を支えること、といった具合である。彼ら優れた企業者が第一としたのは公益であった。

他方、だからといって利益を顧みなかったのではないこともまた重要である。


「しかしここで注意しなければならないのは、先にあげた経営者たちが利益を軽視していたのではないということである。

利益よりも大切なものがあると考えながらも、利益にも気を配っているのである。それどころか、利益にこだわっているといってもよいほどだ。利益を考えて経営をしている。させている」[34]

これらの経営者が利益（あるいはその源泉である付加価値）にこだわり、それを真剣に考えた経営を推し進めたことはよく知られている。例えば、松下電器の事業部制における事業部の「利益」、京セラのアメーバ経営におけるアメーバの「時間当たり付加価値」は、松下幸之助、稲盛和夫が徹底的に重視した指標である。

それでもなお、彼らが「第一」に掲げたのはそうした指標ではなかった。第一に追求すべきは公益であった。その上で、私利は「第二」、すなわち二の次ではなく、重要さにおいて公益に匹敵する大きな重みを持つものとして位置づけている。

以下では、松下幸之助と稲盛和夫を例に、彼らの公益第一・私利第二的な経営哲学を手短に概観してみよう。

松下幸之助は、事業経営とは「本質的には私の事ではなく、公事」であって、それゆえ事業を経営する企業というものは「社会の公器」だと言う[35]。企業の使命は、事業活動を通じた社会への貢献に他ならない。

「〔人々の生活に役立つ品質のすぐれたものを次々と開発し、それを適正な価格で、過不足なく十分に供給するという〕事業活動を通じて、人々の共同生活の向上に貢献するということはあらゆる企業に通ずるものである。この根本の使命を見忘れた事業経営は真に力強いものとはなり得ない[36]」

自社の事業によって「人びとの共同生活の向上に貢献する」ことが「根本」の使命であると言う以上、そうした公益の追求が「第一」であることは明らかである。

しかし松下は同時に、事業から適正な利益をあげることの重要性も強調してやまなかった。

「企業は、どのような社会情勢の中にあっても、その本来の使命の遂行に誠実に努力していくと同時に、その活動の中から適正な利益をあげ、それを税金として国家、社会に還元していくことに努めなければならないのである。それは企業にとっての大きな責務だといえよう」[37]

もっとも、納税だけに着目するなら、利益をあげることもまた、本業での製品・サービスの提供とは別の意味での「公益」の追求と言えなくもない。しかし企業があげた利益は、税金を差し引かれた後、出資者である株主に分配され、さらに残りが企業内に留保される。配当と内部留保にまわる分は、社会全体から見れば「私利」である。松下はそれらも含めて、利益の追求をひとつの「社会的責任」と位置づけている。

「国家、社会への税金、株主への配当、企業の使命達成のための蓄積という三つの観点からして適正な利益率というものが考えられようし、その適正利益を確保することは、企業にとって大きな社会的責任だということを明確に自覚しなくてはならない」[38]

利益追求はむろん責任だけに収まるものではない。他方で、人がそれを得たいと望む、利欲の対象でもある。そして松下も、渋沢と同様に人間がもつ利欲を——それが正しく用いられる限りにおいては——否定したりはしない。

「ぼくはね、欲というものは、決して汚らわしいものでもなければ悪の根源でもないと思うのですね。それは人間の生命力のあらわれであり、生きんとする力が形となってあらわれてきたものだと思うのです[39]」

「たとえば、お金を儲けたいという欲はそれ自体は少しも悪くはない。（……）その欲を正しく満足させる方法を知っている場合は勤勉努力によってこれを儲けようとしますね。そして、サービスにこれ努める。その結果、人も喜び、自分も喜ぶという姿が生まれてきます[40]」

正しい利欲は事業活動に関わる人々の活力を引き出す上で重要な役割を果たす、という点でも、渋沢の考え方に通じるものがある。社会の繁栄や幸福の増進に資する限りにおいて、松下もまた個人の利欲を、それらを実現するための力として前向きに評価しているのである。

以上のような考え方に基づいて、松下もまた事業活動による「公益の促進」と「私利の獲得」の両立が可能だと主張する。

「企業の利益というと、それをなにか好ましくないもののように考える傾向が一部にある。しかし、そういう考え方は正しくない。（……）その事業を通じて社会に貢献するという使命と適正な利益というものは決して相反するものではない[41]」

ここからは「仁義道徳と生産殖利とは必ず一緒になし得られるものである」という渋沢の言葉が想起される。

私利の追求を積極的に肯定しつつ、公益の追求を意図することをより重視する。そうして公益を増進することで、むしろ私利も促進される。公益第一・私利第二の背後にあるこうした考え方は、稲盛和夫の哲学にも表れている。

「利を求める心は事業や人間関係の原動力となるものです。ですから、だれしも儲けたいという『欲』はあってもいい。しかしその欲を利己の範囲にのみとどまらせてはなりません。人にもよかれという『大欲』をもって公益を図ること。その利他の精神がめぐりめぐって自分にも利をもたらし、またその利を大きく広げもするのです[42]」

ここには渋沢同様の公益→私利という順序が認められる[43]。「利他の経営」は企業者・稲盛の旗印である。「京セラやＫＤＤＩの経営、日本航空の再建においても、『世のため人のため』という純粋な『利他の心』が、その発展の原動力となってきた[44]」と稲盛は言う。
稲盛の「経営12カ条」の第1条には「事業の目的、意義を明確にする――公明正大で大義名分のある高い目的を立てる」ことが謳われている。[45] こうした意義・目的が、利他の精神に基づく何らかの意味での公益の追求であることは明らかであろう。第二電電（現ＫＤＤＩ）を創業し、その成長を導くにあたって稲盛が掲げた同社の目的・意義は、ＮＴＴに対抗できる会社として、競争を通じて国民のために通信料金を安くしよう、ということであった。ＪＡＬ再建も「『世のため人のため』になるのであればという『利他の心』から、半ば義侠心にかられて」[46] 引き受け、その実現に全力を傾注した。その際に稲盛が大義としたのは次の三つである。[47] 第一に、日本経済への影響、つまりＪＡＬが二次破綻した場合に及ぼす多大な悪影響と、逆に再建に成功した場合には国民が自信を取り戻すきっかけになること。第二に、ＪＡＬに残された三万二千人の社員たちの雇用を守ること。第三に、航空業界に競争原理を維持して国民＝利用者の便宜（安価でよりよいサービスの提供）を図ること。
稲盛の特徴は大義名分としての公益に、自社の「全従業員の物心両面の幸福」を堂々と含めていることである。その追求は京セラ、ＫＤＤＩ、ＪＡＬの何れにおいても経営理念の冒頭に掲げられている。[48]
社会の側から見れば、例えばその企業の製品・サービスを享受する顧客の幸福は公益と考えてよいだろう。しかしそこで働く従業員のこととなると、それはいわば企業側の私事であり、彼らの幸福など私利にすぎないと映るかもしれない。ところが、稲盛はそうした見方に異を唱える。

「これ〔全従業員の物心両面の幸福を追求すること〕では、立派な、公明正大で、大義名分のある経営理念とは言えないのではないか。そうお考えになるかたもいらっしゃるかもしれません。しかし、人を愛し、従業員を愛し、皆が幸せになってほしいと願うことは、どんな大義名分よりも立派な大義名分であり、どんなミッションよりも素晴らしく公明正大なミッションなのです[49]」

社会の側からは私利に見えるかもしれない「全従業員の物心両面の幸福」も、企業者の側からすれば、共に働く自分以外の多くの人々の幸せであるという意味で立派な「公益」である[50]。この場合、一部の従業員のみの幸福でもなく、金銭面など物的な幸福のみでもない、「全従業員」の「物心両面の」幸福であることがポイントである（以下では単に「従業員の幸福」と言う）。

従業員の幸福は企業者にとっていわば最も身近な公益であり、顧客や社会、人類の幸福という、より広い公益へと押し広げていく起点と言ってよい[51]。逆に、従業員の幸福には目もくれずに、「顧客の満足」や「社会への貢献」ばかりを標榜する企業者がいるとしたら、その人を公益の追求者と呼べるだろうか。それに、従業員もまたそれぞれ家族や地域、国家、ひいては人類の一員である以上、彼らが仕事を通じて幸せになることは、人類、社会の福利の向上の一部を構成するとも考えられる。[52]

こうして身近な従業員から人類・社会に至るまで、他によかれという動機で公益を図るのが「利他の経営」であり、稲盛はそれを第一に重んじる。しかしだからといって私利はどうでもよいといっているのではない。

「ここで皆さんにご注意をいただきたいのは、『利他の経営』を、『私は利益が要りませんから、他の方が利益をとってください』というような、会社の利益を軽視するような経営だと誤解しないようにしていただきたいということです。私の言う『利他の経営』とは、決してそのような経営を意味しているわけではありません」[53]

「『利他の経営』においては、悪意をもって競合する会社を陥れたり、むやみにやっつけたりするようなことは一切いたしませんが、自由市場において、正々堂々と競争し、公明正大に利益を追求していくことは、称賛されることこそあれ、決して非難されるべきではないと考えております」[54]

企業が高収益を確保することは、企業の安定した成長発展、また大胆な多角化や新規事業展開、さらには配当や株価を通じて株主に報いることを可能にするものであり、またそれが従業員の物心両面の幸福を追求する経営において必須条件だとした上で、稲盛は次のように言う。

「何としても高収益にする。そのためには、どんな工夫をして、どんな努力をしていかなければならないのかを考えるのです。高収益でありたいと思い、それに向かって日々、誰にも負けない努力をしていくことが大切です[55]」

収益や採算――すなわち私利――の確保と向上には懸命に取り組む。しかしそれは企業が本業を通じて、そこに関わる従業員と顧客や社会など多様なステークホルダーの福利という公益の増進のためである。公益の増進を「第一」とし、それを可能にする不可欠の要素としての私利の獲得を「第二」に重視する。稲盛の目指した「利他の経営」もまた、渋沢流の公益第一・私利第二の経営と軌を一にするということができる。

注

1 この節は田中［2014a］第4節の一部、田中［2017］§3-2および Tanaka［2020］第Ⅲ節を再構成の上、改稿したものである。

2 渋沢は、一九〇八年の第二回孔子祭典会で行った「実業界より見たる孔夫子」と題する講演（渋沢青淵記念財団竜門社編［1959b］一四〜一八頁）でも、このことを明確に主張している。そこで渋沢が最も強調したかったことは、その時の講演を振り返って述べた、一九〇九年の竜門社講演における渋沢の次の発言によく表れている。「嘗て孔子の祭典に実業界から（ママ）見たる孔夫子という表題で演説したことがありますが、私は殆んど二千五百年前の孔子とは甚だ近いものである、孔子は吾々〔実業家〕の最も近き友達と思うたのである。それをその後の種々なる学者が段々に障壁を築いて、実業界と孔子とは友達でないかの如くにしてしまった。幸に二千五百年後の今日に、私が孔子と実業界とを近くして見せると、こういう大言を吐きましたが、蓋し孔子を地下に起したならば肯《うなず》くであろうと私は思うのです」（渋沢青淵記念財団竜門社編［1959b］四四九〜四五〇頁）。

3 内村［1995］六七頁。

4 渋沢青淵記念財団竜門社編［1962d］三六〇頁。

5 スミスの考え方についてのここでの紹介は、堂目［2008］（第1章、第2章）に依拠している。

6 スミス［2003］二一七〜二一八頁。

7 スミス［2000b］三〇三〜三〇四頁。傍点は引用者。

8 スミス［2003］二三三頁。

9 スミス［2003］二二四頁。

10 スミス［2000a］三九頁。

11 渋沢［1975］一七七頁。

12 渋沢［2008］一四七頁。

13 スミス［2000b］三〇四頁。
14 この節はTanaka［2020］第Ⅳ節に加筆・修正を施したものである。
15 Porter and Kramer［2011］p. 64.
16 Porter and Kramer［2011］p. 65.
17 Porter and Kramer［2011］p. 70.
18 Porter and Kramer［2011］p. 64.
19 ただし、Porter and Kramer［2011］は「CSVはアダム・スミスの見えざる手という概念を拡張したものである」とも言っている。これが何を意味するかは次項で論じる。
20 Porter and Kramer［2011］p. 64.
21 Porter and Kramer［2011］p. 77.
22 Porter and Kramer［2011］p. 76.
23 Porter and Kramer［2011］p. 77. 傍点は引用者。
24 渋沢［2008］九八頁。
25 渋沢［2008］二三九〜二四〇頁。
26 「義」の意味については、第3章第2節で詳しく論じる。
27 渋沢［1975］一七六頁。
28 第6章では、戦略的アプローチを許容する「公益と私利の両立」を渋沢の「経営理念」、責任的アプローチによる「公益と私利の両立」を渋沢の「経営哲学」として、両者を区別することになる。
29 Vogel［2005］も、CSRで採算がとれるのは、「CSRが企業の戦略や企業としての一体性の一部になっている企業」や「ブランドが顕著だということが主因で、活動家に標的にされたことのある企業や、その懸念を抱いている企業」など、一部にとどまることを指摘している（邦訳版一三六～一三七頁）。
30 この項は田中［2017］§4-1に大幅な加筆・修正を施したものである。
31 前章第3節(3)を参照。
32 加護野［2010］三三頁。
33 加護野［2010］三四頁。
34 加護野［2010］三八頁。
35 松下［2001］四一頁。
36 松下［2001］三九～四〇頁。
37 松下［2001］五六～五七頁。
38 松下［2001］六一～六二頁。
39 松下［1998］一三七頁。
40 松下［1998］一三九頁。
41 松下［2001］五一頁。
42 稲盛［2004］一八〇頁。
43 アダム・スミスが「個々人は公益のことなど考えず私利さえ追求していれば、見えざる手によって公益が実現する」として、私利→公益を想定していたのとは逆の順序である。
44 稲盛［2015］一一頁。
45 稲盛［2022］一九頁。
46 稲盛［2015］七頁。
47 稲盛［2015］七頁。

48 京セラ「全従業員の物心両面の幸福を追求すると同時に、人類、社会の進歩発展に貢献すること」。KDDI「KDDIグループは、全従業員の物心両面の幸福を追求すると同時に、お客さまの期待を超える感動をお届けすることにより、豊かなコミュニケーション社会の発展に貢献します」。JAL「JALグループは、全社員の物心両面の幸福を追求し、一、お客さまに最高のサービスを提供します。一、企業価値を高め、社会の進歩発展に貢献します」。以上、各社ホームページより。

49 稲盛［2022］三四頁。

50 稲盛は次のように言う。「経営者は、自分自身の富を増やすために従業員を酷使しているのではなく、率先垂範、自ら骨身を惜しまず汗水を流して経営に尽力することで、従業員とその家族を守り抜いているのです。（……）五人でも一〇人でも従業員を雇用していることは、その家族の人たちも含めた多くの人々の生活を守っているということなのです。（……）それは、素晴らしい『利他行』なのです」（稲盛［2022］二二三頁）。

51 稲盛は、例えば次のように述べている。「経営者には、まず自分が率いる集団を幸福にする責任があります」「昨今はやりの『会社は誰のものか』という問いを受ければ、私は躊躇なく『全従業員の物心両面の幸福のためにある』と答えるでしょう。そして、『お客様、取引業者さん、地域の方々をはじめ、企業をとりまくすべての人々のために存在している』と続けるに違いありません」（稲盛［2010］一〇八、一〇七頁）。

52 ここでさらに付け加えておくべきは、従業員の幸福が企業者にとっての最も身近な公益、というときの「企業者」は——序章で定義したように——経営者に限らず、企業で働くすべての者を指す、ということである。企業で働く一人ひとりにとって、自分以外の共に働く多くの人々の幸せは、やはり最も身近な公益に他ならず、より広い範囲の公益へと押し広げていく起点である。

53 稲盛［2015］一四頁。

54 稲盛［2015］一五頁。

55　稲盛［2022］一二五頁。

第3章 先義後利
――合一させる要訣

1 義が先で利が後

(1) 道徳経済（義利）合一の要訣

これまで見てきたように、渋沢栄一の道徳経済合一説においては、道徳と経済はバランスさせるものではなく、本質的には一致するものである。しかし自動的に一致するわけではない。当事者が一致させる必要がある。そのためにはどのような構えで経済活動に臨むべきか。前章では「公益第一・私利第二」がその答えだと述べた。ただ、これは正確には答えの一側面と言うべきである。では、公益第一・私利第二がその一側面となる、道徳と経済を合一させるより大きな鍵は何か。それが本章で導入する「先義後利」である。

第1章で紹介したように、渋沢にとっての究極の道徳は、論語の「博施済衆」すなわち「公益の追求」であった。第2章では、この公益の追求を軸として、道徳経済合一説をそれとの類似性が指摘されるアダム・スミスとマイケル・ポーターの所説と比較した。渋沢は、スミスとは異なり「公益を意図して追求すべきだ」と考え、またポーターとは異なり「公益は私利獲得の手段ではなく、それ自体が目的であるべきだ」と考えた。他方で、渋沢は私利をどうでもよいものとは捉えず、利益をあげることとの重要性も忘れなかった。そこから公益第一・私利第二が導かれたわけである。

とはいえ、道徳は公益の追求（という積極的道徳）に限られるものではない。例えば、合一説の「道徳なくして経済なし」のところ（第1章第2節）で出てきた消極的道徳、すなわち嘘をつかない誠実さや、他者を先にすることもまた道徳である。そしてこれらも私利獲得のための手段などではなく、それ自体がなすべきことであり（君子は義に喩《さと》る）、しかもそうすることで結果的に私利も得られる、というのが渋沢の考えであった。

道徳（道理）と経済（私利）は、後者を「第二」にしないと両立しない。このことを、渋沢は次のように語っている。

「事業を成すに当たりては己の利益を多くするという、即ち蓄財を主とする念が先きに立つと、ついに道理を誤るということに注意されたい。但し蓄財の念が悪とはいわれませぬが、もしもそういう観念のみで事業をするならば、その事業を道理正しくやることは甚だ期し難いと言わねばなりませぬ。ゆえに総て事に当り物を処するには、己れ自身の蓄財という観念は第二に置いて欲しい。（……）この事は十分御注意をなさって、道理に依って利益を得るというの考を持って勉強せねばなりませぬ[1]」

道理と私利の両立は「道理第一・私利第二」で事業に臨んでこそ可能になる、というわけである。ここで道理とは「人が践《ふ》み行うべき道」であり、積極的道徳も消極的道徳も含むと考えられる。この道理第一・私利第二を、本書ではここから先、「先義後利」――義が先で、利が後――という簡潔な表現に置き換えて話を進めていくことにする。公益を追求することもまた、道理＝義に他ならない。それゆえ公益第一・私利第二は先義後利の一側面なのである。

義と利を合一させる要訣は、義を先にし、利を後にすることである。このことは道徳経済合一説をめぐって渋沢と意気投合していた三島中洲も言っている。三島は「義利合一」を自らの「学問の標準」とした漢学者である[2]。その三島が、没年の数え九〇歳のときに自ら撰した碑銘の中で、義と利を合一させる要訣を端的に次のように述べている。

「義ニ臨ンデ一歩ヲ進メ、利ニ臨ンデ一歩ヲ退ク。始メテ能ク合一ス[3]」

義と利の差は、いわば一歩＋一歩＝二歩の差にすぎない。そのわずかな差で義が利に先んじることで義と利が合一する。この場合、利はそれに臨んで退くのは「一歩」にとどまる。利は等閑視したり、汚らわしいものとして遠ざけたりするものではなく、得るべきものである。三島は「義利合一説」と題する論攷（講演）において「義に由らざるの利は真利に非ず」「利を得ざるの義は真義に非ず」と述べた。[4] 義があってこその利であるだけでなく、利があってこその義なのである。この論法は、渋沢の論理構造として紹介した「道徳なくして経済なし」「経済なくして道徳なし」と見事に対応している。

先義後利は本書のこれ以降のキーフレーズとなる。本章ではこの言葉について掘り下げていく。

(2) 先義後利という言葉

先義後利は近江商人がこれを家訓としたり、現代でも百貨店の大丸（現、J・フロント リテイリングの大丸松坂屋百貨店傘下）をはじめこれを経営理念に掲げている企業は少なくないこともあり、今日なお、人口に膾炙《かいしゃ》した言葉と言ってよいだろう。

その典拠は、一般に『荀子』の次の言葉に求められる。

「義を先きにして利を後にする者には栄あり、利を先きにして義を後にする者には辱あり。栄

者は常に通じ辱者は常に窮す。通者は常に人を制し窮者は常に人に制せらる。是れ栄と辱との大分なり」（栄辱篇）

（「道義を先きに考えて利益を後のこととする者には栄誉があり、利益を先きに考えて道義を後にする者には恥辱がある。栄誉ある者はもとより通達する〔滞りなく順調にいく〕が恥辱を受ける者はいつでも困窮する。通達する者はいつも人を支配するが困窮する者はいつも人に支配される。これが栄誉と恥辱との概要である」[5]）

『荀子』には先義後利について次のような言葉もある。

「国なる者はこれを巨用すれば則ち大、これを小用すれば則ち小なり。（……）これを巨用するとは義を先きにして利を後にす。（……）これを小用するとは利を先きにして義を後にす」（王覇篇）

（「国というものは大きな治め方をすれば大きくなり小さい治め方をすれば小さくなる。（……）大きな治め方というのは道義を第一にして功利を後にすることをいう。小さい治め方というのは功利を第一にして道義を後にすることをいう」[6]）

「国」を商売や事業、お店や会社に置き換えて読むことも、企業者にとってはできるはずである。

一方、『孟子』には「王、何ぞ必ずしも利を曰わん。亦た仁義有るのみ（……）苟《いやしく》も義を後にして利を先にすることを為さば、奪わずんば饜《あ》かず」（梁恵王章句上）とある。これも先義後利を説くものとしてよく知られる。梁の恵王が孟子と面会して開口一番、「こうして遠路いらっしゃったからには、あなたも吾が国に利を与えてくださるのでしょうね」と尋ねたのに対して孟子が王を諭した言葉で、次のような意味である。「王は、どうして利益ばかりを問題になさる必要がありましょうか。問題にされるべきものは仁義だけです（……）もし（……）義を後まわしにして利を第一とするならば、〔有力な家臣は〕その君を殺してことごとく奪わなくては満足できないのです[7]」。王は利ではなく義をこそ第一とすべきだ、と言っているのである[8]。

これは渋沢が『孟子』の中で最も愛誦した箇所といってよく、しばしば引用している。以下はある演説（一九〇七年一〇月の竜門社秋季総会）での例である。

「帰する所真正なる鞏固・真正なる繁盛は国民の義を先にし利を後にするにあると信ずるのでございます、孟子の梁の恵王に答えた如く、王何必曰利亦有仁義而已矣、この仁義・道徳の心がその智識に依りて十分応用され、その仁義・道徳に依ったる勉強が逞《たくま》しうして、始めて鞏固なる繁盛が期し得られると申して宜かろうと思うのです[9]」

他方、『論語と算盤』の「真正の利殖法」という章では、先の孟子の言葉を引きつつ、次のように述べている。ここでは、義の重要さのみならず、利を軽視すべからざることも説いている。

「〔もし商工業を営むものが自分さえよければということで利殖を図ったなら〕かの孟子の言う『なんぞ必ずしも利を曰わん、また仁義あるのみ』（……）『苟も義を後にして利を先にすることをせば、奪わずんば饜かず』となるのである。それゆえに、真正の利殖は仁義道徳に基づかなければ、決して永続するものではないと私は考える。かく言えば、とかく利殖を薄うして人慾を去るとか（……）いうような考えに、悪くすると走るのである〔がそれもまた正しくない〕」[10]

渋沢は同じ章の中で「もし利益を進めるという観念がなくて、なりゆき次第でどうでも宜いというような風にやったならば、決して事業が発達するものではない」と言っている。[11] 戒めているのは他を顧みず自利を第一にすることであって、利を得ようとすること自体ではない。[12]

渋沢が「先義後利」あるいは「義を先にし利を後にす」という言葉を文字通りに使った例は、筆者の知る限り、上記の竜門社総会での演説など数は限られている。[13] とはいえ、前章を含めたこれまでの考察からわかるように、先義後利は道徳と経済の両立をめぐる渋沢の信念を端的に表現したものと位置づけることができる。

2　義と利について

先義後利は義（道徳）と利（経済）を両立（合一）させる要訣であり、渋沢が「論語と算盤」「道徳経済合一」を実践・実現する上での核心的な構えであった。これはまた、近代の実業家・渋沢栄一のみならず、現代の「よき企業者」たちが持つ――あるいは持つべき――経営哲学でもある。義は公益を追求することをのみ言うのではない。例えば正直であることもまた義である。様々な義を最重視しつつ、利もきちんとあげていく、ということである。

「なんだ当たり前のことではないか」と思われるかもしれない。しかし、経営哲学として先義後利を考える時、そもそも義とは何か、利とは何か、「義が先で、利が後」とはどういうことか。いずれもよく吟味しておく必要がある。それに、いまの世の中、先義後利を本気で追求している企業者や企業は（確かに存在するとはいえ）必ずしも多くはないであろうし、逆に「先利後義」によって義を実現させようとする方策を当然視する傾向が強まっている（第6章参照）。先義後利が「当たり前」ではない現実が目の前にある。

以下、この節では義と利の意味を、そして次節で先義後利の意味を、それぞれ吟味する。

(1) 義とは

人としてなすべきをし、なすべからざるをしないこと。これを「義」と呼ぶ。渋沢の道徳経済合一説に則して言えば、公益のためを図ることは「なすべきをする」ことであり、嘘をつかないこと、自分の利益を先にしないことは「なすべからざるをしない」ことである。

孟子は「義は人の路なり」[14]と言った。義とは人の践むべき道である。稲盛和夫が自らのフィロソフィの基礎においた「人間として正しいことを正しいままに貫く」のも、この意味での義といってよいだろう。

「なすべきこと」は「責任」と言い換えてもよい。義とは責任である。哲学者・今道友信は、「義」の字を祭祀で犠牲とされる「羊」を「我」が背負っている姿とみて、犠牲の獣を供える役割を委ねられた者が帯びる、同じ共同体に属する人々への水平的な責任と、供えの対象である天に対する垂直的な責任の両方を意味すると解し、次のように述べている。

「(……)『義』をもし今の言葉に訳するとすれば、(……)『リスポンシビリティ』すなわち『責任』、本当に大事なものに当たると思います。つまり、『義』は『責任』であると思います[15]」

哲学者・國分功一郎も「応答としての責任」を「中国由来の概念である義に近いもの」と位置づけ、「義について考えるときにいつも想い出す話」として、新約聖書（ルカによる福音書10章25〜37節）でイエスが語る「善きサマリア人」の譬えを挙げる。

「あの譬え話のなかでサマリア人は、身ぐるみ剝がされ、半殺しの状態で地面に横たわっている旅人を気の毒に思い、介抱するだけでなく、宿につれて行って宿代まで支払います。この人物は旅人を前にして何か応答しなければならないという気持ちを抱いたのです。ここには責任の原初形態とも呼ぶべきものがあります。まさしく義の心です。

（……）

利他は、このサマリア人が感じたような義の心をひとつのモデルにできると思います[16]」

追い剝ぎに襲われて瀕死の状態で道に倒《たお》れている人に出くわしたとき、見て見ぬ振りをして道の反対側を通っていくのと、介抱してさらにその後のことまで気に掛けるのと、どちらが人としてなすべきことかは明らかである。善きサマリア人が、たまたま出くわした瀕死の旅人に対して自らの内から感じ、実践したもの。それが責任であった。

むろん利他は瀕死の人を救うことに限らない。「博く民に施して衆を済う」、あるいは社会的課題や環境的課題の解決を通じて人々が暮らしやすい社会と自然を享受するのを助けるのも、（それが義の心に発する行為である限りは）利他という責任の遂行である。[17]

「なすべからざること」すなわち「不義」をなさないことが、義のもう一面である。孟子が「羞悪の心は、義の端なり」（自己の不義・不正を羞じにくむ心は、義の萌芽である）[18]と言うときの義である。その羞じにくむ心を端緒として、実際に不義を為さないのが義である。羞じにくむ心があっても、誘惑に負けて不義を為してしまったら義とは言えない。[19]孟子はまた、この心を広げて、「今まで平気でしていたところにまで推し及ぼしていくのが義である」（「人皆為さざる所有り。之を其の為す所に達するは、義なり」[20]）とも言う。

定義上当然のことながら、なすべからざることをしない義は、なすべきことをする義と異なり、「これをしたから義」という判定が得られるものではない。そうではなく、何かをしない状態が維持される限りにおいて義とされる（が、してしまった途端に不義に覆る）。いわば地味な義である。しかし、この種の義もまた、「何をなすか」の義に劣らず重要である。

チェスター・I・バーナードの古典的名著『経営者の役割』で「リーダーシップの道徳的側面」と言われているのは、筆者の理解する限り、ここでいう「なすべからざるをしない」義に他ならない。[21]こうしたリーダーシップは「人がどんなことをしないか、すなわちどんなことをさし控えるかという事実から、最もよく推察されるものであり、尊敬と崇敬をあつめるもの」であって、「反対の行動をしたいという強い欲求あるいは衝動があっても、その個人の行動を規制する特定の私的道徳準則の力」の現れだ、とバーナードは言う。[22]

なすべからざるをしない義は、いわば消極的な義である。しかしそれを発揮するリーダーシップの道徳的側面は、同時に「人の行動に信頼性と決断力を与え、目的に先見性と理想を与える性質である」ともバーナードは言う。[23] 消極的な義が積極的な義の萌芽にもなることが示唆されている。

以上のようなことは、もちろんリーダーのみならず、あらゆる企業者、それに諸個人にも当てはまる。少しぐらい嘘をついてでも得をしたい、人より先に自分が儲けたい。こういう気持ちを抑えて、嘘をつかないことや他者に先に譲ることを貫くとしたら、それを貫く限りにおいて義である。しかもこうしてなすべからざるをしないことが、なすべきことをする、すなわち消極が積極へと転じる萌芽ともなる。孟子の次の言葉は、このあたりの消息を端的に語っている。

「人為さざる有り、而る後以て為す有るべし」

(「人たる者は、不義などは決してなさないという確固たる本領があって、しかる後、始めてなすべき務め、義はどこまでもちゃんとなす、ということも出来るのである」[24])

「なすべからざることをしない」義は、「なすべきことをする」義の土台であり、エネルギー源でもある。陰で不正を恣《ほしいまま》にしている人に、「世のため人のための責任」を語る資格があるだろうか。不義をなして疚《やま》しい気持ちでいる人が、責任の実行に心から全力を尽くすことができるだろうか。

積極的義にせよ、消極的義にせよ、義は人の践むべき道であると述べた。漢和辞典（『新漢語林』）における「義」の字解の一つにも「名誉や利益をはなれて正しい道に従うこと」とある。正しい道に従うのに、「名誉や利益をはなれる」つまり「反対の行動をしたいという強い欲求あるいは衝動があっても自制する」（バーナード）ところに義がある。ここから、義のもう一つの側面が浮かび上がる。すなわち「義とは利でないもの」という捉え方である。自己の欲求に従うこと、つまり「人情のほしいままに行為する」ことが「利」に他ならない――倫理学者・菅野覚明は、このように述べつつ、儒教においても、またとりわけ武士道においては、義とは「利の否定」として捉えられるという[25]。

義と利は区別すべきもの、互いに別々のものである。その意味で「義は利でない」。しかしだからといって、「利は義と両立しない」と考えるのは誤りだ――これが本書でここまでに繰り返し述べてきた、そしてこのあとさらに話を展開していく、趣旨である。そのことには留意しつつ、次に（義と区別されるところの）「利」とは何かについて考えてみよう。

⑵ 利とは

「利」とは人の欲求の対象となるものである。利といってまず思い浮かぶのは、利益や儲けなど金銭的なものであろう。一方、社会的地位や権力、名声も人の欲するところに違いない。また、相手を打ち負かしたい（自分が勝ちたい）といった闘争心や、食欲・性欲・睡眠欲という本能的欲求も、それによって成就が期待されるものは利である。

このように利には多様なものがあることを承知した上で、以下では、利の中身を「富貴」という言葉に代表させることにしよう。[26]「富」とは利益や儲けなどの金銭的（ないしは物質的）なもの、「貴」とは地位や権力、名声といった（金銭的・物質的なものとは異なる）社会的なものを指す。闘争心が求める「勝利」も、それを得ること自体の快さもあるとはいえ、大抵はその先に「富」ないし「貴」がある。

本書の議論においては、この利、すなわち富貴を二つの次元で捉える必要がある。「個人（企業者自身）の利」と「企業の利」である。[27]ここまでは両者を明示的に区別せずに話を進めてきたが、これ以降、必要な場合には両者を区別して論じる。ただ、実際には必ずしもその必要がないことの方が多い。それゆえたいていの場合は、（これまで通り）両者を一体として論じていくことになる。

企業者個人にとっての「富」はその人の収入や財産である。「貴」は、①企業の内にあっては自己の地位や権力、組織内での評価、②企業の外との関係では社会的な名声や影響力といったものが挙げられよう。例えば、組織内での昇進、経営トップとしての地位の確保は①に、「成功した企業者」として世間から羨望の眼差しを向けられることや、勲章をもらうことは②に関わる貴である。

企業にとっての「富」は端的に「利益」と捉えてよいだろう。「貴」にはその企業が属する業界や産業界全体での地位や評判《レピュテーション》などが含まれる。

個人も企業も富を求め、貴を求める。さらに貴のために富を求め、富のために貴を求めることも少なくない。とりわけ企業の場合、貴はそれ自体が成員の自尊心を満足させる要素である一方で、富を増す（または減らさない）ために追求されるという色彩が濃い。[28] したがって、企業にとっての「利」の核心は富にある。他方、個人における富と貴の関係は、企業に比べれば薄いように思われる（ただし個人差も大きかろう）が、少なくとも個人が経済活動を通じて追求する「利」ということであれば、やはり貴よりも富に主眼があるといって差し支えなかろう。[29]

以上、①利とは富と貴の両方を含むものであること、ただし②企業の活動を扱う本書においては、「利」という言葉を（常識的な感覚がそうであるように）主として「富」を想定して使っていくこと、をここで確認しておきたい。

利という言葉については、「富と貴」「個人と企業」という以上の二組の区別のほかに、三つめの区別も考慮に入れておく必要がある。それは「行為としての利」と「所産としての利」とでも呼ぶべきものの間の区別である。

本項でこれまで論じてきた利すなわち富や貴が「所産としての利」である。一方、こうした利（富貴）を追求することが「行為としての利」である。先に紹介した「人情のほしいままに行為する」ことが「利」に他ならない、という菅野［2006］による利の定義は、ここでいう「行為としての利」に関わるものと言うことができる。富や貴それ自体は、行為としての利の結果生まれるものだから、これを「所産としての利」と呼ぶわけである。

行為と所産の区別は、次節で先義後利の意味を考察する際に必要になる。ただ、それ以外は、「富と貴」や「個人と企業」の区別と同様、厳密に意識するには及ばない。

3　規範と真理——先義後利の二つの意味

先義後利という言葉には二つの意味合いがあると考えられる。一つは「利よりも義を重んじる」、もう一つは「義を行えば利はついてくる」というものである。義と利の関係について、前者は判断や行為にあたっての規範（〜すべきだ）を、後者は義と利の関係についての事実ないし真理（〜である）を言い表している。先義後利をこのように二つの意味で捉える時、「利よりも義を重んじる」は主観的動機に、「義を行えば利はついてくる」は客観的事実に関わる言表とも言える。

議論を先取りするなら、先義後利という「真理」を信じて、先義後利という「規範」を実践する

――これがよき企業者のありようである。

(1) 利よりも義を重んじる――規範としての先義後利

先義後利が意味することの一つは、「利よりも義を重んじる」である。「先義後利」と書けば、「義を先にして利を後にす」と読み下す。このように読めば、先義後利は「利よりも義を重んじる」の意に他ならない。[30] これを「規範としての先義後利」と呼ぶことにする。「先」という字には「時間的な前」だけでなく、「とうとぶ」「重んじる」の意もある。義を重んじ、利を軽んじるのである。ただし、「公益第一・私利第二」のところで説明したのと同様、利は相対的に軽んじるのであって、これを捨てよということではない。あくまで先義後利なのであって、捨利取義（利を捨てて義を取る）ではない。利も銀メダルとして大切にするけれども、それ以上に気に掛け、力を入れるべきは金メダルとしての義の方だ、ということである。

これは少なくとも義と利を合一させようという企業者が実践すべき規範である。

この規範としての先義後利において、義と利はそれぞれ「行為としての義」、「行為としての利」と見るのが適当である。「行為としての義」はここで初めて出てきた言葉だが、行為としての利と同様の発想で、「義を追求すること（そのような行為）」を意味している。規範としての先義後利とは、したがって行為としての利よりも行為としての義を重んじる（べし）、すなわち富貴を追求することよりも、なすべきをすること／なすべからざるをしないこと（以下、単に「なすべきをする」と言う）の方を重んじる（べし）、ということである。

むろんそのように行為する背景には、いわば「所産としての義[31]」を「所産としての利」よりも重んじる、という価値観があるだろう。例えば自分一己の利益（も大切だけれども、それ）よりも社会全体の利益の方が大切だ、という考え方である。しかしいま我々は義と利を「合一させる」にはどうしたらよいか、を考えている。いくらそうした価値観を頭の中で持ってはいても、実際の行為が先義後利になっていなければ、義と利の合一は実現しない。従って、ここでは義と利をいずれも「行為」の意味で捉えなければならない。

渋沢が「論語の眼目」として最重視した博施済衆章に含まれる「仁者は己立たんと欲して人を立て、己達せんと欲して人を達す[32]」は、この先義後利の端的な表現と言える。この言葉は第一に自分の利の実現より先に人の利を図る（という人としてなすべきをする）べきことを説いている。それに加えて、第二に、しかし自己の利を図ること自体は否定していない。仁者は自分が立とう、達しようと思ってはいけない、などとは言っていない。自分も目的を達成してよいけれども、先に他者のそれを遂げさせる、と言っているだけである。利よりも義を先にするが、利を否定してはいない。

さて、いま「利よりも義を先にする」と言った。先義後利という規範に従うということであれば、それは「時間的な前後関係において、義の追求を先にし、利の追求を後回しにする」ということが自ずと想起されるであろう。そもそも先義後利を「義を先にし、利を後にす」と読み下せば、普通はこのように時間的な前後が思い浮かぶ。例えば、目先の利益を追うことはやめて、まずは顧客サービスの向上に専心努力する、それによって事後的に自社の持続的な利益も得る、という考え方である。

ただ、ここで注意しなければならないことがある。それは、人を先に立たせたり、顧客サービスの向上にまず取り組んだりするのが、じつはあとで大いに儲けるための方便に過ぎないのだとしたら、たとえ利を後まわしにしたとしても先義後利とは言えない、ということである。孔子が説き、また筆者がここで主張しているのは「規範としての先義後利」であって、「戦略（ないしは計略）としての先義後利」ではない。渋沢も『論語と算盤』で次のように明言している（この言葉は、最後の一文以外は、第1章でもすでに紹介したが、本書の核心に関わる大切なところなので、ここで改めて引用する）。

「おのれ立たんと欲してまず人を立てといい、おのれ達せんと欲してまず人を達すといえば、いかにも交換的の言葉のように聞こえて、自欲を充たそうために、まず自ら忍んで人に譲るのだという意味にも取れるが、孔子の真意は決してそんな卑屈なもので無かったに違いない。人を立てて達せしめて、しかる後に自己が立ち達せんとするは、その働きを示したもので、君子の行ないの順序はかくあるべきものだと教えられたに過ぎぬのである。換言すれば、それが孔子の処世上の覚悟であるが、余もまた人生の意義は、かくあるべき筈だと思う」[33]

君子は他者を優先すべきだと信ずるから優先するのである。その結果、他者だけではなく自分の利益も得る。そういう順序、物事の働きである（このことは次の「真理としての先義後利」に通じる）。同様のことは、例えば、君子は正直であるべきだと信ずるから正直を貫くのであって、「正直は最良の方策」だからという打算で正直に振る舞うのではない、といったことにも展開できる。

したがって、規範としての先義後利の核心は、じつは義と利の間の時間的前後にあるのではない。いくら義を（時間的に）先にしても、損得ずくでそうしたのでは先義後利とは言えないからある。規範としての先義後利の核心は、時間的な前後関係よりむしろ、価値的な軽重関係にある。つまり、義と利のどちらを時間的に先に求めて行為（判断と実行）するかよりも、義と利のどちらを本当に重んじて行為するかが肝心なのである。[34]

なるほど義を価値として重んじれば、たいていは時間的にも義を先にする（まず人を立てて、後から自分も立つ）ことになる。渋沢が、社会に必要な事業ならば利益の如何を第二において、まずはこれを起こし、その上で実際に利益をあげていくようにしていく、と言ったのはその一例である。その限りにおいては、時価的前後と価値的軽重を区別する意味はあまりない。

しかし場合によっては、義よりも利を時間的には前にしなければならないこともある。例えば飛行機で緊急事態が発生して酸素マスクが下りてきたとき、それを子供につけてやる（義）よりも先に大人が自分で装着する（利）のが鉄則である。大人が気を失ってしまえば子供を救うこともできないからである。それと同様に、利の欠如が義の実行を不可能にするなら、まずは利を確保しなければならないという事態は、ビジネスでも起きうるであろう（ただし、その場合でも「なすべからざることをしない」方の義を「後回し」にすることは許されまい）。そういう緊急避難的な場合でも、しかし利よりも義を重んじることはできるし、そうすべきである。そうするのが、少なくともよき企業者のありようである。逆に、いくら義を前にしても、それは後からたっぷり利を得るための手段でしかないのであれば、時間的には先義後利でも、よき企業者のありようには反する。

規範としての先義後利は、時間的な前後ではなく、価値的な軽重、すなわち義を利よりも重んじるかどうかの問題である。

もっとも、それなら先義後利などと言わず、重義軽利とでも呼べばよいではないか、と思われるかもしれない。実際、重義軽利は儒学における伝統的な義利観を表す言葉の一つとして使われている。そうせずに先義後利と呼ぶのは、前述のように「先」には「とうとぶ」「重んじる」の意があるとか、人口に膾炙した言葉だという以外にも理由がある。先義後利には価値的な軽重を要とする「規範」としての側面だけでなく、時間的な前後を要とする「真理」としての側面があるからでもある。

⑵ 義を行えば利はついてくる——真理としての先義後利

先義後利のもう一つの意味は「義を行えば利はついてくる」である。義を先に行えば利は後からついてくるということである。荀子がいうように「義を先に（……）する者は栄える」のである。逆に「利を先に（……）する者は辱めらる」。利を先にする者を待つのは富貴ではなく貧賤である。「義を行えば利はついてくる」は、義と利を時間的な前後関係で捉えて「こうすれば、こうなる」という道理を言っている。これを「真理としての先義後利」と呼ぶことにしよう。

真理としての先義後利において、義と利はそれぞれ「行為としての義」と「所産としての利」である。行為としての義を先に行えば、その結果として所産としての利が後から実現するのである。この行為としての義と所産としての利がそれぞれ意味する所は、少し吟味を要する。

まずは行為としての義について。「義を行えば」と言っても「単に義を行いさえすれば」、たとえ利の方をより重んじていても、利がついてくるということではない。少なくとも真理としての先義後利に関する限り、「利よりも義を重んじて義を行えば」の意と解さねばならない。「利を先にして義を後にする者は辱めらる」（荀子）のである。利を目的とし、その手段として義を行うのでは、この「真理」は適用されない。ここには先の規範としての先義後利が埋め込まれているのである。

もっとも、利のための手段として義を行っても〝利がついてくる〟ことは、現実にはいくらでもある。例えば、「正直は最良の方策」という胸算用であったとしても、正直に振る舞いさえすれば、その人や企業のレピュテーションが上がって〝利がついてくる〟。しかしながら、そうした「作られた」正直はいずれどこかで馬脚を現すものである。そうなれば利も失われる。それ以降、利が入ってこなくなるだけではなく、それまでに築いた名声や富も損なわれる。「辱められる」ことになる。渋沢の言葉で言えば、「正しい道理の富でなければ、その富は完全に永続することはできぬ[35]」のである。

そうであれば、(利よりも義を重んじて)義を行った後からついてくるはずの所産としての利(すなわち道理正しい富)は、一時的な利ではなく、永続的で盤石な利を意味することになる。真理としての先義後利が問題にしているのは、永続的な利がどのように生まれてくるのかであって、浮利がどのように生まれてくるのかではない。もし後者が問題であれば、真理としての先義後利は出る幕がない。

したがって「利よりも義を重んじて行えば、永続的な利がついてくる」というのが、真理としての先義後利における「義を行えば利はついてくる」の真意である。

先義後利という「信念」

「義を行えば利はついてくる」あるいは「利は義の結果である」とは、よく言われることではある。儒学の経典でも、上記の他に例えば『易経』には「利は義の和なり[36]」(乾卦文言伝)、『春秋左氏伝』には「義は利の本なり」（昭公十年）などの言葉が見える。[37] これらはいずれも義を先にすれば利がついてくること、逆に（目先の）利を先にすれば義はもとより（永続的な）利も損なわれることを、一つの道理として主張している。

しかしどうだろう。我々はこれを単なる綺麗事と受け止めがちではないだろうか。義を行って利がついてくるのが理想だけれど、そんなに上手い具合にいくだろうか、ビジネスの現実はそれほど甘くはない、と。

綺麗事や絵空事と捉える限り、この言葉は力を持ち得ない。何に対する力か。規範としての先義後利の実践を促す力である。企業者が義と利を合一させるための規範である「利よりも義を重んじる」ことを実践するには、その人の根底に「義を行えば利はついてくる」という固い信念がなければならないはずである。[38] 利などどうでもよい、利は捨てて義のために自らを犠牲にする、というのなら話は別だが、いま我々が問題にしているのは利を蔑ろにして義だけを重んじる企業者ではない。利よりも義を重んじるが、利をも（義の次に）重んじる「よき企業者」である。そういう企業者にとって「義を行えば利はついてくる」のでなければ――少なくともその信念がないならば――「利よりも義を重んじる」のは、一か八かの賭けをするのと変わらないことになる。当たるか当たらぬかは運次第だ、と。そんなことで規範としての先義後利に本気で取り組めるだろうか。

渋沢の考えはこうである。

「青年諸君よ、願わくはその事業に錙《し》銖《しゅ》〔ごくわずか〕の利を計る間にも、常に仁義道徳に注意して、強欲無理なる争奪をせずとも、利益は自ら順理より生ずるものであることに信頼されたい。これ余が八十年来実験〔実際に経験〕する所であるから、安心して論語の教訓を実際に施行せられんことを祈るのであります」[39]

事業活動をするにあたって、利はそれ自体を得ようと欲得ずくで人から奪い取ろうとしなくても、義を常に実践することによって自ずとついてくる。そう信じて、つまりそういう信念をもって、安心して論語の教えを実践してほしい。これは八〇年に及ぶ自分の実体験から言えることだ。

こうした実体験は渋沢だけのものではないはずである。「不思議なことに利益が目的ではないと言っている経営者ほど、多くの利益を上げている」（第2章で紹介した加護野の指摘）のは、そのことを示唆している。それどころか、これが真理であるなら「利益が目的ではないと言っている経営者ほど、多くの利益を上げている」のは「不思議」ではなく、じつは「当然」とさえ言える。

「義を行えば利がついてくる」は単なる美辞ではない。人類の古典の至る所に裏打ちのある真理である。本当かどうかは誰でも実地に試してみればわかる、それが真理というものである。現に自らその経験をお持ちの読者も少なくないのではないか。

しかし——そうした経験をお持ちの読者なら、これもおわかりのとおり——いくらそれが真理だからといって、（利よりも）義を重んじて行いさえすれば、あとは何もしなくても利が転がり込んでくるわけではない。

利を得るための経営上の努力がいる。もちろん、それに加えて経営上の力量も必要だが、その力量もまた努力なしには高まらない。

4 努力と犠牲——後利をめぐって

(1) 真理であっても努力を要す

「義を行えば利はついてくる」ものだが、そこには当事者の努力も不可欠である。真理なのにその実現にはもう一手間かけねばならない（人為を加えねばならない）、というのは一見矛盾のようだが、決してそうではない。天は自ら助くる者を助く、と言うではないか。

企業の経営であればなおさらである。よいことを立派にやっているだけでは、発展どころか存続すら難しい。例えば、顧客のために良い品を作り、正直に商売していても、非効率な経営を続けていたのでは、当然ついてくるはずの利も得られなくなる。そのせいで惜しくも潰れてしまった善良な会社やお店も少なくない。経営には「よいことを立派に」するだけでなく、「上手に」することも求められる（序章参照）。その「上手に」のために努力（と力量）は当然必要である。企業には市場での競争があるのだからなおさらである。いくら義を重んじていても、競争で敗退してしまったのではどうにもならない。先の引用で渋沢は「強慾無理なる争奪をせずとも」利はついてくる、と言っている。これは「強慾」に「奪う」ことを不要としているのであって、企業間の競争そのものを否定しているのではない[40]。それどころか渋沢は「他を害することなくして己れを利する」ような「善意の競争」を「商売繁盛の基」であると言っている[41]。

真の「所産としての利」には、「行為としての義」（よいことを立派に）のみならず「行為としての利」（上手に）に努めることもまた不可欠であることを、渋沢も明言している。

「真の富貴を得んとする道は、知識を獲得したり技術を修得したりするのと同じで、やはり致知格物に待たねばならぬのである。調査もし研究もし、頭を十分に働かしてからで無いと、とても真の富貴は得られぬものだ。（……）仮りに何かの拍子で一時の富貴を得られたにしても、それは浮雲の如きものであるから、忽ち飛んで消えてしまうのである[42]」

ここで「致知格物」とは儒学の四書の一つである『大学』に出てくる言葉で、「個々の事物に即してその理を窮める」ことを言う[43]。通常、これは人が身を修める（修身）ための出発点とされる。

しかし渋沢は致知格物を、精神面ではなく物質面のことと捉え、致知格物とはそれによって「産業を興すとか富を増すという事に相違ない」と断言している[44]。渋沢が理化学研究所を作ったのも「個人を富ますにも国家を富ますにも、致知格物がその根柢にならねばならぬものだと思ったからの事である」と言う[45]。

個々の企業にとっても、研究開発は真の利を得るための「致知格物」に他ならない。しかし事は研究開発に限らない。自社の日々のオペレーションの効率化はもとより、優れた戦略を立て、有望な市場を開拓し、適切なタイミングで投資をし、将来を見据えた事業展開を図るなど、利益をあげるために「頭を十分に働かせた」諸々の努力が必要である。いずれも物事の理を究める——メカニズムを解明する——ことがその根底にある営みである。富を生み出すためのこれらの営みは、渋沢のいう致知格物と言ってよいだろう。それによって競争市場において自社を存続・発展させていく。こうした合理的な経営のための努力は、それ自体が顧客のためや社会のためという義につながる面もあるが、自社のためという利の追求であることも間違いない。

このような努力のもとに、「義を行えば利がついてくる」という真理が働くのである。義に基づかない利が浮利であるのと同様、格物致知——合理性の追求——を欠いてたまたま得た利もまた「それは浮雲の如きものであるから、忽ち飛んで消えてしまうのである」と渋沢が言っていることに注意したい。

ただし、その努力の目指すところは、いわゆる利潤最大化ではない。

(2) 規範のゆえに犠牲を要す

合理性の追求により利を得ることは大切である。しかし合理性を徹底するあまり、「利を得られる限りは（たとえ義を犠牲にしても）どこまでもそれを求める」としたら、それは規範としての先義後利と相容れない。利よりも義を重んじるべきである以上、義のために利を犠牲にすることもあってしかるべきである。規範としての先義後利における「後利」について、利は二の次→どうでもよいという意味でないことを繰り返し述べてきたが、「主とすべきは義であって利は従である」という本来の意味を忘れてはならない。

利を犠牲にするといっても、長期的な利のために短期的な利を犠牲にするという功利的な方策のことを言っているのではない。つまり義をなすことで短期的な利は犠牲にするが、それによって（例えば）レピュテーションをあげて長期的には儲けてやろう、といった腹づもりでやることを指すのではない。「長期的な利が取れようと取れまいと、義を優先する」というのが、ここでの意である。むろん企業である以上、（短期はともかく）長期的な利をあらゆる場合にのべつ幕なしに犠牲にするわけにはいかない。必要な状況、必要なタイミングで、犠牲にするのである。「義のために時には長期的な利益をも犠牲にする」と言う方が正確である。[46]

それでは、(長期的にも) 利を犠牲にすることを考えるべきなのは、どのような「時」だろうか。前節において義を「人としてなすべきをし、なすべからざるをしないこと」と定義した。①利を犠牲にすることで、なすべきことをよりよく実現できると見込まれる時、②利を犠牲にしないと、なすべからざることをしてしまうことになる時。こういう時には、利を犠牲にすることを真剣に考えねばならない。

なすべきことをするための犠牲

ここでいう「(義のために) 利を犠牲にする」とは、「そうしなければ得られたであろう利よりも少ない利となることを (義のよりよき実現のために) 甘んじて受け入れる」という意味である。利益をゼロあるいはマイナスにするとか、義のためなら自分は儲けは一切いりませんという意味ではない。「利は求めません」では、そもそも先義後利のスタンスに反する。一方、利を求める気持ちはあって十分な経営努力をしても、自社ではどうしても必要最低限の利さえも出せないというのであれば、たとえ一般論としてはその事業が「なすべきこと」であっても、自社は手を出すべきでないだろう。

自らも利を求め確保しつつも、義のためにそれをある程度は犠牲にする。渋沢が一八七九年の第一国立銀行第一三回株主総会で述べた次の発言は、その例と言えよう。

「当銀行を経営するはただ利益の多きをこれ務めず、広く全国の得失に注意し、いやしくも事の確実にして国益を裨補すべきものにおいては、たといその貸付の利息を減殺するもなおこれを助成すべきものとすべし。（……）約して言えば、ひとり銀行の利得のみを図らずして広く全国興産の業を助けんと欲するにあり[47]」

当銀行の使命は「広く全国興産の業を助け」ることである。そのため、国益に資する健全な事業に対しては、銀行として取りうる最大限の貸付利息を取るのを差し控えてでも、これを助成すべきだ――このように言えば、「そうやって日本の産業が発展すれば、それにつれて借り入れ需要も伸び、長期的には銀行もかえって儲かるではないか」と思われよう。将来必ずそうなるとは限らないが、たしかにそれは十分に見込まれる。そんなことは渋沢も当然承知していただろう。しかしここで大事なことは、渋沢にとって「貸付利息の減殺」の第一の目的が「広く全国興産の業を助ける」ことにあるのであって、第一国立銀行が儲けることにあるのではない、ということである。結果的に自行の得にもなる可能性が十分あると認識することと、自行の得になることを狙って事をなすことは区別しなければならない。

もしこうした利息減殺が明らかに自行の長期的利益を狙ってのこととわかるものなら、株主たちも容易に賛成するだろう（短期志向の株主は別として）。しかし、渋沢は利を犠牲にするつもりで言っている以上、株主はこれに抵抗を感じるに違いないと読んでいたはずである。その証拠に、上の発言に続けて渋沢は次のように述べてこの演説を締めくくっている。

「余、いまや幸いにこれを〔株主〕諸君に陳述するの時に逢い喜びおさえざるものあり。諸君、もし余を以てなお当銀行の頭取に置かんと欲せば、願わくは余がここに陳述するところをもって尽《ことごと》く余に任放するところあれよ」[48]

私のこの考えを株主諸君に申し述べる機会を得て喜びにたえない。諸君、もし私に当行の頭取にとどまってほしいなら、いま私が述べた考えを是として私に任せきってほしい。

ある意味では挑発的な発言である。少なくとも「義のためには利を犠牲にすることを厭わない」という渋沢の覚悟が迸《ほとばし》り出た発言ではないか。[49]「利を犠牲にする」といっても、すべてのケースでそうするのではない。「事の確実にして国益を裨補《ひほ》すべきものにおいては」そうする、と言っているのである。のべつ幕なしに犠牲にするのではない。

そうであったとしても、利潤最大化信奉者にとってみれば、こんなお人好しな話はあるまい。「事の確実にして国益を裨補すべきもの」であろうとなかろうと、とれるだけの利息をとって銀行の収益を最大化して何が悪い、と。法を犯さず、借り手と貸し手の間に合意があれば、そうしたからといって不義ではないのは確かである。

しかし義＝責任とは、「不義でない」（なすべからざることをしない）だけでは果たせないし、損得勘定で果たせるものでもない。このことを心にとどめたいものである。[50]

なすべからざることをしないための犠牲

あることをすると、（少なくとも目先の）利を得られるけれども義を犯す（なすべからざることをする）ことなってしまう。不義を行うと（浮）利がついてくる。こういうことは珍しいことではない。

これに対して良識あるたいていの人は言うだろう。「それはいけない。不義をしなければ利が得られないような商売はすべきではない」と。その通りである。ただ、「義のために利を犠牲にする」ということを考える時には、不義＝なすべからざることが何を意味しているかに注意しなければならない。

もし不義が違法行為の意味だとしたらどうだろう。法を犯さねば利益があげられない商売には手を出すべきではない。その通りである。ただし、これをもって「義のために利を犠牲にする」と言うとしたら、おかしなことである。明らかに取ってはいけない利を取らないだけなのに、それを「利を犠牲にした」などと勿体《もったい》つけるのは烏滸《おこ》がましい。

「犠牲にする」という以上、本来なら取っても差し支えない（少なくとも、取るべきでないとは言い切れないはずの）利を取るのを差し控える、ということでなければならない。差し支えないはずの利を取ることを、なすべからざることをしないために敢えて差し控えるとすれば、その利を取ることが法ではなく倫理・道徳に反するから、である。

とはいえ、何が倫理・道徳に反するかは、何が法に反するかよりも、はるかに判断が難しい。それぞれの判断者の主観によるところも大きい。一つの仮設例で考えてみよう。

大雪に見舞われた翌朝、金物店Aが昨日まで一五〇〇円で売っていた雪かきシャベルを二〇〇〇円に値上げしたとする。[51] 法の観点では、普通に考えて違法ではなかろう。では、道徳の観点ではどうだろうか。「これから雪かきに骨折らねばならず弱っている地域住民の足元を見て五〇〇円（三割強）も値上げするなんて不道徳だ」と思う人（甲）もいれば、「この程度の値上げならやむを得ない。不道徳とまでは言えない」と思う人（乙）もいる。どちらが正解と決めつけることはできない。

さて、近隣の金物店Bも同じだけ値上げをした。ところが、もう一つの金物店Cの店主が前者（甲）に近い考えの持ち主だとしよう。「商売上、ある程度の利も取らねばならないが、こんな時だからせめて値上げは小幅にとどめておこう」。そう考えて、昨日まで一五〇〇円で売っていたシャベルを一六〇〇円にしたとする。

この場合、金物店Cの店主は四〇〇（＝1,500－1,100）円／本の利を犠牲にしたと考えることができる。むろん、この店主が「こういう時に顧客志向的に振る舞っておけば、うちの評判が上がってあとあと儲かるだろう」と（認識するだけでなく）計算ずくで目論んでのことであれば、長期的利益のために短期的利益を犠牲にしただけである。しかし（そうした認識もあるにせよ）長期的利益に結びつこうがつくまいが、客の足元を見る商売をすべきではない、という動機でしたのなら「義のために利を犠牲にした」のである。[52]

人が困っているときに、その弱みにつけ込んで大儲けなどすべきでない——震災やハリケーンの直後であれ、戦争に巻き込まれているさなかであれ——。線引きが難しい場合もある（先の仮設例について「一〇〇円の値上げさえ不道徳だ」という見方もできる）が、原則論としてこれは大方の支持する道徳であろう。他方、それとは逆に、「大儲けして何が悪い。物の価格は需給関係で決まるのだから、そうした市場の働きに任せるのがむしろ合理的だ」という理屈を持ち出す向きもなくはない。[53]そういう人たちにとって、次のケースはなおさら受け入れ難いだろう。困っている人の弱みにつけ込んで儲けようというわけでもないのに、それでもなおその困っている相手のことを思い、卑怯な振る舞いをすべきではないとして、自らの利を差し控えたケース——しかも今度は実例——である。

日本航空（JAL）が二〇一〇年一月に経営破綻した直後、航空連合（アライアンス）移籍の是非をめぐる議論が社内で起きた。[54] JALがそれまで属してきたワンワールドからスカイチームに移るかどうか、という問題である。アメリカン航空などが率いるワンワールドの構成メンバーは一二社、それに対してユナイテッド航空が主導するスカイチームは一九社であり、アライアンスは規模がものをいうことから、スカイチームの方が明らかに優位であった。ユナイテッド航空もＪＡＬの移籍を熱望し、移籍による大きなメリットをアピールするのみならず、移籍に要する多額の費用も彼らが負担すると申し出た。一方、強い危機感を抱いたアメリカン航空は、もちろんＪＡＬの残留を望むものの、デルタのような魅力的な条件を示すことはできなかった。「ＪＡＬの中堅・若手社員は、あらゆるデータを検討した結果、スカイチームへの移籍を主張した」[55]。経営破綻したＪＡＬにとっての利を当事者たちが真剣に考えぬいた末の答えが「移籍」だったのである。

ところがＪＡＬ会長の稲盛和夫の判断は、ワンワールドへの「残留」であった。社長の大西賢に稲盛が告げた理由は三つある。第一に、いまは再建に集中すべき時である。第二に、顧客にメリットのないことをすべきでない。第三に、ビジネスで一番大事なのは信義である。ここで特に見るべきは後の二つである。

スカイチームに移籍すれば、顧客がワンワールドでためてきた特典が無になる。それについて稲盛は言う。

「ＪＡＬに乗ってくださっているお客様は、ＪＡＬがこんなことになって、それでも乗ってくれているお客様じゃないか。そのお客様にメリットのないことをすべきではないだろう」[56]

「顧客メリットを考えるのも、結局は自社の儲けのためではないか」と言われるかもしれない。しかし顧客メリットなら、ＪＡＬの中堅・若手社員も検討の過程でこれを勘定に入れていたであろう。それも勘定に入れた上での結論が「移籍」だったのではないか。仮にそうでなかったとしても、顧客を儲けの手段としか見ていない経営者には稲盛と同じ発言はできまい。経営破綻でにっちもさっちもいかない状況なのである。いまなら顧客や世間に対して「経営再建のためにやむを得ないのです」と申し開きの余地もある。[57] 稲盛の真意は「より儲かる方に飛びついて、それによってこんなＪＡＬを応援してくれる顧客を裏切るべきでない」ということにあっただろう。

そして信義について。稲盛は大西に次のように告げたという。

「なあ大西君。わしはビジネスで一番大事なのは信義やと思う。アメリカンはいままでともに闘ってきた仲間や。それを自分たちの都合だけで捨てていいのか[58]」

ＪＡＬがスカイチームに移って利を得ることは、なにも困っている相手（アメリカン航空）の弱みにつけ込んで自分が儲ける、という話でない。しかし稲盛の考えでは、自分たちの都合だけで相手を困らせるのもまた、なすべからざることなのである。だから、相対的には不利であってもワンワールドに残るべきだ、と言う。これについて稲盛は、後に次のように説明している。

「我々がスカイチームに移れば、太平洋路線ではデルタが圧倒的に有利になる。JALにとっても悪い話ではない。一方のアメリカンは、片方の翼をもぎ取られるようなダメージを受ける。しかし、この件に関してアメリカンに落ち度はない。移籍はあくまで我々の都合です[59]」

「デルタの提案は確かに魅力的でしたが、そのために落ち度のないアメリカンを見捨てるというのは、理〔経済合理性〕にはかなっていても信義にもとる[60]」

自分たちの都合だけで、落ち度のない相手に「片翼をもぎ取られるようなダメージ」を与えることはなすべからざることである。稲盛はそう考えたから、そしてそれを判断の根幹に据えたから、残留すべきと考えたのである。

JALが当時置かれていた状況で、移籍という利を取ることは必ずしも非難されることではなかった。監督官庁の国土交通省でさえ、スカイチームへの移籍を支持していた[61]。そして当の国交省もJALの再生支援にあたっていた企業再生支援機構の関係者も「稲盛さんがいくらきれいごとを言っても、倒産直後という追い込まれた状況であれば、最終的には、得な方を選ぶのではないか[62]」と高をくっていた。

しかし稲盛は「得な方」を選ばなかった。その利を取るとＪＡＬの顧客に対しても、またこれまで共に闘ってきたアメリカン航空に対しても「なすべからざること」をしてしまうという理由で、利を犠牲にしたのである。稲盛のこの決断を間近で見ていた大西は言う。「我々が考えるような、どっちが得、どっちが損という次元じゃない[63]。稲盛は損得の次元ではなく、「人間として何が正しいか」という次元で考えていた[64]。損得の次元で考えている限り、「義のために利を犠牲にする」などということは定義上あり得ない。しかし利を犠牲にしたからといって、稲盛はＪＡＬの経営再建において利を軽んじていたか。答えが否であることは明らかである。先義後利とはこういうことである。

利を差し控える「美学」

大雪の翌朝に便乗値上げを差し控える町の金物店主であれ、倒産後の再建途上の修羅場においてさえも、明らかに有利なアライアンスへの移籍を潔しとしなかった航空会社のトップであれ、「何もそこまでしなくても」という見方もあろう。こうした値上げや移籍を「なすべからざること」とするかどうかは、多分にそれを判断する人の主観あるいは良識に依存する。同じことは、「貸付利息を減殺することによって国益の増進を助ける」という判断にも言える。なすべきことをするのに、それに伴って得られる（一般に正当とみなされる）利の一部を敢えて取らずにおくことによってその促進を図る。そんなことまでするかどうかは、判断者の主観と良識次第である。

それは判断者の「美学」次第だと言ってもよい。このように言うとすぐ「美学＝自己満足」という図式にもちこんで、これを茶化す人もいる。しかし、例えば稲盛の決断は彼の自己満足に過ぎなかったのだろうか。残留の決断を間近に見た大西は「稲盛さんの話を聞いて私も腹落ちしましたから、その後は現場の連中ととことん話して、分かってもらいました」と言う。[65] 一方、アメリカン航空のCEOだったジェラルド・アーピーは稲盛の決断に感激し、稲盛の著書の英語版を同社幹部に自費で配った上に、稲盛をダラスの本社に招いてリーダー論の講演まで依頼した。[66] そして何より稲盛のもとでJALはV字回復を遂げ、彼らは「人間として何が正しいか」を判断基準とするJALフィロソフィをいまも大切にしている。

美学には確かに「自己満足の美学」もある。しかし「真正の美学」もある。真正の美学に人は共鳴する。そしてそれが現実を動かす大きな力になる。

美という字は「犠牲の羊が大きい」という構造を持つ。[67] 美学に犠牲はつきものである。しかし企業者の場合、原則として利をすべて犠牲にするわけではない。企業者にして利をまったく捨てて顧みず義だけを取るというのでは――よほどの例外を除けば――自己満足の美学と言わざるをえない。利も求めつつも、義のためには時には利を取りきらないことによって利を犠牲にする。それが企業者にとっての真正の美学であろう。

架空の世界ではなく、現実の生々しい世界を先義後利という真正の美学をもって生きる。よき企業者のそうしたあり方を、「経済士道」という概念で提示するのが次章のテーマである。

注

1 東京高等商業学校(現、一橋大学)一九〇〇年卒業式での発言。渋沢青淵記念財団竜門社編[1959b]六二四頁。

2 ここで「学問の標準」とは、広大な範囲に及ぶ孔子以来の儒学について、その要点を学者それぞれが示して人を導くものを指して三島が呼んでいるものである。孔子にとっては「仁」、孟子にとっては「仁義」、王陽明にとっては「良知」などがそれにあたるという(一八九五年に東京学士会院で三島が行った講演「学問の標準」による。三島[1909]参照)。

3 三島[1919]五〇頁。

4 三島[1886]五五頁。

5 金谷訳注[1961]五七頁。

6 金谷訳注[1961]二二二～二二三頁。ただし、引用の関係で第二文と第三文の語尾を若干言い換えてある。

7 大島訳[1983]二五～二六頁。

8 なお、『論語』の中には「義を先にして利を後にする」という直接的な表現は見当たらない。しかし「仁者は難きを先にして獲ることを後にす(難事を先にして利益を後のことにする)」「事を先にして得るを後にす(仕事を先にして利益を後まわしにする)」「利を見ては義を思う(利を前にすれば、それが義に適うか否かを考える)」(金谷訳注［1999］一一八頁、二四一頁、二七七頁)といった言葉が見える。また、前章でも取り上げた「君子は義に喩り、小人は利に喩る」も、間接的ながら先義後利を説いたものと解釈できる。

9　渋沢青淵記念財団竜門社編［1959b］四〇五頁。

10　渋沢［2008］一二四頁。

11　渋沢［2008］一二六頁。

12　これは実業家である渋沢が自分に都合のよいように孟子の言葉に蛇足を加えた、ということではない。例えば、内野［1962］(『新釈漢文大系4　孟子』)では、『孟子』のこの箇所に次のような余説が付されている。「ただし孟子と雖《いえど》も、ただ仁義のみを高調したのではなく、経済的福利や唯物的利財を軽視してはいない。ただ条理あり、仁義道にかなうものを、提唱するのである」(一〇頁)。これはまさに渋沢の言わんとするところでもある。三島中洲も「義利合一論」において、この孟子の言葉について「何必(何ぞ必ずしも)ノ二字ニ味ヒアリ。決シテ利ヲ言フベカラズト云フニハ非ズ」と言う(三島［1886］六四頁)。さらに、宇同［1977］(二一九頁)によれば、義利の区別に厳格を期した北宋の程伊《ていい》川《せん》(朱子学の先駆者の一人)でさえも、次のように述べており「決して利を完全に排斥しているのではない」という。すなわち「(……)利を不善と為すは、一概に論ずべからず。(……)其れ利　義と和する者は善なり。其の義を害する者は不善なり」と。

13　他の例として、一九三〇年七月の第一銀行株主総会で「義務を先にし権利を後にせよ」という趣旨の演説を行い、渋沢は次のように締めくくっている。「どうしても義務を先にし、権利を後にするという私が申し上げました趣旨を、御同様力をあわせて完全に行ってこそ、初めてここに真の国家の安泰が期せられると思うのでございます」(竜門社［1937］三五八頁)。

14　『孟子』告子章句上(内野［1962］三九九〜四〇〇頁)。

15　今道［2010］一七三〜一七四頁。なお、今道によれば、①「義」という言葉(中国語)は一七世紀終わりにはヨーロッパに伝わっていたが、当時、それに対応する語はなかったのであり、②今日の英語の語彙である responsibility は、元々それに対応するラテン語やギリシア語は存在せず、一八世紀の終わり頃になってこの語が使われるようになったという。

16 國分［2021］一七六〜一七七頁。

17 利他や博施済衆は「仁」であって「義」とは別ではないか、という指摘もあろう。しかし義を「責任」と解する限りは、利他も博施済衆もその意味での「義」である。三島中洲は「義利合一論」（三島［1886］）において「義ハ仁ヲ行テ宜シキノ名ニテ、仁ハ既ニ含蓄スレバ（……）唯義ノ一字ヲ挙ゲン」として、義の字に仁の意を含め、「仁義」と併称する代わりに単に「義」と称している（五四頁）。つまり「義」「利」合一とは「仁義」「利」合一のことなのである。

18 『孟子』公孫丑章句上（内野［1962］一一二頁）。

19 もっとも、『孟子』には「羞悪の心は、義なり」と言い切っている箇所もある（告子章句上）。

20 『孟子』尽心章句下（内野［1962］五〇三〜五〇四頁）。

21 バーナードは「リーダーシップの技術的側面」との対比で、この道徳的側面を挙げている。同書の事実上の最終章ともいうべき「第一七章　管理責任の性質（The Nature of Executive Responsibility）」は、もっぱらこのリーダーシップの道徳的側面を考察したものである。

22 バーナード［1968］二七一、二七四頁。なお、バーナードは、経営者の責任（the executive responsibility）には「複雑な道徳準則の遵守」に加えて「他の人々のための道徳準則の創造」が求められ、とりわけ後者こそが「リーダーシップの本質」（二九四頁）だとする。ここでは詳細に立ち入らないが、バーナードの言う「道徳準則の創造」とは、複数の道徳準則が対立するモラルジレンマに際して、組織成員がそれら複数のいずれかを犠牲にする（すなわち、当該道徳準則に関して不義を犯す）ことなしに（少なくとも、「犠牲にした」という良心の呵責を彼らが感じるのを防ぐために）、その対立を止揚した新たな道徳準則（ないし道徳的な解釈）を打ち立てることである。ここには「不義をなさない」という義に加えて、組織成員を良心の呵責から救う（その結果、組織成員の貢献意欲も損なわれずにすむ）という、リーダーとして「なすべきことをする」義も含まれていると解することができる。

23 バーナード［1968］二七一頁。

24 『孟子』離婁章句上（内野［1962］二八七頁）。

25 菅野［2006］二二六頁。

26 本能的欲求については、本書が企業（者）に関わる経済活動をテーマとしていることから（経済活動に携わる人にとってこれらの欲求が無縁だとは言えないものの）割愛する。

27 第2章で触れた「入れ籠構造」を考えるなら、企業の利と個人の利の間に、（企業内の）「部門の利」といったものも想定されるが、ここでは議論をわかりやすくするためにも、「個人」と「企業」という二つの次元に絞ることにする。

28 市場で支配的地位を得ることは様々な意味でその企業にさらなる利益をもたらすと期待されるし、レピュテーションもそれがマーケティング用語として多用されることから明らかなように、自社の利益に深く結びついている。

29 人が企業で仕事をするとき、自分の収入（あるいは、より高い地位）のみならず、他者への貢献、価値あるものの創出といった「仕事のやりがい」も重要な動機になる。ただし、仕事のやりがいを求める心は、「利」に関わる自利心ではなく、「義」に関わる良心である。したがって、個人が経済活動において追求する利とは別物であることに注意せねばならない（田中［2014b］参照）。

30 本章第1節で「先義後利」を「義を先にして利をのちにす」ではなく「義が先で利が後」と言い表したのは、

規範としての先義後利のみならず真理としてのそれ（義を行えば利がついてくる）の意味をもカバーできるようにするためである。

31 「所産としての義」も、所産としての利と同様の発想で、行為としての義の結果生まれるものを意味する。ただし、この言葉はここでのみ一時的に用いるにすぎない。

32 第1章第2節参照。

33 渋沢［2008］一六五〜一六六頁。なお、渋沢は「道徳と経済は、雄蕊と雌蕊が風の力で自ずと一致するようなわけにはいかない。一致させるには、その人にそれだけの十分な覚悟がなければならない」と言った（第1章第4節）が、その「覚悟」が、ここでの「孔子の処世上の覚悟」と別のものではないことがわかる。

34 三島中洲の「義利合一論」（三島［1886］五八〜六一頁）においても、義と利の間の「先後ノ次序」と「軽重ノ権衡」が分けて考えられている。そして「先後ノ次序」については、「利ヲ先ニシ義ヲ後ニセザル可カラズ」とさえ言う。ただしその理由は、利を後回しにして飢えたり凍えたりしたのでは、そもそも義を学ぶことができないからである（これは後に本文で述べる酸素マスクの事例にも当てはまる）。それゆえ「然レドモ既ニ義ヲ知リタル上ハ、亦利ガ後ニナルモノナリ」ということになる。他方、「軽重ノ権衡」については、もっぱら「義ヲ重〔ン〕ジ利ヲ軽ンゼザル可カラズ」と説いているとみてよい（「利を軽んじる」は「利を捨てる」ことを決して意味していないことは、三島においても同じである）。

なお、正確を期すならば、三島は軽重の権衡について「実際ニ於テハ、利亦義ヨリ重キコトアリ」（六五頁）とも言っている。しかし、この場合の「利」は「天下ノ塗炭ヲ救フ」などの「大利」を指して言われたものであり、本書で言うところの利＝「私利」ではなく、むしろ義＝「公益」を意味している。したがって、本書の文脈に即して言えば、義と利の価値的軽重について、三島はもっぱら義よりも利を重んじるべきことを説いていると解される。

35　渋沢［2008］二三頁。

36　「利とは宜しきにかなったことの集まりである」（本田［2006］（第一分冊）一六二頁）、あるいは「『利』は義の実践を積んでゆく結果」（安岡［1960］八五頁）という意味。

37　『春秋左氏伝』では他にも「義は以て利を生ず」（成公二年）、「義以て利を建つ」（成公十六年）などと言われている。

38　田中［2024］では、稲盛和夫を例として、この点に関連する話を展開している。

39　この引用については、以下の通り、詳しい注釈が必要である。最後の(3)がこの注の眼目である。

(1)　この引用は渋沢［1975］（渋沢栄一述／尾立維高筆録『論語講義』）二〇頁の後ろから四～二行目の文章に対応したものである。しかし刊行されている『論語講義』の当該箇所は、実際には次のように記されている。

「青年諸君よ、願わくはかかる真似をせず、錙銖の利を争う間にも、仁義道徳を実地に行っていってみたまえ。商工業を営めば敢えて無理な争いをせずとも、利は自ら懐に入ってくるものである。これ余が八十年来実験する所なり。安心して孔夫子の論語教訓を実際に行用せられんことを祈るのでありまする」

じつは、本書刊行の前段階の草稿において上のように書かれていたものに対して、渋沢は本文で引用したような文言にするよう自ら修正の筆を入れた。ところが、渋沢によるその書き入れが反映されないまま、『論語講義』は刊行されてしまった。

本文での引用は、東京都立中央図書館「青淵論語文庫」所蔵の『論語講義』原稿（［青353］論語講義二〇巻、尾立維孝編、澁澤榮一校、大正写一二冊 半 澁澤榮一の自筆訂正あり）の当該箇所における渋沢の書き入れを反映したものである（ただし、〔 〕内および傍点は引用者による）。この引用こそが、渋沢の真の考えを反映しているのである。このあたりの考察はのちに(3)で改めて行う。

次の(2)で述べるように、『論語講義』をめぐるこうした問題は、笹倉一宏の一連の研究（笹倉［2011］および笹倉［2012］［2013］）によって明らかにされたものである。以下、東京都立中央図書館所蔵の、渋沢による自筆訂正入りの原稿を笹倉［2011］にならって《稿本》と呼ぶ。一方、刊行された『論語講義』（渋沢［1975］）を《刊行本》と呼ぶことにする（笹倉［2011］では刊行された『論語講義』について《初版本》《新版》《文庫版》の区別をしているが、ここでは特段の区別を要さないので単に《刊行本》とする。ちなみに本書で使用している渋沢［1975］は《新版》にあたる）。

なお、筆者は二〇二四年二月に東京都立中央図書館にて《稿本》を閲覧の上、本書執筆に係る諸々の確認作業を行った。作業にあたっては、公益財団法人渋沢栄一記念財団情報資源センターのご協力を得た。記して感謝する次第である。

(2) 一般に渋沢の『論語講義』は、渋沢が『論語』について口述し、二松学舎出版部長であった尾立維孝がこれを筆録したものとされる。しかし笹倉の一連の研究によれば、「(……)渋沢が論語の講義や口述をした形跡はなく、実は三島中洲の『論語講義』と渋沢の『実験論語処世談』に主に基いて、尾立が起草したものである」（笹倉［2012］一〇九頁）。尾立の起草を浄書したのが《稿本》であり、それがいったん「二松学舎の舎外生のために発行された『漢学専門二松学舎講義録』(……)という全三〇回の月刊刊行物に二九回(……)にわたって掲載され」、それをまとめて『論語講義』（《刊行本》）として一九二五年に初版本が刊行された（笹倉［2011］一二八頁）。
尾立は《稿本》を渋沢に渡し、渋沢が校閲を加えた上で印刷にまわすつもりであったようである。しかし諸々の事情から、結局、渋沢が校閲したのは《稿本》全体のおよそ三分の一までであり、しかもそれらの校閲は印刷にはまったく反映されずに『講義録』が印刷され、さらにそれがそのまま出版されてしまった。渋沢にとっては不本意な結果となったわけである（詳しくは笹倉［2011］を参照のこと）。

本文で引用した「青年諸君よ」以下の文言は、先述のように《稿本》にある渋沢の自筆訂正に基づくものであるが、それと《刊行本》（渋沢［1975］）との間に差異があるのは、こうした事情によるのである（《稿本》のこの部分に渋沢がどのように筆を入れたかは、笹倉［2011］一三四〜一三五頁で詳細に跡づけられているので、関心のある読者はそちらを参照されたい）。

なお、本書において筆者は他にもいくつか《刊行本》の『論語講義』から引用を行っている。これらのうち、渋沢が校閲した「三分の一」（《稿本》第一五号まで）すなわち渋沢［1975］の二五五頁四行目までよりも前から引用した諸文言については、《稿本》に、①渋沢による自筆訂正の書き込みがないこと、または、②書き込みがあっても意味上の重要な差異がないこと、を確認済みである。②に該当するのは第1章第4節(2)で引用した「衣食足りて礼節を知る」の一節である（笹倉［2012］一二五頁も参照）。さらに、渋沢［1975］二五五頁以降も含めて同書から引用したすべての文言について、尾立が同書執筆にあたって依拠した資料の一つである『実験論語処世談』（渋沢［1922］）の対応箇所に可能な範囲であたり、意味上の齟齬や矛盾がないことも確認した。『実験論語処世談』は、「『実業之世界』の記者に渋沢が語り、記者が取材したものであり、その記録は渋沢の日記にもきちんと残されている」（笹倉［2011］一三七頁）ことから、信頼性の高い資料である。

なお笹倉［2011］は以下のように指摘して論を結んでいる。「『論語講義』は『実験論語処世談』を元にしているので、大きく渋沢の道徳経済思想から逸脱することはないだろうが、渋沢を論ずる場合、特に経学関係からの考察においては、『論語講義』の取扱には十分注意をすべきである」（一四四頁）。

(3) 『論語講義』の成立をめぐる以上のような経緯を踏まえた上で、《稿本》にある渋沢の自筆訂正を反映して引用した本文の文言（以下《A》という）と、この注記の冒頭で引用した《刊行本》（渋沢［1975］二

○頁）の文言（以下《B》という）を比較し、渋沢が本当に伝えたかったことが何であったかを浮き彫りにしよう。

《A》と《B》の間の違いは、仁義道徳（つまり義）に留意した商売をした場合に、《B》では「無理な争いをせずとも、利は自ら懐に入ってくる」と言っているのに対して、渋沢が書き改めた《A》では「強慾無理なる争奪をせずとも、利益は自ら順理より生ずるものであることに信頼されたい」としている点にある。《B》は「道徳さえ守って商売すれば、あまり頑張らなくても、利益は後から棚ぼた式についてくる」と言わんばかりである。このような安請け合いを、渋沢にはとてもできなかったに違いない。《A》と《B》には意味上の重要な差異があると思われる。

そもそも商売には厳しい競争が必要だと渋沢は主張している（本章第4節や第4章第2節参照）。そこにはある程度の「無理」も避けられないだろう。ただ、これはあくまで健全な競争のことを言っているであって、「強慾」に「奪う」ような無理は渋沢も認めない。だからこそ、「敢えて無理な争いをせずとも」（《B》）を「強慾無理なる争奪をせずとも」（《A》）と書き改めた（が、《B》には反映されずに終わった）のであろう。

しかし本文におけるここでの文脈上、もっと重要な違いがある。《B》も《A》も「義を行えば利はついてくる」ということを言っているのだが、「利がついてくる」ことについて、《B》はさも自信ありげに言い切っているのに対して、《A》で渋沢は「理に順《したが》って生じてくる、ということに信頼してほしい」と修正しているのである。言い換えれば、「義を行えば利はついてくる、という理《ことわり》を信じ、これに拠り頼んで商売をしてみよ」ということである。先義後利の理を「それを力とすべく信じる」ことの必要性を説いているのである。

もしかするとその通りにならないかもしれないけれど、それも覚悟の上で先義後利の理に信頼する――

真理としての先義後利は、このように自らがこれを主体的に覚悟をもって信じる（それを信念とする）ことが必要なのである。そうした信念なしに、これを受け身で理解するだけの人は、おそらく「なんだ、義をおこなっても利はついてこなかったではないか。先義後利など綺麗事だ」と言って終わるのであろう。しかし渋沢自身は、そのような信念をもって、規範としての先義後利を実践していたと思われる。

40 注**39**(3)でも指摘したように、実際、渋沢は「無理な争いをせずとも」と書かれていた草稿をわざわざ「強慾無理なる争奪をせずとも」と書き改めた（が、それは《刊行本》には反映されなかった）のである。

41 渋沢青淵記念財団竜門社［1986］八四、一〇三頁。なお、稲盛和夫が「利他の経営」について、「自分は利益は要らないから他の方がとってください、という意味ではない」「悪意をもって競合他社を陥れたりすることは一切しないが、正々堂々と競争し、公明正大に利益を追求していくことは、称賛されこそすれ非難されるべきではない」と言っている（第2章第3節参照）のもこれに通じる。

42 渋沢［1922］五八九頁。

43 致知格物は『大学』のいわゆる八条目（格物・致知・誠意・正心・修身・斉家・治国・平天下）の中の格物と致知である。なお、ここでの解釈は朱子学のそれによる。例えば、島田［1967］四四〜四六頁参照。

44 「仁義道徳と事業功名」と題する講演（一九一〇年六月一一日、陽明学会）で、渋沢は以下のように発言している。「この致知格物というのは何かというと、産業を興すとか富を増すとかいう事に相違ない、（……）致知在格物〔知を致すは物に格るにあり〕という文章が全く霊心的のことで、物質的のことでは無いという解説があるかも知れませぬが、私は〔格物・致知・誠意・正心のうち〕正心〔心を正す〕と誠意〔意を誠にす〕というところだけは霊心的のことでありますけれども、致知格物というは物質的のことである、即ち孔子は其心を正うして富を致すということを教えて置いたに相違ない、（……）」（渋沢青淵記念財団竜門社編［1962a］一六九〜一七〇頁。傍点は引用者）。

45　渋沢［1922］五八九頁。渋沢曰く「理化学研究所の設立によって知を致し物に格れば、これによって富を増進する道が自ら発見され、博く民に施して能く衆を済い得らるるようになるでは無いか」（同）と考えてのことであった。

46　一般社団法人日本経済調査協議会が企業経営者らから成る委員会の議論をまとめた報告書「お天道様に恥じない経営―日本企業のガバナンスと社会的責任―」（日本経済調査協議会［2006］）では、「我々は、長期的利益を時には犠牲にするほどの覚悟が、社会的に重要性の高い企業のＣＳＲの本質として要求されていると考える」（エグゼクティブ・サマリーⅢ頁）と述べられている。

47　渋沢青淵記念財団竜門社編［1955］三九七頁。傍点は引用者。

48　渋沢青淵記念財団竜門社編［1955］三九七頁。

49　渋沢は、これらの発言に先立ち、金融業に比べて商業や鉱工業は利益をあげるのが困難であるがゆえに、金融業がこれを助けなければならない、という思いを吐露している。なお、この渋沢演説に対し、株主としてこの総会に出席していた益田孝が次のような答辞を述べて賛意を示したことを言い添えておこう。「〔渋沢がいま披瀝した〕将来の目的に至ては既に感服する所にして異議あるなし、望む所は将来利益金の饒《おお》きを獲んと欲するにあらず、株式価格の騰上するを誇らんと欲するにあらず、徐々宜しきに処して興産作業の途を資育するに在り、思うに〔ご同席の株主〕諸君も亦此の如くならんのみ」（渋沢青淵記念財団竜門社編［1955］三九七頁）。

50　この当たり前のことが、現在の企業経営に関する議論において決定的に見落とされている場合がある。これについては第6章で詳しく論じる。

51　ここでの仮設例はアンダーソン＆エッシャー［2011］六一頁（設例のオリジナルはD. Kahneman, J. L. Knetsch and R. Thaler, "Fairness as a Constraint on Profit Seeking: Entitlements in the Market," *American Economic Review*, September 1986）より借用し、これに脚色したものである。

52 仮設例として挙げた金物店Cの振る舞いに相当する（それ以上に徹底している）と思われる実例として、関東大震災直後における住友電線製造所（現、住友電工）の事例がある。以下、住友電工ウェブサイト(https://sumitomoelectric.com/jp/id/dna/v04) からの引用である（傍点は引用者）。

「一九二三年九月一日、マグニチュード七・九の激しい地震が関東地域を襲った。通信と交通を支える多くの施設、設備が壊滅的な損害を受け、企業の多くも罹災し、復旧への対応は困難を極めた。そのような状況のもとで、住友電線製造所は、復興に不可欠な電線・ケーブルを供給できる数少ないメーカーであった。

　地震発生五日後、住友電線製造所は、逓信省《ていしんしょう》、鉄道省、東京電燈など各所に出向き、緊急で何が必要かを聞いて回った。しかし、照会を受けたものの、原料である銅、亜鉛などの相場が立たないため電線類の価格を定める根拠がない。しかも、震災の混乱で、暴利取締令が出るほど一般物価も高騰していた。住友電線製造所は、復興が何よりも最優先と考え、原則として震災前の価格で納入することを決断。さらに納期を短縮するため昼夜兼行で製造することを約束した。以後も注文は殺到したが、値上げは行なわず全力で復旧への対応に努め、その責任を果たしたのである。（……）」

53 例えば、二〇〇四年夏、ハリケーン・チャーリーによって米フロリダ州を中心に大きな被害が生じたときの便乗値上げをめぐる賛否両論が、サンデル［2010］第一章で紹介されている。

54 この事例に関する以下の記述は大西［2013］一二三～一二八頁に基づく。

55 大西［2013］一二四頁。

56 大西［2013］一二七頁。

57 この当時、ＪＡＬの現場からも「移籍するなら、経営破綻したいましかない。このチャンスを逃す手はない」との声があがっていたという（大西［2013］一二四頁）。

58 大西［2013］一二七頁。

59 大西［2013］一二七頁。
60 大西［2013］一二八頁。
61 大西［2013］一二四頁。
62 太田［2018］二〇九〜二一〇頁。
63 大西［2013］一二八頁。
64 太田［2018］によれば、稲盛はこのとき、こう言った。「ここでアライアンスを変えれば、ＪＡＬにはメリットがあるかもしれないが、アメリカン航空には大打撃になる。それは人間として正しい判断なのか」（二〇八頁）。
65 大西［2013］一二八頁。太田［2018］によれば、ワンワールドへの残留は「稲盛さんの鶴の一声で決まったわけではない」（二〇八頁）という。実際には次のようなプロセスがあり、関係者が徐々に得心していった。「稲盛さんは『人間として何が正しいかという観点から言えば、ワンワールドに残るべきだと思う。だけど皆さんの意見もあるだろうから、徹底して議論して変わりたいというのであれば変わっていいだろう。結論がどうあれ、全責任は自分がもつ』と話されたのである。
そこで関係者が集まって話し合いをした。それぞれが自分の意見を述べた。稲盛さんの意見に反対する人も多かったが、議論を重ねた結果、最終的に『稲盛さんの判断が正しいのではないか』という結論に至り、ワンワールド残留が決まった」（二〇八〜二一〇九頁）。
66 大西［2013］一二八頁。
67 今道［1973］二一三頁。

第4章 経済士道
——実業道即ち士道

1 実業と武士道

(1) 士魂商才?

渋沢の道徳経済合一説は「士魂商才」を唱えたものと、しばしば言われる。和魂漢才からの造語と言われるこの言葉に渋沢が言及しているのは事実である。『論語と算盤』には「士魂商才」と題する独立した章もある。そこでは「私は常に士魂商才ということを唱道するのである」[1]と明言した上で、次のように言う。

「(……)人間の世の中に立つには、武士的精神の必要であることは無論であるが、しかし、武士的精神のみに偏して商才というものがなければ、経済の上から自滅を招くようになる。ゆえに士魂にして商才がなければならぬ[2]」

これは今日の誰もが容易にイメージしうる士魂商才の説明に見える。士魂と商才という性質の異なる二つの資質・能力を兼ね備えた人物―渋沢その人が、まさにそうした人物の代表として現在も敬仰されているわけである。

たしかに渋沢による上記の士魂商才の説明は、異質なものの組み合わせの妙という観点からなされている（ように見える）。しかしこれに続く渋沢の言葉は、おや？と思わせる。

「その士魂を養うには、書物という上からはたくさんあるけれども、やはり論語は最も士魂養成の根底となるものと思う。それならば商才はどうかというに、商才も論語において十分養えるというのである[3]」

『論語』に、上手に商売をする方法など書いてあっただろうか。渋沢の考えはこうである。

「道徳上の書物と商才とは何の関係も無いようであるけれども、その商才というものは、もともと道徳をもって根底としたものであって、道徳と離れた不道徳、欺瞞、浮華、軽佻の商才は、いわゆる小才子、小悧口であって、決して真の商才ではない。ゆえに商才は道徳と離るべからざるものとすれば、道徳の書たる論語によって養える訳である」[4]

つまり渋沢が論語から学べると言っている「商才」とは、商売を「上手に」行う方法ではなく、「よいことを立派に」行うための道なのである。士魂と同じく道徳の次元の話をしている。その意味で、士魂と商才はじつは異質な二つのものではなく、同じ道徳というコインの表裏をなしている、あるいは士魂の延長線上に商才がある、少なくとも渋沢はそう捉えていたと言えるだろう。このことは、道徳経済合一説が道徳と経済を「異質なもの（それを天秤に掛けてバランスさせる）」ではなく「本質的に一致するもの」と捉えていることと軌を一にしている。

渋沢が士魂と商才の関係をこのように捉えていた一つの証拠がある。一九〇三年、高千穂学校（後の高千穂商科大学〔現、高千穂大学〕の前身）の校長・川田鉄弥が渋沢に「学校の玄関へ掲げて朝夕職員や生徒一同と共に服膺《ふくよう》致したい考で『士魂商才』の四字を額面に仕立てられるよう御揮毫を依頼申し上げ」[5]た。ところが、依頼を受けた渋沢は川田に次のような意味の手紙を送ったのである。

「揮毫の文字は士魂商才をご所望と伺いましたが、その後いろいろ考えてみますと、これは例の和魂漢才から出たものと思いますが、あまりよい熟語とも言いがたく思われます。ついては別紙にある二つの代案を差し上げますので、お心に適う方をご指示ください」[6]
「士魂商才」はあまりよい熟語ではないから、別の言葉を書きましょう、というのである。その一方で、後年の一九一六年刊行の『論語と算盤』では「私は常に士魂商才ということを唱道するのである」と述べている。この「矛盾」については後に検討することにして、渋沢が川田に示した二つの代案とは何であったか。
一つは「至誠以賛天地之化育」（至誠以て天地の化育を賛《たす》く）、もう一つは「以一貫心制万物矩」（一貫心を以て万物の矩《のり》を制す）」である。[7]川田は「至誠以賛天地之化育」を選んだ。士魂商才に代えて渋沢が示したこの言葉こそ、商才を士魂の延長線上で捉えていたことを端的に示すものに他ならない。
渋沢は川田に示したこの案について、次のような注釈を付けている。

至誠以賛天地之化育
是ハ中庸ノ語ヨリ撰ミ出セシ文字ニテ、至誠ハ士魂、賛天地之化育ハ商才ニ通シ可申ト存候[8]
〔これは『中庸』から選び出した文言で、「至誠」は士魂、「天地の化育を賛く」は商才に通じると考えます〕

典拠となったのは、『中庸』の以下のくだりである。

「唯天下の至誠のみ、能く其の性を尽くすと為す。能く其の性を尽くせば、則ち能く人の性を尽くす。能く人の性を尽くせば、則ち能く物の性を尽くす。能く物の性を尽くせば、則ち以て天地の化育を賛く可し。(……)

(「この世に最もすぐれた誠の人(となってこそ、)その性(の誠)を遺憾なく発揮することができるのである。己の性を発揮すれば、それを押し及ぼして、他人にも人としての性を発揮させることができる。他人にも性を発揮させることができれば、人々とともに物を適正に扱って、その本来の発展をとげさせることができる。物の発展をとげさせることができれば、天地の万物を発生成長させる事業を助けることができる。(……)」)[9]

ここからわかるように、「その人の至誠が、やがて他の人々をも生かし互いに力をあわせて物を発展させることになり、そのことが『万物を生み育てよう』という天地の事業を助けることになる」というのが、「至誠以て天地の化育を賛く」の意味するところである。

ヒトを生かしつつ、物——より広く言えば、モノやカネ、さらには情報といった経営資源——を生かしていくというのは、企業の経営もまた然りと見ることができよう。いや経営そのものと言ってもよいかもしれない。企業者の至誠に淵源するそうした経営を、渋沢は「天地が万物を生み育てようとする事業」という壮大な営みの中に位置づけ、企業者がその働きに参画することまでを含んで「商才」と呼んでいるのである。

企業活動やそのあるべき姿を「万物の生成発展」という「天の働き」と関連づける考え方は、渋沢だけのものではない。松下幸之助は『実践経営哲学』で次のように述べている。

> 「この大自然、大宇宙は無限の過去から無限の未来に渡って絶えざる生成発展を続けているのであり、その中にあって、人間社会、人間の共同生活も物心両面にわたって限りなく発展していくものだと思うのである。
>
> そういう生成発展という理法が、この宇宙、この社会の中に働いている、その中でわれわれは事業経営を行っている。そういうことを考え、そのことに基礎を置いて私自身の経営理念を生み出してきているわけである」

稲盛和夫も、京セラフィロソフィの冒頭第一項の「『宇宙の意志』と調和する心」で、宇宙における「森羅万象あらゆるものを進化発展する方向へ導こうとする流れ」（稲盛はこれを「宇宙の意志」

と呼ぶ）に同調することの大切さを強調している。経営者の心がこれと同調していれば、つまりすべてのものを慈しみ良くしようという心があれば経営は順調にゆき、それに反すれば（例えば、他人を騙して自分だけ儲けてやろうとすれば）経営はうまくいかないと言う。[11]

　このように、渋沢、松下、稲盛、いずれも――それぞれの主張の仕方に濃淡こそあれ――経営という営みを「造化の働き」に関連づけて捉えていることがわかる。造化――天地の化育――を助けるのが経営であって、渋沢にとってはその大本になるのが至誠なのである。至誠（士魂）を発揮した結果、経営がうまくいく（商才）のである。稲盛の表現を使えば、造化の意志に同調する（士魂）かどうかが、経営がうまくいくかどうか（商才）に直接につながるのである。

　したがって、至誠と賛天地之化育、すなわち士魂と商才は、異質なものであるどころか、前者の延長線上に後者があるということになる。士魂即ち商才である。[12] 渋沢が、いわゆる士魂商才を「和魂漢才から出た言葉で、あまりよい熟語とは言えない」と考えたのも肯ける。和魂漢才は、まさに和魂と漢才という異質なものの組み合わせだからである。渋沢にとって士魂と商才の関係は、そうではなかった。

　もっとも、士魂即ち商才といっても、士魂＝至誠が至誠のままにそこにとどまっていたのでは商才にはつながらない。昔の（まっとうな）武士は至誠の人たちだったであろう。しかし経済を軽んじていた。それではいけない。経済活動が『中庸』に言う「天地の化育を賛ける」という価値ある営みに通じることを認識し、そこまで進む必要がある。渋沢が『論語と算盤』からの先の引用の中で「武士的精神にのみに偏して商才というものがなければ、経済の上から自滅を招くようになる」と言ったのはこの意味においてであろう。だからこそ「士魂」だけを唱道するのでなく、それを経済につなげる（通常の解釈とは異なる意味での）「士魂商才」を「私は常に唱道するのである」――このように解すれば、先の渋沢の「矛盾」は解消されるのではないだろうか。

(2) 実業道即武士道

渋沢の「士魂商才」は「士魂即商才」であったが、渋沢自身は「士魂即商才」という表現は用いていない。その代わり「武士道即実業道」ということははっきりと述べている。先述のように渋沢が言う商才が商売を上手にする方法ではなく、立派に行う道であるならば、実業道が商才の言い換えであることは容易に見て取れる。むしろそのように言い換えた方が、誤解も少なく望ましいかもしれない。

例えば『論語と算盤』には「実業と士道」という篇があり、その冒頭の章は「武士道は即ち実業道なり」と題されている。そこには次のような言葉が見える。

「想うにこの武士道は、啻《ただ》に儒者とか武士とかいう側の人々においてのみ行うものではなく、文明国における商工業者の、拠りてもって立つべき道も、ここに存在することと考える」[13]

「苟《いやしく》も世に処し身を立てようと志すならば、その職業の何たるを問わず、身分の如何を顧みず、始終自力を本位として、須臾《しゅゆ》〔少しの間〕も道に背かざることに意を専らにし、しかる後に自ら富み且つ栄ゆるの計を怠らざるこそ、真の人間の意義あり、価値ある生活ということができよう。今や武士道は移してもって、実業道とするがよい」[14]

武士道とは武士だけの道ではなく、「その職業の何たるを問わず」、践《ふ》み行うべきものだと渋沢は言う。ここで留意すべきは、経済を賤《いや》しんだはずの武士の道を、経済を営む実業家のとるべき道としている点である。一見すると相容れない二つの道が、じつは一つだというわけである。

渋沢といえば『論語と算盤』が有名だが、それと並んで広く読まれてきたのが『青淵百話』である。そこにも「武士道と実業」という章があり、渋沢は次のように述べている。

「実業家はよろしく旧来の悪思想を一洗し去り、新時代の活舞台において、いにしえ武士が戦場に駆馳したるがごとき心掛けをもって、大いに世界に活躍してもらいたい。余は武士道と実業道とは、どこまでも一致しなければならぬもの、また一致し得べきものであることを主張するのである[15]」

武士道と実業道の関係についての渋沢の考えをより詳しく知る手がかりになるのが、『青淵百話』や『論語と算盤』が刊行されるよりも前の一九〇八年に渋沢が竜門社で行った「武士道ノ解釈」と題する講演である。武士道が、武士・軍人のみならず、「その職業の何たるを問わず」に適用可能な根拠を、渋沢は次のように言う。

「難事にもめげず或る場合には大に勇気を鼓して困難の衝に当る、総《すべ》て為し難い所に已れの身体若くは財産をも犠牲に供して、公共の利益を図るという如きことが武士道であると斯く解釈すると、武士道という言葉を軍人の専有物たらしむることは、甚だ不満足千万と考えねばならぬ[16]」

こうした「武士らしさ」は、経済活動でも十分に発揮できる。

「例えば商売上道理に外れて利益を得ようと思うたら、かかる利益が得られる、この道理を踏めばその反対に多少損が行くという場合に、武士道を立て通す人であったなら、その損は甘んずるであろうと思う。その道理に外れた利益は得ぬということは、即ち商売上の武士道というて宜《よ》いではないか[17]」

これは、前章で紹介したJAL再建時のアライアンス問題に対する稲盛の態度を彷彿《ほうふつ》とさせる。

渋沢は他にも例を挙げている。

「あるいはここに一会社が道理正しく成り立って来たが不幸にも利益がない、困難だ、そういう所は逃げてしまって、儲かりそうな所には蟻の甘きに就くようにするというたら、決してこれは武士道と誰も讃《ほ》める者は無いだろうと思う。然らば道理に適うたことならば、損を忍んでも辛抱してチャンと取纏めをしなければならぬ。こう覚悟をするのが大なる武士道である[18]」

渋沢自身の行動にその好例が見られる。渋沢が設立（一八八七年）に関わった東京人造肥料会社（現、日産化学）は、設立当初、巨額の欠損を抱えて経営危機に陥り、他の関係者はみな手をひいてしまった。しかし渋沢は「余はあくまでこの事業を成功させねばやまぬという決心があったゆえに」ひとり残って会社を引き受け、経営を軌道に乗せたのである。[19]

「武士らしさ」の発揮のしどころは、むろん会社が経営破綻の危機にあるとか、破綻後の再建途上にあるといった非常時のみではない。困難に直面しても勇を鼓して事にあたる、公共の利益を図る、不義の利は取らない、といったことは日々の商売においても実践できることである。
渋沢は同じ講演の中で、南宋の朱熹〔朱子〕が「白鹿洞書院掲示《はくろくどう》」に示した[20]「其の誼〔義〕を正してその利を計らず、其の道を明らかにしてその効を計らず」という言葉を解して次のように述べている。

「この意味は、その行うべき事柄の道理において適うか適わぬか、道理に適い本分に欠くる所がないならば断行するが宜しい、その事理が明瞭であるか不明瞭であるか、果して明瞭であるならばその効果の有無は第二にして、遣るが宜いではないかと、こう〔朱子は〕言われたので、（……）銭さえ貰えば己れは働くということが決して武士道でなかったならば、その反対に朱子の詞が武士道だということは言語の比例上からも生ずるだろうと思う[21]」

要するに「明瞭な道理に適い、本分に欠けるところがないならば、その効果は第二にして、それを断行する」のが「武士道」だと言う。逆に「金が儲かりさえすればやる」「有意義な事業でも、儲けるのが困難ならはじめからやらない」というのは武士道ではない。
前章までを読まれた読者は、渋沢がここで言っている「第二にして」の意味は十分おわかりであろう。二の次、どうでもよい、ではない。第一ではないけれども、第三や第十でもない。この点は、先に引用した渋沢の言葉にも表れている。商売において「道理を踏めば反対に多少損が行くという場合に、武士道を立て通す人であったなら、その損は甘んずるであろう」。「須臾も道に背かざることに意を専らにし、しかる後に自ら富み且つ栄ゆるの計を怠らざるこそ、真の人間の意義あり、価値ある生活ということができよう。今や武士道は移してもって、実業道とするがよい」。

渋沢における武士道＝実業道とは、事業にあたるに先義後利を以てすることに他ならないのである。そして言うまでもなく、「実業道即武士道」は（渋沢が言う意味での）「士魂商才」と同義である。それは道徳経済合一説に即して言えば、本質的に一致するはずの道徳と経済を、現実に一致させようとする人の道でもある。

2 先義後利の経済士道

(1) 経済士道とは

道徳と経済を一致させる「実業道即武士道」を、本書ではここから先「経済士道」と呼ぶ。経済士道とは「先義後利によって経済活動を行うこと」、言い換えれば「経済活動において利を第二にして義を実行・断行すること」である。ここでの「第二」の意味はもはや繰り返すまでもないだろう。

「経済士道」と呼んで「経済武士道」と呼ばないのは、一つには、武士道と言えばどうしても武士そのものと直接結び付けられ、その上あたかも武士と経済という「異質なもの同士の組み合わせ」と捉えられがちだからである。しかし渋沢は言う。

「武士道という近頃流行文字を、軍人専有のものの如く解するものはそもそも間違だ。文字は武士というも、それは一種の習慣上の固有名詞で、何ぞ武士道というものが軍人・武士のみに局限されるものでありましょうか。吾々の間に甚だ大なる武士道があるということを、どうぞお互いに理解したいと思う[22]」

「一種の習慣上の固有名詞」であるなら、いっそのこと「武士」道という言葉自体を使わない方が紛れがない。それは「甚だ大なる武士道」つまり武士道を広義に捉える上でも望ましいであろう。

ここでは「武士」に限らず「士」の践むべき道を論じるという観点から、「士道」という言葉を使う。詳しくは後で述べるが、「士」とは「立派な人」「道に志す人」といった意味である。それゆえ経済士道とは、経済活動において道に志し、立派な行いをしようとする人の道である。つまり「よき企業者の道」である。

もっとも、日本において〈士道〉という語は、元々〈武士道〉と区別する概念として――しかしどちらも武士のあり方を示すものとして——使われてきた。前者は「主に儒教学説に拠った、社会の指導者としての武士の倫理の言説」であり、山鹿素行の『山鹿語類』(巻第二十一「士道」)に代表される。[23]後者は山本常朝『葉隠』に代表される、「戦の中で培われてきた主従一体の情誼的な結合を観念化した主君への没我的な〈奉公〉を鼓吹」する、武士にとっての「主従倫理」である。[24]今日一般に我々が考える《武士道》はこの両方を含むものと言える。図式化すれば《武士道》=〈武士道〉+〈士道〉ということになる。もしこの区別を念頭に置くなら、渋沢が言う「武士道」も、したがって経済士道というときの「士道」も、基本的には〈士道〉の部類に属する。[25]実際、先義後利を要諦とする本書の経済士道論は、義と利の区別を重視し、義を重んじるべきことを説き、かつ利を否定していない点において、義利の弁に係る山鹿〈士道〉論と軌を一にする。[26]

しかしだからといって、日本思想史上の〈士道〉論に基づいて経済士道を論じようというのではない。下敷きはあくまで渋沢の道徳経済合一であり、「士魂商才」である。

経済「武士道」と言わないもう一つの理由は、この「よき企業者の道」が共鳴するのは日本の《武士道》や〈士道〉に限らないからである。英国の経済学者、アルフレッド・マーシャルが唱えた「経済騎士道(Economic Chivalry)」はよく知られている。同時代の英国でマーシャルに先立つトーマス・カーライルは「産業の指揮官(Captains of Industry)」のあり方を説いた。これらは次節で紹介するが、よき企業者のとるべき道を、元々武人の間で行われていた倫理と照応させつつ論じることは、日本の実業家・渋沢栄一に限ったことではないのである。とはいえ、よく知られたマーシャルの「経済騎士道」という名称をそのまま採るとすれば、今度は騎士道のあったヨーロッパの色が濃厚になる。「経済士道」は、経済武士道と経済騎士道を合わせた、より普遍的な名称と考えていただければよい。名称のみならず、それが指し示す規範とその実践もまた、決して日本（や欧州）に限らない普遍性をもつと考えられる。経済士道が道徳経済合一の道である以上、これもまた「東西両洋に通ずる不易の原理」（渋沢）と言ってよいであろう。

いま武人の倫理といったが、一般に士道は武人だけの道ではない。そもそも士道とは、「士たる者の守るべき道」である。武士以外の「士」＝「立派な人」「道に志す人」の守るべき道をも意味する。人の守るべき道。また、「士」は男性に限るものでもない。士には「男性の美称」のみならず、「女性の美称（女士）」の意味もある。「士」の字を「さむらい」とみるのは「日本語特有の意味」である。[27] 以上のように、士道という語は武士道や騎士道の意味を含むが、必ずしも「武士」や「騎士」にのみ関わる言葉ではない。

こうした意味で士道には普遍的な意味がある。そもそも「武士道」からして、「日本の」「武士（男）」に限らない普遍性をもつことを、日本近世史・武家社会論を専門とする笠谷和比古が『武士道の精神史』（笠谷［2017］）で次のように指摘している。

「武士道は（……）武士階級だけのものではなく、広く一般庶民にも受け入れられ、国民道徳としての普遍性を備えていました[28]」

「日本の社会の中に暮らしておらずとも、武士道的な行動様式や精神、価値観に強いシンパシーを覚えるならば、武士道のエートスは世界の誰であっても共有しうるし、武士道はそのような普遍性を備えていると感じます[29]」

「（……）女性の武士道は、当時〔元禄期〕の社会において認知されていたと判断できるのではないかと思います。つまりは、武士道というのは男女の性差に関係なく、要は人としての心の有り様が問題であるということが重要なのです[30]」

武士道でさえ普遍性をもつのであれば、いわんや人の守るべき道たる士道においてをや、である。そうした普遍性をもつことを確認した上で、とはいえ、渋沢の「士魂商才」「実業道即武士道」にせよ、マーシャルの「経済騎士道」にせよ、経済活動における「立派な人の道」が、武人の倫理との共鳴によって特徴づけられてきたのもまた事実である。『論語と算盤』には、『論語』の教えを金科玉条とした渋沢の次のような言葉がある。

「（……）国家が健全なる発達を遂げて参ろうするには、商工業においても、学術技芸においても、外交においても、常に外国と争って必ずこれに勝ってみせるという、意気込みが無ければならぬものである。啻《ただ》に国家のみならず、一個人におきましても、常に四囲に敵があってこれに苦しめられ、その敵と争って必ず勝ってみましょうとの気が無くては、決して発達進歩するものではない[31]」

中国思想を専門とする作家の守屋淳は、これを「『論語』にケンカを売っているとしか思えない一文」と評している[32]。その理由を、『論語』にある孔子の言葉「君子は争う所なし。必ずや射か」（君子は、人と争わないものだ。しいて争う場面をあげれば弓の競技ということになろうか）を引きつつ、次のように述べている。

「孔子は、乱世のなかで平和を希求した人物であり、『和』こそ目指すべきものでした。ですから基本的に争いというのは、立派な人間のやることではないと考えていたのです。（……）しかし栄一は、やはり『算盤』に由来する『成長』や『進歩』という価値観から『和』の偏重を否定します。もちろん『和』は重要だが、時に『争い』も必要なのだ、と[33]」

渋沢は後進に「君子の商《しょう》〔人〕となれ、小人の商〔人〕となることなかれ」と呼びかけた[34]。君子として経済活動を行うことは、渋沢自身が強く志向したことである。しかし彼は同時に、争って「勝つ」ことをも重視したのである。つまり単なる君子の商ではなく、「戦う君子の商」をこそ、渋沢は求めた[35]。

同様のメンタリティは、稲盛和夫にも見られる。稲盛経営哲学といえば「利他の心」だが、稲盛は同時に経営には「闘争心」の不可欠なことも強調している。稲盛の「経営12カ条」の第8条は「燃える闘魂」である。

「経営にも、格闘技などの世界で必要とされる『闘魂』が不可欠である、と私は考えています。人がよすぎてケンカもしたことがないなどという人は、早い時期に社長の座をもっと闘争心のある人に譲るべきです。

いくらきれいごとを言っても、やはり経営には、厳しい企業間競争が伴います。たとえ従業員が二〜三人しかいない小さな企業であっても、経営者は従業員を守るために凄まじい闘魂や闘志を持って企業間競争に臨むべきである。そうしないと勝負になりません[36]」

「利他の心」や「正直、誠実、謙虚といったプリミティブな道徳」を基盤とする稲盛の経営哲学においても、同時に「闘争心」すなわち戦う気構えが厳存している。ここにも「戦う君子の商」の姿がある。

「士道」という語は、このあたりのニュアンス――「戦う君子」――を伝えて余すところがない。だからこそ「よき企業者の道」を経済士道と呼ぶのである。[37] したがって本書で用いる「士道」という語は、武士道（や騎士道）からの単なる借り物ではない。

経済士道は義を第一とし、利を第二とする。では経済士道が第一とする義とは具体的にはどのようなことか。何が経済士道を特徴づける義なのか。それは「公への奉仕」「誠実」「勇気」の三つである。他にもありうるが、さしあたり本書ではこの三つに絞って、次の第5章で詳しく論じることになる。

ただその前に、経済士道という概念そのものについて、もう少し見ていくことにしたい。まずは、企業者のあり方を武人的なそれと結びつけた過去の代表的な議論を概観する。次いで、経済士道の現代的な意味づけを次節で行う。

(2) 経済騎士道、産業の指揮官

英国の経済学者アルフレッド・マーシャルは、近代経済学の理論的基礎を築いた人物だが、その一方で、彼が唱えた「経済騎士道」は、よき企業者のとるべき道を武人的倫理と照応させつつ説い

た代表的理念として広く知られている。経済騎士道とは、「市場で鍛えられた企業家が持つべき行動規範[38]」、「企業家がその経済活動において卓越への願望を純粋に追求し、蓄積した富をすすんで公益のために提供するような態度[39]」、「個人の利益よりも社会への貢献を優先する企業家の精神[40]」などと言われる。

マーシャルが経済騎士道を最初に提唱したのは、一九〇七年に彼が発表した論文「経済騎士道の社会的可能性（The Social Possibilities of Economic Chivalry）」（Marshall［1907］）においてであった[41]。この論文は「産業社会の理想を説いた[42]」ものだが、マーシャルは経済騎士道の実践を単にあらまほしき理想としてのみ唱えたのではない。

「実業生活には表面に出ていない騎士道が現に多く存在すること、そしてもし我々が骨折ってそれを探し出し、中世の戦の騎士道を称賛するのと同じように称賛するならば、はるかに多くの実業生活における騎士道が存在するであろうことを、私は申し上げたく思う[43]」

経済騎士道を実践している人は、それと知れなくてもたくさんいるし、それを顕彰すればさらに続々と出てくるであろう。これがマーシャルの考えであった。

彼は「産業における最も建設的な仕事の主たる動機は、騎士道的願望である」と言う[44]。では、良き仕事を生み出す動機としての経済騎士道とは具体的にどのようなものか。マーシャル自身は次のような諸徳目を例示している（以下、Marshall［1907］p. 14で挙げられた五つの徳目について、筆者自身の解釈や考えも加えて敷衍する。徳目の挙げ方の順序はマーシャルのそれと必ずしも一致しない）。

第一に、公共心。戦の騎士道に君主や国家などの大義に対する無私の忠誠が含まれていたのと同様に、経済騎士道にも公（の大義）に仕える精神が伴う、とマーシャルは言う。

第二に、助けを必要としている人々を救うことの歓び。義侠心と言い換えてもよいかもしれない。大義のみならず、目の前の生身の人間に対する義（責任）にも目を向け、他者への共感を大切にするのである。

第三に、気高く困難なことを、それがまさに気高く困難であるがゆえに、なすことの歓び。気高く困難なことをやると儲かるからやる、の（が主たる動機）ではない。

第四に、安直な勝利の軽蔑。経済騎士道は、卑怯な手を使ってでも勝ってやろうという精神とは正反対である。それどころか、ただ偶然に相場が高騰したとか、濡れ手に粟で儲かることでさえも潔しとしない。

第五に、得られる利益を軽蔑しないこと。マーシャル曰く「経済騎士道には、奮戦して得られた戦利品を尊重する戦士がもつ立派な満足感がある。尊重する理由は、第一に（mainly）それらの戦利品が証し立ててくれる手柄のゆえに、第二に（in the second degree）それらが市場の貨幣で評価される価値のゆえに」と。[45]

マーシャルの経済騎士道もまた、経済士道でいうところの先義後利、公益第一・私利第二であることが、これらのことからはっきりと読み取れる。

繰り返すが、こうした経済騎士道は見かけ以上に現実において実践されているし、掘り起こし顕彰することでさらに広がるとマーシャルは考えていた。そして「経済騎士道が発展しなければ、自由企業体制下の世界は最上の理想に近づくことはできない」とも考えていた。[46] そこでマーシャルは言う、「騎士道的で高貴なものとそうでないものとを弁別する仕事は、実業家の膝下で彼らから学んでいる経済学者の最も重要な任務である」[47]と。それに続けてマーシャルは、経済騎士道の普及に向けて世論を導く努力の必要なことを説いている。経済騎士道＝経済士道の実践とそれを広げるための営みは、二〇世紀初頭の英国のみならず、現代の――そして将来の――世界にとっても、その重要性に変わりはないであろう。

一〇〇年以上前の英国で「戦う君子の商」を説いたのはマーシャルだけではなかった。もう一人の重要な人物が、著述家・歴史家のトーマス・カーライルである。「もう一人の」と言ったが、松山［2014］によれば、むしろ「『経済騎士道』に関する先行的議論を展開していた」のがカーライルであり、「『人間の努力の正しい目的と富の正しい用法』をめぐり、カーライルの主張を一貫して重視し続けた」のがマーシャルであった。[48] 両者はともに、理想的な社会実現の要件として、企業者の経済騎士道の重要性を説いたのである[49]。

カーライルはその著書『過去と現在（Past and Present）』の中で、労働者を率いる企業者たちを「産業の指揮官（Captains of Industry）」と呼んだ[50]。彼はこれを「事実上、世界の指揮官」、「真の戦士であり、今後は唯一の真の戦士と認められるべき者[51]」と位置づけ、産業の指揮官が「高潔な仕事の騎士道（a noble Chivalry of Work）」をもって経営にあたるべきことを強調した。

「戦の世界と同様、仕事の世界も、高潔な仕事の騎士道（……）なしに指揮することはできない。そしてそれはかつてのいかなる戦の騎士道よりも高潔さにおいてははるかに優るものである[52]」

では、「高潔な仕事の騎士道」とは何か。同書でカーライルが述べている要点は二つあると考えられる。

一つは、拝金主義――利を第一とすること――を排すべきことである。

「産業の指揮官は自らの心の内に退き、真剣に自問してみるがよい。わが心には結構なワインやら恭しげな名声やら金メッキの馬車やらに対するハゲタカのような渇望しか見出し得ないのか、と。全能の神が造り給うた心がそんなものであるとは、私は信じない。（……）この神の世界に生まれた全ての人の心には、神性の閃光がなお眠っているのである。目覚めよ、悪夢に眠る者たちよ。目覚めよ、立てよ、さもなくんば永遠に墜ちていよ！[53]」

「戦利品や黄金の財布を数えるのを止めよ。そこには諸君の救いも我々の救いもない。（……）海賊行為から遠ざかれ。永続的な勝利を得ようと思うなら、海賊の法はすべて改めよ、即座に廃止せよ。黄金の財布が多かろうと少なかろうと、神の正義を、哀れみ、高潔さ、雄々しい勇猛さを（……）証しせよ。私が大声で呼びかけているのは、他ならぬ諸君に対してである[54]」

「マモン（Mammon 富の神）が（……）唯一神なのではないことを、それは悪魔にすぎず、獣の神でさえあることを、諸君は知るべきである[55]」

ただし、カーライルは産業の指揮官に富そのものを放棄せよと言っているのではない。富を汚穢視し、利益などあげる必要もないし、あげるべきでないなどと考えたら、そもそも産業の指揮官としての務めなど果たせまい。彼が戒めているのはマモンに仕えること、利を第一とする拝金主義であって、利そのものではない。「黄金の財布が多かろうと（……）正義や高潔さを証しせよ」と言っているのであって、「正義、高潔のために黄金の財布など捨ててしまえ」と言っているのではない。彼はまた、マモンに仕える社会でなくなれば、「ある少数の人々〔騎士道を守る産業の指揮官たち〕にとって、気高い労働者の間で気高い雇用者になることが再び第一の念願となり、富裕な雇用者になるのは第二のそれに留まるようになるであろう」と言っている。[56] 我々が言う先義後利をここに見て取ることができる。

では、産業の指揮官は、気高い雇い主として如何にあるべきか。カーライルの答えは、次のようにまとめることができる。すなわち、労働者〔従業員〕との間に、金銭ずくの短期雇用ではなく、仁愛と忠誠に根差した長期雇用の関係を築くことによって労働を組織化すべし。これが高潔な仕事の騎士道についてのカーライルの要点の二つめである。

「人間の愛は金銭を支払って買うことのできるものではない。そして愛がなければ人々は共にいることなど堪えられない。戦の世界を指揮するには騎士道精神により、組織化しなければならない。（……）同様に、労働の世界を無秩序に、組織化せずに指揮し続けることができようか。私は否と答える、天地も否と答えている」[57]

人々を組織化しそれを発展させて成果をあげるための大原則は、「一時的契約ではなく永続的契約を用いるという原則」だとカーライルは言う。[58]「戦があった晩に約束の報酬さえ支払えば連隊の兵士を除隊させることができるとしたら、あるいはこれから戦があるという朝に彼らの側が除隊することができるとしたら、彼らはどうして指揮官のために戦ったりするだろうか」[59]。長期継続的な関係の中で経営者（指揮官）が従業員の（稲盛流に言うなら）「物心両面の幸福を追求」してこそ、従業員もこれに応え心を尽くして仕事に取り組むようになる。「気高い指揮への返報としての気高い忠誠（noble loyalty in return for noble guidance）」[60]がそこに実現される。短期的に金だけでつながった労使の間には到底起こりえないものである。

産業の指揮官と聞くと、人によっては金儲けの親玉程度にしか思わないかもしれないが、決してそうではないのである。少なくともカーライルが期待した産業の指揮官は、騎士道精神に根差したよき企業者であった[61]。指揮官である以上、勝つ（競争に勝ち、利益をあげて自社を存続・発展させる）ことが使命であることは当然で、それによって産業や経済の発展に寄与すべきはもちろんである。しかし、それをどのように実現するのか、が肝要なのである。カーライルは、後にマーシャルも言うことになるように、騎士道精神によってそれを実現することを期待した。

ここで求められている企業者像としての産業の指揮官とは、先義後利によってその使命を果たす「戦う君子の商」と軌を一にするものと言ってよい。

3　現代の士道としての経済士道

(1)「俸禄」をあてにできない現代の我々

経済活動において義を重んじることをもって、渋沢は「武士道即実業道」と言い、カーライルは騎士道精神に立った「産業の指揮官」を、そしてマーシャルは「経済騎士道」を唱えた。経済士道の士道たる所以は義を重んじるところにある。

ただ、ここに一つの疑問が残される。こと武士道を考えた場合、そもそも武士道は経済活動とは相容れないはずである。他方、経済士道は文字通り経済活動の士道であって、しかも（それゆえ、と言うべきか）先義であると同時に後利でもある。利を二番目に重んじるのである。士道は武士だけの道ではないと前節で言ったものの、利をも重んじる経済活動を「士道」と呼んでよいのか。そういう疑問である。

少なくとも江戸期の武士は商業活動や金銭を賤しんだことは周知の通りである。例えば新渡戸稲造の『武士道』でも次のように言われる――「人生におけるすべての大なる職業中、商業ほど武士と遠く離れたるはなかった」、「彼〔武士〕は金銭そのもの、――それを儲けもしくは蓄える術を賤しんだ」、「〔武士の〕児童はまったく経済を無視するように養育せられた。経済のことを口にするは悪趣味であると教えられ、各種貨幣の価値を知らざるは善き教育の記号《しるし》であった」[62]。

渋沢は、幕末に自らも武士として活躍しながら、武士のそうしたメンタリティを目の当たりに生きてきた人である。だからこそ彼は「武士的精神のみに偏して商才というものがなければ、経済の上から自滅を招くようになる。ゆえに士魂にして商才がなければならぬ[63]」と言ったのである。そこから進んで渋沢が実業と武士道を結びつけ、士魂商才、武士道即実業道を唱えたのは、実業家・渋沢による我田引水、牽強付会なのだろうか。

武士が経済活動や富を賤しんだという一点からみれば、なるほど無理筋に見えなくもない。しかし、(武)士道の核心は「利を軽んじる」よりむしろ「義を重んじる」ことの方にこそあると思う。経済活動や富は、それを追求すれば「利を重んじる」↓「義を軽んじる」という力を人に及ぼしがちゆえ、義を重んじるために経済活動や富を敵視・汚穢視する、というのはある意味では自然なことである。しかし義を重んじるためには必ず利を賤しまねばならないのだろうか。少なくとも今日の市場経済に生きる我々にとって、それを現実的な規範と言えるだろうか。

これについて、三島中洲の遠戚にあたる三島正明[64]が、中洲の義利合一説の意義を述べた次の文章は示唆に富む。

「幕藩体制の中では、武士階級は敢て『利』を言わなくても、収入は年々決っていた。(……)

しかし維新以後はそうはゆかない。誰もが各々の生計を立てねばならないということは、旧士族にとっては相当に重苦しい現実であったであろう。（……）敢て生計を意識しなくてもよい時代には、『義』のみを前面に出しても、矛盾を感じなかったであろう。しかし商品経済の時代になれば、『利』を意識せずに現実的な思想は成り立たない。士族の学問であった儒学も、その立場は固定的ではなくなった。儒学はこういった時代にどう対応すべきであろうか。『義利合一』とは、商品経済が飛躍的に活発になった明治以降、特に重要となった精神生活の裂け目に注目した、漢学からのアプローチと言えるであろう。従ってこれは、幕末の武士倫理の、明治の生き方の模索であると言えるであろう」[65]

これまでの議論から明らかなように、義利合一説は先義後利の経済士道と同じものである。そして現代の我々の大半もまた、江戸時代の武士とは異なり、誰かから年々決まった俸禄を受けているわけではない。個々人が自ら生計を立てていかねばならないし、企業も自ら採算をとり利益をあげていかねばならない。要は経済的独立を自ら図ることが不可欠なのである。すでに見たように「自ら富み、かつ栄ゆるの計を怠らざる」ことの大切さは渋沢も強調している。

そうであれば、経済士道は「幕末の武士倫理の、現代の生き方の模索」と言い換えてもよいのではないか。渋沢は明治期の実業界でこの生き方を模索し、実践した。同じ道を、その意志さえあれば、現代の我々も辿ることができるはずである。別の観点から言えば、利を決して軽んじることなく、しかし義の方をより重んじる経済士道は、「士道」を現代において実現する道、それによっていにしえの士道に現代の息吹を吹き込むものとも言えよう。経済を抜きにした義の追求は、かつての武士ならいざ知らず、現代に生活する我々にとっては極めて難しいからである。難しいからといって、そのまま士道を廃れるに任せるか、それとも経済士道という形で次の世代にもこれを受け継いでいくか。その選択は我々自身にかかっている。

(2)「忠臣は二君に事えず」

ここで忘れてはならないのは、いくら「利を決して軽んじない」といっても、だからといって「利を優先する」のでは決してないことである。利を優先すれば、たとえ義を標榜していても、義は利のための手段に成り下がる。菅野覚明は著書『本当の武士道とは何か』で次のように述べている。

「中身がどれほど異なって見えようとも、『武士道』の名を冠した思想的主張には、一つの決定的な共通点があります。それは、どんな武士道論でも、武士道の看板を掲げている以上、相手にしている敵はただ一つだという点です。武士道の敵とは何か。大きくいえば、それは『精神的な価値よりも、物質的な価値を上位に置こうとする思想傾向一般』でしょう。新渡戸稲造の言葉を使うなら、『功利主義者および唯物主義者の損得哲学』(……)が、まさにそれに当たります[66]」

ここで「精神的な価値よりも、物質的な価値を上位に置こうとする」というのは、本書のこれまでの言葉でいえば先義後利の逆、すなわち先利後義のことである。先義後利の経済士道もある意味では武士道の看板を掲げている以上、先利後義とは相容れないことは言うまでもない。

ところで、ここまで先義後利とは「義を重んじ、利も(義の次に)重んじる」ことだと説明してきた。利については、義との比較では軽んじるべきとしても、利自体を蔑ろにはせずきちんと重んじるべきだ、と言ってきた。それはそれでよいのだが、しかし共に「重んじる」べき義と利との間には、軽重という量的な差異にとどまらない、質的な差異があることに注意しなければならない。言い換えれば、一口に「重んじる」といっても、どういう意味で重んじるのか、その意味(質)に違いがある、ということである。

「忠臣は二君に事《つか》えず」(『史記』田単伝)という言葉がある。これになぞらえて言えば、経済士道の実践者は、義と利を(程度の差異こそあれ)ともに重んじてはいるが、義と利の「二君」に仕えて(事えて)いるのではない。仕えているのは義のみである。「義を重んじる」というのは「仕える」という意味においてである。他方、利はこれを大切にこそすれ、これに仕えているのではない。もし「利」から「俺に仕えろ」と言われたら、経済士道の実践者はそうした利を疎んじて、断乎仕えることはない。経済士道の実践者の一人と評すべき出光興産の創業者・出光佐三は「黄金の奴隷になるな」と言っている。

「私は『黄金の奴隷になるな』ということと、『黄金を尊重せよ』ということを混同してはいけないと常にいっているのです。

金は尊重しなければならない、この点については、私ほど金に苦しんだ人間もいないだろうから、金のありがたみはだれよりもわかっているつもりです。しかし、人間が金に使われて、金儲けのために人格を無視するようなことをしてはいけません」[67]

「利を尊重はしても利に仕えるな」ということである。カーライルが騎士道精神に立つ産業の指揮官に、マモン（富の神）に仕えることを戒めたことは先に述べた。義ではなく利に仕えることこそ「武士道論が相手にする共通の敵」である。

とはいえ自分が仕える主人以外のものは、あらゆる面で見下し、否定し、抹殺しなければならない、ということはないはずである。仕える相手ではないけれども尊重する、ということは、むしろ十分あり得るし、あってしかるべきだろう。経済士道の実践者が利を「重んじる」のはその意味においてである。

同じ「重んじる」のでも、仕える相手をそうするのと、単に尊重する（自分の主人ではない）相手をそうするのと（↓質的な違い）では、前者が重く後者が軽くなる（↓量的な違い）のは当然である。

(3) 克己――先義と後利の組み合わせによるダイナミズム

武士道の重要な要素の一つに「克己（己れに克つ）」がある。自らの利欲や弱い心に勝つべく自制することを言う。たとえ仕えるのではないにせよ、利を容認し尊重することは、この克己に反すること、あるいは克己を緩めるものではないのか。もしそうであれば、経済士道は「生ぬるい武士道の一種」ということになる。しかし経済士道の先義後利の実践は、必ずしも克己を緩めるものではない。むしろ強い克己を必要とするとさえ言える。

自己の利欲を滅却するのはむろん大変な難事であり、それには強い克己心を要する。反対に利欲を恣にしてよい（義のことなどお構いなし）なら克己心は端《はな》から不要である。これら両極端における克己心の要否は自明だが、では義と利のどちらも求められる／求めてよい場合はどうか。二つのケースを考えてみよう。

第一に、「利を先にし、義を後にする」（功利主義の損得哲学の一形態）という姿勢で臨む場合。これなら克己心はほとんど必要なかろう。むろんこのとき利を恣にしてよいわけではない。義も重んじようということにはなっている。しかし主人は義ではなく利である以上、主人が求めるロジック、すなわち損得勘定を優先しなければならない。義を守ることと守らないこと、それぞれの損得を考える。義を守るのは、損得勘定の正味がプラスのときだけである。義を重んじる根拠は損得勘定がプラスという計算結果であって、克己心ではない。[68] 損得勘定が正味マイナスであれば、義を犠牲にする（ないしは妥協して適当なところでお茶を濁す）ことになる。もしそうしなければ主人の命に逆らうことになる（という理屈で自己正当化する）。

第二のケースは、「義を先にし、利を後にす」（先義後利）という経済士道の構えで臨む場合である。このとき利を蔑ろにしてよいわけではないし、そもそも人間の自然な欲求として利が欲しいと思わないことはない。しかし主人は利ではなく義である以上、利のために義を犠牲にすることはできない。ここでは強い克己心が不可欠になる。「義を取って、利を捨てる」（捨利取義）のにも克己心はいるが、「義を先にし、利を後にする」方が見方によってはもっと強い克己心が要る。

いま「空腹を我慢して、目の前の仕事に取り組むこと」が義、その仕事場に置かれた「できたての焼きおにぎり」を利に喩えてみよう。焼きおにぎりがそこにあろうとなかろうと、空腹をこらえて仕事に集中することには克己心が要る。だが焼きおにぎりからあの香ばしいかおりが漂ってきている方が、それがない場合よりも、克己心は余計にいるだろう。

義を重んじようとするなら、利など初めから捨て去ってしまった方が、ある意味では楽なのである。なまじ利が目の前にあって、それをも蔑ろにしない（する必要はない）という状況下で、しかし義の方を重んじる。私利の追求を容認しつつも、その私利よりも公益をはじめとした様々な義を優先して営利活動を行う。そこでは義と利の間に緊張関係がある。これは先利後義にはない緊張関係である。なぜなら、先利後義では、利に従うことはむろんのこと、義に従うかどうかも、結局は損得勘定という自利心が一元的に支配しているからである。それに対して、先義後利では、利に従うことを支配しているのはその人の自利心だが、義に従うことを支配しているのはその人の良心である。[69]この二元的な構図において良心と自利心の葛藤が生まれる。

自利心を滅却するならともかく、それを生かしておきつつ、なおかつ自らの良心に主導権を持たせるには、強い克己が求められる。しかもそれは一回限りの克己ではない。経済士道の実践者にとっては、日々の生活・仕事の中で絶えず直面する課題となる。このように「日々の生活の中で（……）自分の欲望や感情などを制御すること」を、カトリック修道女・渡辺和子は「小さな死」と呼び、その積み重ねが「〔やがて誰にでも訪れる〕死そのものを取り乱すことなく迎えるためのリハーサル」だと言った。[70]そうであれば、先義後利の実践に日々徹することは（大仰に響くかもしれないが）武士道が求める死の覚悟（『葉隠』でいう「死習い」）に通じるところさえある。

そこまで言わないとしても、先義後利を貫くには強烈な「痩せ我慢」が要る。福沢諭吉は「痩我慢の説」の中で「我封建の時代に諸藩の相互に競争して士気を養うたるもこの〔痩我慢の〕主義に由り、封建すでに廃して（……）文明世界に独立の体面を張らんとするもこの主義に由らざるべからず」と言っている。[71]そして福沢のこの「瘦我慢の説」について論じた評論家・小林秀雄は、「福沢の考えによれば、例えば『士道』という高級な言葉は、人々に有難がられて、直ぐ俗化するが、『瘦我慢』と言って置けば、これ以上俗化する心配は要らない」と述べている。[72]本書では「『士道』という高級な言葉」を使ってしまっているわけだが、要は士道とは瘦我慢のことだと言うのである。

敢えて利を容認した上で義を優先するがゆえに、一層強く求められる「瘦せ我慢」、すなわち士道に求められる克己は、経済士道においてもなお健在なのである。

(4) 「功利追求の現場から生まれた反功利主義の思想」

先に引用した菅野『本当の武士道とは何か』には、経済士道を考える上で他にも示唆に富む指摘がある。それは次のようなものである。

「武士道は、たしかに功利主義を否定する思想の一つです。ただ、武士道は、仏教や儒教道徳など他の功利主義否定思想とは、大きく異なる特徴をもっています。それは、武士道の反功利主義的思想は、ほかでもない、徹底した功利追求の現場のなかから生まれてきたという点です。（……）どんなにきれいごとを並べても、負けてしまってはそれまでという、冷徹な勝負の世界。

武士道は、そういう世界を生き抜いた男たちの生きざまのなかから生まれてきたのです[73]」

「（……）あらゆる功利的手段が試される『きれいごとでない現場』のなかで、損得の追求の果てに出てきたものが、結局は道徳であり、精神的な価値であったというところにあります。そのような現場から見出された最高の価値が、腕力でも財力でも、知力でもない、『嘘をつかぬ』というような高貴な人間的価値であったことは、注目に値します[74]」

功利追求の現場から反功利主義の思想が生まれる、というパラドクスは極めて興味深い。「徹底した功利追求の現場」であること、「どんなにきれいごとを並べても、負けてしまってはそれまで」であること、いずれも企業の経営と相通じるところがある。経済士道は、「そういう世界を生き抜いた『よき企業者たち』の生きざまのなかから生まれてきた」と言ってもよいのではないか。

企業の経営にはむろん経済合理性が強く求められる。しかしそれだけを追求していたのでは、競争の世界を永続的に生き残っていくことはできないことに、よき企業者たちは日々格闘しつつ、どこかの時点で気づき、さらにその気づきを深めていったのであろう。

渋沢が「嘘など吐かずに商売できる」と公言したことは第1章で紹介した。その渋沢が、家庭で息子たちにこんなことを語っていたという。

「自分だけ正直にしてもバカを見るだけだといって、不正直者がふえる。しかしその不正直者だって、仕事の相手には正直者を選ぶだろう？　数の少ない正直者はいよいよ値打ちがでるわけだね[75]」

穏やかな語り口の素朴な一言だが、ここには正直さをもって厳しいビジネスの現実と切り結んできた人ならではの洞察と感慨が含まれているように思われる。少なくとも不正直者はこんなふうには語れまい。渋沢は日々の実業生活を通じて、正直さを貫くことが自らの「値打ち」を高めてきたことを実感していただろうし、不正直者であるがゆえに「仕事の相手」にされず零落していった人たちのことを幾度となく見聞きしてきたのであろう。

稲盛和夫もまた、厳しい経営の現実に直面するなかで、正直さといった「人間として正しいこと」を経営の規矩準縄として見出した。そこに至ったのは、明日にも潰れてしまうのではないかと夜も眠れない、経営のプレッシャーを通じてであった。

「会社を創業してみると、経営者として否応もなく、日々あらゆるケースで決断を迫られた。京セラは設立されたばかりのベンチャー企業であっただけに、自分が判断を間違えば、たちまち会社は傾いてしまう。そのため、正しい判断が求められる。私は心配で眠れない日々が続いた。

こうして悩みに悩んだ末に、経営における判断は、世間で言う筋の通ったもの、つまり『原理原則』に基づいたものでなければならないことに気づいた[76]」

「原理原則に基づくということは、人間社会の道徳、倫理といわれるものを基準として、人として正しいことを正しいままに貫いていこうということです。人としての道理に基づいた判断であれば、時間、空間を超えて、どんな環境でも通じていくものです。そのため、このような判断基準を常に持っている人は、未知の世界に飛び込んでも、決してうろたえたりはしないのです[77]」

稲盛は京セラ創業期にこうしてつかみ取った教訓の正しさへの確信を、JAL再生に至るまでのその後の長い経営者人生を通じて、深めていったのであろう。

よき企業者（となるほどの人）は、競争場裡に利を追求し確保していかねばならない厳しい現実を生き抜く中で、義を重んじるべきこと――しかもこれを利よりも重んじるべきこと――を了知し、自らの規矩とする。先義後利の経済士道もまた、「徹底した功利追求の現場から生まれる反功利主義の思想」なのである。

注

1 渋沢［2008］二二頁。
2 渋沢［2008］二三頁。
3 渋沢［2008］二三頁。傍点は引用者。
4 渋沢［2008］二三頁。
5 渋沢青淵記念財団竜門社編［1962c］五三四頁。
6 渋沢青淵記念財団竜門社編［1959c］一五一頁。原文は以下の通り。「（……）其文字ハ士魂商才との御好之由拝承仕候得共、其後色々愚考候ニ、此文字之出処ハ例之和魂漢才ニ起因せしものと存候得共余リ好熟字とも難申哉ニ被存候、就而ハ別紙一・二取調差上候間、御適意之分御指示可被下候」
7 渋沢青淵記念財団竜門社編［1959c］一五一頁。
8 渋沢青淵記念財団竜門社編［1959c］一五一頁。
9 赤塚［1967］二八〇～二八一頁。（）内は原典による。
10 松下［2001］二五頁。
11 稲盛［2014］五三、五四頁。
12 あるいは「士魂によって商才を発揮する」のである。この場合の商才とは「巧みに儲けること」ではなく、天地の化育を賛けるという「よいことを立派に行うこと」である。
13 渋沢［2008］二四六頁。
14 渋沢［2008］二四七頁。
15 渋沢［2010］一二七頁。じつは『論語と算盤』の「武士道は即ち実業道なり」の章は、『青淵百話』の当該章の一部を転載したものであり、直前に紹介した二箇所は『青淵百話』と『論語と算盤』その両方に含まれている。しかしここで紹介したくだりは『青淵百話』のみに出ている。なお、ここでのこの言葉の直接の引用元は『渋沢百訓』（2010）だが、これと『青淵百話』（1912）との関係については、第1章の注2を参照されたい。

16 渋沢青淵記念財団竜門社編［1959b］三六二頁。

17 渋沢青淵記念財団竜門社編［1959b］三六四頁。

18 渋沢青淵記念財団竜門社編［1959b］三六四頁。

19 渋沢［1975］二六六～二六八頁。

20 これは元々『漢書』董仲舒伝にある董仲舒の言葉である（小竹訳［1978］二九六頁）。仁義を後にして詐欺・暴力で他国を討つ覇者を難じる文脈で語られたものだが、朱子はこれを「事に処するの要」として引用した。なお、「白鹿洞書院掲示」は、朱子が再建し院長を務めた白鹿洞書院（教育機関）のために定めた教育理念を示したものである。

付言するならば、「その義を正してその利を計らず」とは義と利が矛盾すると言っているのではなく、「義よりも利を優先することをしない」（それが「利を計らず」の意である）と解すべきことを、李朝の大儒・李退渓が説いている（『自省録』「十五　黄仲挙が朴松堂の近刊『白鹿洞規集解』を論じたのに答える」（李［2015］二六七～二六九頁））。そうであれば、董仲舒のこの言葉は本書第3章で論じた意味での「先義後利」に通じるものであり、渋沢がこれを引いたのも肯ける。

21 渋沢青淵記念財団竜門社編［1959b］三六四頁。

22 渋沢青淵記念財団竜門社編［1959b］三六五頁。

23 『日本思想史辞典』（ぺりかん社）二三三～二三四頁。

24 『日本思想史辞典』（ぺりかん社）二三三頁。

25 とはいえ、日本思想史において、そうした区別は「多分に理念型上の二項化であり、江戸時代、用語上判然と区別されていたわけではない」のであり、「実際には（……）〈士道〉と〈武士道〉との偏差のうちに武家社会の倫理は存在した」と言われる（『日本思想史辞典』（ぺりかん社）二三四頁。ただし原文の「」を〈〉に置き換えた）。

26 例えば、『山鹿語類』巻第二十一「義利を弁ず」にある以下の論を参照せよ。「大丈夫が本心を失わずに成長させる存心の工夫は、ただ義と利との区別をわきまえることにのみある。君子と小人の差別、王道と覇道の違いなどは、すべて義と利との間にある」「聖人君子の教えも、生を嫌って死につき、みずから損をして利をさけ、苦労をとって安楽を捨てよ、などというのではない。聖人・君子が好み、嫌うところも一般の人に異ならず、ただ、義と利の区別について惑わないだけのことである。／では、惑いとはいったい何であろうか。それはただ己れの身を利して、他をかえりみない。これが惑なのである。自分の身を利することを好むのは、これまた世間一般のことであるのだが、聖人・君子は事の軽重を区別してよく判断するのである。軽重というのは、（……）天下・国家はわが身よりも重く（……）ということである」（山鹿［1983］二三三〜二三四頁）。

27 以上、ここでの「士道」と「士」に関する語釈・字義は、それぞれ『広漢和辞典』（大修館書店）と『新漢語林』（同）による。

28 笠谷［2017］二一七頁。

29 笠谷［2017］二一八頁。

30 笠谷［2017］一八四頁。

31 渋沢［2008］四〇頁。

32 守屋［2020］二一四頁。

33 論語の引用の訳を含め、守屋［2020］二一五頁。

34 例えば竜門社での演説「商業者の徳操に関して竜門社後進生に告ぐ」（一八九九年一一月五日）（渋沢青淵記

念財団竜門社編［1959b］二四七頁）で述べられている。

35 じつは孔子も（先述の「争い」の可否の議論は措くとして）君子が武人的要素を備えるべきことを説いている。例えば中国哲学の竹内照夫による次の指摘がある。「孔子は、武官・武人が兼ねて学問を好み、仁愛を重んずべきことを説いたのではなく、文官・文人が文弱に流れず武人の勇を身に備うべきであることを、説いたのである。だからかれは言う、仁者は必ず勇あり。勇者は必ずしも仁あらず。（『論語』憲問篇）」（竹内［2000］二〇二頁）。「戦う君子の商」は、その延長線上にあると解することもできよう。

36 稲盛［2022］一六三頁。

37 なお、ビジネスのあり方に「武士道」を持ち込むことを批判し、「商人道」こそが必要だと説く議論がある（例えば、福田［1920］、松尾［2009］）。なるほど武士道には実業と相容れない側面や無関係な側面もあろう。しかし武士道が、義と利の関係という「よき企業者の道」にとって極めて本質的なところで強く共鳴することは以上で見た通りである。（武）士道が嫌で商人道がよいという向きには、経済士道（筆者はむろんこれを「経済」＋「士道」と考えているが）を「経済士」＋「道」とみなしていただけばよい。「道」という以上、「商人道」というときの商人はずる賢い商人ではなく「立派な商人」のはずである。それなら「立派な商人」＝「経済士」と見立てれば、商人道＝経済士道である。

38 西沢［2007］。

39 根井［1995］三五頁。

40 加護野編著［2016］二一七頁。

41 より正確には、この年の一月九日に王立経済学会（Royal Economic Society）で行われたマーシャルによる講演が、経済騎士道提唱の最初であった。Marshall［1907］は、その講演の原稿を元にしたものである（Marshall［1907］p. 7）。

42 西沢［2007］。
43 Marshall［1907］p. 14.
44 Marshall［1907］p. 14.
45 Marshall［1907］p. 14.
46 Marshall［1907］p. 25.
47 Marshall［1907］p. 25.
48 松山［2014］五七頁。松山によれば、経済騎士道に関する先行的議論をカーライルが展開していたことについては「これまで言及されたことはない」という（同）。
49 松山［2014］。ただし、カーライルはマーシャルとは異なり、自由主義経済社会に批判的な立場から、「そのような社会から抜け出し、理想的な貴族的社会へと到達させるために」経済活動における騎士道を強く主張した（同六〇頁）。
50 カーライルの Captains of Industry は、戦前から現在に至るまで一橋大学の校是となっている。
51 Carlyle［1843］1969, p. 271.
52 Carlyle［1843］1969, p. 273.
53 Carlyle［1843］1969, p. 272.
54 Carlyle［1843］1969, p. 275.
55 Carlyle［1843］1969, p. 276.
56 Carlyle［1843］1969, p. 271. 傍点は引用者。
57 Carlyle［1843］1969, p. 273.
58 Carlyle［1843］1969, p. 273.

59 Carlyle［1843］1969, p. 274.
60 Carlyle［1843］1969, p. 275.
61 『一橋大学百二十年史』巻頭の「刊行にあたって」において、当時、一橋大学長であった西洋史家の阿部謹也も次のように述べている。「本学の精神を体現する言葉としてしばしば言及されるCaptain of Industryという言葉は決して産業界の覇権を握るものという意味ではなく、営利至上原則の弊害を理解し、人間愛に目覚めた新しい形の経営者像を意味していたのである」（一橋大学学園史刊行委員会編［1995］Ⅱ頁）。
62 新渡戸［2008］七一、九五頁。
63 渋沢［2008］二三頁。なお、この言葉の真意については、本章第1節(1)を参照のこと。
64 三島正明（一九四三～二〇〇九）は、三島中洲の姪の曾孫にあたる（三島［1998］二六一頁）。
65 三島［1998］二〇一～二〇二頁。
66 菅野［2019］一四三～一四四頁。
67 出光［1971］九九頁。
68 もっとも、克己心が元々強い人であれば、義を重んじることのコストを低めに見積もるだろうから、損得計算の結果が「義をも重んじる」方向に出やすいということはあるかもしれない。
69 自利心と良心について、詳しくは田中［2014b］を参照されたい。
70 渡辺［2013］二七頁。
71 福沢［2002］一一四頁。
72 小林［1974］一三四頁。
73 菅野［2019］一五三頁。
74 菅野［2019］一五七頁。

75 渋沢秀雄［2020］四四三頁。

76 稲盛［2012］四二～四三頁。

77 稲盛［2004a］七五頁。

第5章 三つの義

――公への奉仕、誠実、勇気

1 経済士道の三つの義

前章において、よき企業者の践むべき道である経済士道を、先義後利によって経済活動を行うことと定義した。繰り返すまでもないが、先義後利とは利を第二にして義を実行・断行することである。渋沢栄一の言う「道徳と経済を合一させる」ための要訣もこれである。さて、それでは経済士道において利に優先して実行・断行すべき「義」とは何か。

義については、第3章第2節で「人としてなすべきをし、なすべからざるをしないこと」と定義し、それぞれの側面について概略を述べた。ただ、具体的な徳目にまでは立ち入らなかった。それを示すのが本章である。本書ではここまで、先義後利における義と利の間の関係性についての議論が中心だった。それに対して本章では、義そのものに焦点を当て、経済士道において先にすべき義とは何かを具体的に論じていく。

結論を先に言えば、経済士道にとっての義を構成する主要な徳目は、「公への奉仕」「誠実」「勇気」の三つである。経済士道を実践するよき企業者は、公のために、誠実に、勇を鼓して、経済活動にあたる。

渋沢が実業道即武士道（経済士道）で重んじるべき主要な義をこの三つだと明示的に挙げているわけではない。しかし道徳経済合一説の論理構造に立ち返れば、公への奉仕と誠実がその要であることは明らかだろう。道徳経済合一説の論理構造とは、「（消極的）道徳なくして経済なし、経済なくして（積極的）道徳なし、ゆえに道徳と経済は一致すべきものである」であった。

渋沢が何よりも重視した道徳が、『論語』の博施済衆、すなわち「公益の追求」という積極的道徳（なすべきことをする）である。公益の追求、すなわち公への奉仕は、渋沢にとって、私利に優先して意識的に追求すべき義であった。この義は、実業家・渋沢の活動の羅針盤であり、エンジンでもあった。

一方、商業道徳＝消極的道徳（なすべからざることをしない）として渋沢が強調したのが、「不誠実に振る舞うべからず」と「自己の利益を第一にすべからず」の二つであった。本章以降では、前者のみならず、後者も含んで「誠実」と言う。詳しくは第3節で述べるが、誠実には「正直」と「真心」の二つの側面があり、「不誠実に振る舞うべからず」は「正直」としての誠実に、「自己の利益を第一にすべからず」が「真心」としての誠実に関わる。そうであれば、誠実もまた、道徳経済合一の、そして経済士道の、要の一つである。実業家・渋沢の活動の根底にあったのがこの義である。

三つめの勇気は、道徳経済合一説の論理と直接結びつくわけではない。とはいえ、渋沢は「世に立つ者は、常に勇気の必要に迫られつつあるので、なかんずく事業界に携わる者において、その必要性が甚だ多い」と述べている[1]。武人の倫理に擬した経済士道にとって勇気は不可欠の徳目であろう。第4節で述べるように、勇気は前進する勇気だけではない。後退する勇気もある。これらは断行「する」勇気である。さらに、何かを「しない」勇気もある。逃げない、不正をしないための勇気である。

実際、第4章第1節(2)で紹介した、渋沢による武士道への言及には、公への奉仕、誠実、勇気の三つが含まれていることがわかる。繰り返しになるが、抜粋して改めて引用しよう。

① 「難事にもめげず或る場合には大に勇気を鼓して困難の衝に当る、総て為し難い所に己れの身体若くは財産をも犠牲に供して、公共の利益を図るという如きことが武士道であると斯く解釈すると（……）」[2]

② 「例えば商売上道理に外れて利益を得ようと思うたら、かかる利益が得られる、（……）〔し

かし」その道理に外れた利益は得ぬということは、即ち商売上の武士道というて宜いではないか」[3]

③「ここに一会社が道理正しく成り立って来たが不幸にも利益がない、困難だ、そういう所は逃げてしまって、儲かりそうな所には蟻の甘きに就くようにするというたら、決してこれは武士道と誰も讚める者は無いだろうと思う」[4]

④「道理に適い本分に欠くる所がないならば断行する」[5]

公への奉仕が①と④（渋沢にとって公益の追求が企業者の「本分」）、誠実は四つのすべて（①は「己を犠牲に」、④は「道理に適い」が誠実に関わる）、勇気は①、③、④（「断行」は勇を鼓してする）に含まれている。

前章で紹介したマーシャルの経済騎士道を見ても、「公共心」と「義俠心」は公への奉仕に他ならないし、「安直な勝利の軽蔑」の背後には誠実がある。そして「気高く困難なことを、それがまさに気高く困難であるがゆえに、なすことの歓び」には勇気が伴うはずである。

公への奉仕、誠実、勇気の三つは、元来、士道においても枢要な徳目と言える。そしてこれらはいずれもそれ自体は利ではない。経済活動において、その利でない義を、利よりも（利に先んじて）重んじるのが経済士道である。

もっとも、一般に勇気は「義」とは区別されることが多い。義が「なすべきをし、なすべからざるをしないこと」であるならば、それをどのようにするか／しないかの仕方（心的態度）が勇気だと見ることができる。[6] 逆に勇気をどのように発揮するか、その方向付けをするのが義だと捉えることもできる。[7] そうであれば、少なくとも勇気は義と密接不可分な関係にあることは間違いない。それどころか、勇は「義の中に含まれている本質的な要素」の一つである――『大漢和辞典』の編者としても知られる漢学者・諸橋轍次はそう説いている。[8]

こうしたことにも鑑みて、士道の枢要な徳目でもある勇気を、ここでは義の一つと位置づけて話を進めていくことにする。先義後利の経済士道においては、勇気もまた、公への奉仕や誠実と並んで、利（自利心）よりも重んじるべき義なのである。

2　公への奉仕

(1) 企業は社会の公器

公のために尽くし民を安んずべきことは、士道において武士の本分とされたところである。よき企業者たる渋沢は、博施済衆をもって実業家の本分とした。現代の企業者もその活動の場である企業を通じて「公への奉仕」をすることができる。企業はそのほとんどが民間の私的な組織であるにも拘わらず、「社会の公器」と言われる。この言葉を使った代表的な経営者が松下幸之助である。

「〔企業の使命の〕根本は、その事業を通じて共同生活の向上をはかるというところにあるのであって、その根本の使命をよりよく遂行していく上で、利益というものが大切になってくるのであり、そこのところを取り違えてはならない。
　そういう意味において、事業経営というものは本質的には私の事ではなく、公事であり、企業は社会の公器なのである」[9]

ここにも先義後利の思想を見ることができる。利益は大切だが、第一義の目的は公益に資することなのである。

このように私企業に公共的性格を求める考え方は、日本では明治の時代に会社という制度を西洋から導入した当初からあったものである。そして会社制度の導入を主導し、そうした考え方を主唱したのが、ほかでもない渋沢栄一であった。

渋沢が大蔵省在職時の一八七一年に著した『立会略則』は、幕末に自らヨーロッパで見聞したことを元に会社（と銀行）制度を紹介するために書かれたものである。日本で会社制度を普及させることを狙った、いわば会社設立ハンドブックのようなものと言える。[10] この本はまた、渋沢自身が後年、実業家として活動する上での指針ともなった。[11] その中に、渋沢の次のような言葉がある。

「商社は会同一和《いっか》する者の、ともに利益を謀り生計を営むものなれども、また能く物貨の流通を助く。故に社を結ぶ人、全国の公益に心を用いん事を要とす[12]」

「商社は力を合わせてそこに参加する人たちが利益を得ようとするところではあるが、物の流通を助ける使命を持つものである。それゆえ全国の公益に心を用いなければならない」というのである。ここでいう「商社」とは「通商会社」つまり商事会社のことだが、渋沢のこの考えは事業会社や銀行にも及ぶ。[13]

会社組織の公益性に関しては、渋沢の晩年（一九二三年）になされた次の発言もよく知られている。第1章第3節でも引用した、レコード録音「道徳経済合一説」の中で語られたものである。

「真正の国家の隆盛を望むならば、国を富ますということを努めなければならぬ。国を富ますは、科学を進めて、商工業の活動によらねばならぬ。商工業によるには、どうしても合本《がっぽん》組織が必要である」[14]

ここで言う「合本組織」とは一言で言えば「会社」のことで、会社は「真正の国家の隆盛」のために必要だと言うのである。「合本」という言葉は渋沢が事業を進めるための最も基本的なスタンスとして用いた概念であり、その考え方は今日では「合本主義」として知られている。[15]渋沢の合本主義に関する国際共同研究の成果である橘川・フリデンソン編著［2014］によれば、合本主義は「公益を追求するという使命や目的を達成するのに最も適した人材と資本を集め、事業を推進させるという考え方」（v頁）と定義される。そのための組織が、合本組織＝会社なのである。

企業は株主や従業員などそこに直接的に参与する利害関係者だけが利を得るための道具（器）なのではなく、その第一義的な存在理由は社会の公益に資すること、すなわち公への奉仕にある。これが、我が国では渋沢にその端を発する「企業は社会の公器」という考え方である。

とはいえ、企業はあくまで公への奉仕のための「器」に過ぎない。実際に公に奉仕する事業活動とそのための意思決定をしている真の主体は「企業」ではない。企業という器の中身であり、そこで仕事に従事する「企業者」である。たとえ企業が概念上は「社会の公器」だとしても、企業者たちが「自分は『社会の公器』なるものに便乗して、一儲けしてやろう」としか考えていないのでは、そしてそんな人ばかりが集まった組織であったのでは、企業は社会の公器たり得ない。企業者たちが公への奉仕を義として（利に先んじて）追求してこそ、その企業の「社会の公器」性は実質化する。

それゆえ、企業者個々人が公への奉仕が義だと明確に意識して、これを追求する経済士道の実践がなければならない。企業者として責任の自覚が必要なのである。実業家・渋沢について言えば、彼は博施済衆＝公益の追求を道徳の眼目中の眼目として、これを最重要の義とした。そしてその背後には、渋沢が晩年に至るまで持ちつづけたという「実業家たるもの『国臣』としての国家意識をもってその経営にあたるべきである」という信念があった[16]。

一方、松下の「企業は社会の公器」説も、経営者としての松下幸之助自身の信念と実践とを反映したものに他ならない。松下のこの企業観を、加護野忠男はマーシャルの経済騎士道と軌を一にするものと捉える。

「〔マーシャルが言った〕『経済騎士道』とは、企業家がいわば公への奉仕の精神をもって、社会全体への貢献を考え、事業経営にあたることを指す言葉である。

幸之助が唱えた『企業の目的は社会に貢献すること』という経営思想もこの経済騎士道に沿ったものであると考えることもできる[17]」

個々の企業者が公への奉仕を義として企業活動にあたってこそ、企業は社会の公器になる。言い換えれば、よき企業者たちが企業を社会の公器にするのである。これを前提とした上で、では公器としての企業がどのようにして公益に資するのかを考えてみよう。

(2) 事業活動を通じた公への奉仕

企業は公益に資する。このことを大上段に構えて考える必要は必ずしもない。どんな企業でも、(法などの規範を犯さない限りは)その本業の経済活動を通じて、社会・公益に貢献している。渋沢は次のように言う。

「元来、事業なるものの性質を稽《かんが》うれば、特に取り立てて国家的事業である、社会的事業であると、その効能を並べ立つるまでもなく、すべて国家社会の利益とならぬものは何一つあるべきはずが無い[18]」

事業活動を通じた公への奉仕は、何よりもまず顧客に製品・サービスを提供することによって行われる。適正な機能と品質と価格をもつ製品・サービスを提供し、個々の顧客のニーズに応えることは、それ自体が社会への貢献である。加えて、自社の技術やノウハウを活かした製品・サービスを通じて、その時点で社会的課題とされる問題の解決——産業基盤の構築にせよ、温暖化ガスの削減にせよ——に貢献することができれば、さらに公への奉仕の度合いは高まる。それを目指すことは望ましい。ただ、とりたてて社会課題の解決に貢献するということでなくとも、それぞれの企業が自社の製品・サービスを提供することそれ自体が、一つの公への奉仕である。

マーシャルより二〇年余り年長で、マーシャル同様にカーライルの影響を受けた、イギリスの批評家、ジョン・ラスキンは、商人（製造業者を含む）の本分は、国民に物資を供給することだと言った。軍人が国民を守り、牧師が国民を教え、医師が国民の健康を維持し、法律家が国民に正義を施行するのが本分であるのと同様に、商人の本分は国民に物資を供給することである、と。[19]渋沢の言う「物貨の流通」、ラスキンの言う「物資の供給」、いずれも「製品・サービスの提供」に他ならない。これこそ企業者による企業を通じた公への奉仕の根幹である。ここでは、この当然と言えば当然のことの大切さを改めて確認して、次に進むことにしよう。

企業が事業活動を通じて社会に貢献する上でのもう一本の柱が雇用である。ヤマト運輸の小倉昌男は、「企業の存在意義は、端的にいえば、地域社会に対し有用な財やサービスを提供し、併せて住民を多数雇用して生活の基盤を支えることに尽きると思っている」[20]と述べ、製品・サービスの提供と並んで雇用の重要さを強調した。雇用は人々の生活基盤を経済的に支える。しかしそれだけではない。仕事をする場を提供することによって、個々人が生きがいを見出し、自己の尊厳や社会的役割を確認することを可能にする。そうやって仕事に取り組む従業員の働きによって、企業は社会に貢献するのである。再び小倉の言葉である。

「企業が社会的な存在として認められるのは、人の働きがあるからである。人の働きはどうでもいいから、投資した資金の効率のみを求めたいという事業家は、事業家をやめた方がいいと私は思う。事業を行う以上、社員の働きをもって社会に貢献するものでなければ、企業が社会的に存在する意味がないと思うのである[21]」

「人の働きをもって社会に貢献する」のは、むろんヤマト運輸のような運送業に限った話ではない。そして「投資した資金の効率のみを求めたいという事業家」は、本書でいう「よき企業者」と言うこともできまい。企業は収益を生み出す機械ではない。人々が協働して共通目的を達成するための組織である。だからこそ、企業は雇用を通じて公に奉仕することができる。

雇用に加えて、企業が製品・サービスの提供に関わる仕入れ先や販売先と取引し、地域社会に貢献し、これらの利害関係者と共存共栄を目指すのも、公益に資することと言ってよい。

企業はまた、事業活動から生まれた富（利益）の分配によっても公に奉仕する。一つは納税である。言うまでもなく国や地方自治体の税収は、社会保障やインフラ整備などの財源となって社会の役に立つ。「企業の最大の社会貢献は、きちんと利益をあげて納税することだ」というのが、かつては企業の社会的責任に関する一つの有力な立場であった。近年ではむしろ「いかに節税して株主に報いるか」に関心が向かっているが、他方で法人税の社会的役割が改めて認識される動きもある。いずれにせよ、企業による納税の責任と社会的意義を過小評価すべきではない。

株主に対する配当も（納税との間に綱引きがあるとはいえ）それによって多数の株主を潤すということであれば、「公益の増進」に資すると言える。そもそも渋沢が株式会社の普及に努めたのも、単に多数の人々からお金を集めて事業を行うため（インプットの側面）ばかりでなく、その事業の成果を、お金を拠出した多数の人々に分配することによって社会を富ますことができる（アウトプットの側面）と考えたからである。今日では、年金基金の株式保有が各国で大きな割合を占めるようになっていることから、配当をはじめとした株主還元は一般多数の勤労者の（将来の）経済基盤も支えている。

ただ、配当は納税と違って、それがそのまま「公への奉仕」とは必ずしも言えない。例えば少数の大株主がその企業の経済成果を独占的に吸い上げるような場合にはとりわけ、配当はそれら株主の私的利益の追求に資する性格のものとなる。

企業による以上のような多様な公への奉仕は、これを全体としてどう高めるかが肝要になる。各企業にとって最も独自の貢献ができるのは、自社の製品・サービスの提供を通じてのはずである。

この根幹なしには企業による公への奉仕はそもそも成り立たない。しかしそのためにふんだんにコストをかけ、その結果利益があがらず納税も配当もできないというのでは、公への奉仕として不完全である。逆に、配当で奉仕をするのだと言って、そのために不当な賃金水準で従業員を酷使したり、過度な節税をしたりするのも、まっとうな公への奉仕には当たらない。製品・サービスの提供を中核として、諸々の貢献のいずれかに偏ることなく、公への奉仕の度合いを全体としてどう高めるか。その総合判断の如何に、よき企業者が公への奉仕という義を全うできるかどうかが、かかっている。[22]

(3) 公私の入れ籠構造

社会は企業者にとって公である。しかしそれだけが公ではない。企業者の立場からすれば、自らが属する企業もまた「公」と言える。もちろん企業は、社会から見れば「私」である。しかし企業の構成員から見れば「公」である。同様に、企業から見れば、社会は「公」であり、企業の構成員は「私」である。このように公私を入れ籠構造で捉える見方、すなわち上位にある（より大きな）ものを「公」、下位にある（より小さな）ものを「私」として、「公」と「私」を相対的に捉える公私観は、日本に特徴的なものと言われる。[23]

こうした公私観で捉えたとき、経営陣であれ一般従業員であれ、企業者が自社（という公）の存続・発展のために貢献することもまた公への奉仕の一つと言わねばならない。このように言うと「宮仕え」「ご奉公」、そこからさらに「滅私奉公」といった古めかしい言葉が連想され、経済士道が何か時代錯誤のエキセントリックな思想と思われるかもしれない。しかしそもそも成員の貢献意欲なしには組織は発展どころか存続すらできない[24]。しかもその貢献意欲の源泉は、金銭など物質的なインセンティブだけでは不十分である。「お金のため」を超えた思いが必要である。その思いをもって貢献することが、ここでいう組織への「奉公」に他ならない。そして企業が社会というより大きな公に貢献している限り、その企業の存続・発展を図ることもまた社会への貢献となる。

ただし、経済士道における組織への「奉公」は、滅私奉公によるのではない。第4章で紹介した渋沢の言葉を思い出そう。「須臾《しゅゆ》も道に背かざることに意を専らにし、しかる後に自ら富み且つ栄ゆるの計を怠らざるこそ、真の人間の意義あり、価値ある生活ということができよう。今や武士道は移してもって、実業道とするがよい[25]」。繰り返すが、先義後利の「後利」は利を捨てるの意ではない。

企業者による自社（という公）への奉仕というときに、もう一つ気をつけなければいけないことがある。それは狭い公に閉じ籠もる危険である[26]。公私の入れ籠構造で見れば、なるほど企業者にとって自社は「公」だが、その「公」も社会から見れば「私」に過ぎない。企業者が自社の存続・発展のことばかり考え、社会の秩序（ルール）や繁栄を無視したのでは、真の公への奉仕とはなりえない。とくに日本企業では「会社のため」という名目で不正を犯したり隠蔽したりすることが起きがちだと言われることから、このあたりをよくよく考えなければならない。稲盛和夫も次のように述べている。

「会社のためという『利他の行い』も、会社のことばかりだと、社会からは会社のエゴと見える。(……)したがって、そうした低いレベルの利他にとどまらないためには、より広い視点から物事を見る目を養い、大きな単位で自分の行いを相対化して見ることが大切になってきます。たとえば会社だけが儲かればいいと考えるのではなく、取引先にも利益を上げてもらいたい、さらには消費者や株主、地域の利益にも貢献すべく経営を行う。また、個人よりも家族、家族より地域、地域より社会、さらには国や世界、地球や宇宙へと、利他の心を可能なかぎり広げ、高めていこうとする[27]」

このように利他の心による奉仕の対象を推し広げてこそ、公への奉仕は全きものへと近づいていく。

企業(者)による公への奉仕の根幹は顧客/社会に対する製品・サービスの提供である。これを主軸として、様々な方面で公への奉仕をするのが企業者の本分すなわち職分である。では、その職分をどのように果たすべきか。経済士道が求めるのは，誠実さと勇気を以てすることである。

3　誠　実

(1)　二つの誠実

今日我々が使う誠実という言葉は，大きく分けて「真心」と「正直」という二つの意味合いを持つ。代表的な辞書を見ても，あるものは誠実を「他人や仕事に対して，まじめで真心がこもっていること」と定義している。[28]これは「真心としての誠実」である。「真心を込めてする」と言えば，それは行為の対象のために，純粋な動機で全力を尽くす，ということである。一方，他の辞書の誠実の定義は「言動にうそ・偽りやごまかしが無く，常に良心の命ずるままに行動する様子」である。[29]こちらは「正直としての誠実」である。嘘をつかず，約束を守るのが正直である。

渋沢の道徳経済合一説における「道徳なくして経済なし」を思い出してみよう。この場合の「道徳」は，一つは「不誠実に振る舞うべからず」，もう一つが「自己の利益を先にすべからず」であった。これらは——前者はもとより後者も——ここでいう誠実に他ならない。第1章で述べた「不誠実に振る舞うべからず」は，正直を求めるものであった。渋沢は「嘘など吐かずに商売はできる」「嘘吐かぬということが最も信用の根拠を為す」と説いた。他方，「自己の利益を先にすべからず」は真心に関わるものである。人のために何かをするのに自己の利益を先にすれば、動機は不純になり、自分が楽をするために全力を尽くさないということにもなりがちである。第1章では前者の「正直」にのみ誠実の語を当てていたが、以後は、後者の「真心」をも含めて「誠実」と呼ぶことにする。「経済なくして道徳なし」が博施済衆＝公への奉仕に関わるのに対して、「道徳なくして経済なし」は誠実に関わる。道徳経済合一を実現させる経済士道にとって、誠実は公への奉仕に並んで不可欠な徳目なのである。

こうした誠実、すなわち真心と正直とを士道が重んじたことは多言を要さないであろう。後述するように真心は「忠」と言い換えることができる。「忠義の士」は武士のあるべき姿であった。真心はまた「至誠」として、とりわけ幕末武士に尊重された[30]。渋沢も「至誠は士魂」と言い切っている。一方、武士道が正直を極めて重んじることは、周知のことである。「嘘をつかないというのは、武士道の根幹をなす道徳」であり、「武士の世界における最も重い掟」だった[31]。それゆえ「虚言遁辞はともに卑怯と看做され」、「『武士の一言』（……）と言えば、その言の真実性に対する十分なる保証」とされた[32]。

もっとも、真心と正直には重なり合うところがある。真心をもって相手に接するなら、その相手に対して正直であるはずである。もし「うそ・偽り」をもって相手に対するとすれば、「まじめで真心がこもっている」とは言えない。真心と正直の重なり合うところ、すなわち両者に共通する誠実の基底となるのは「表裏一体」ということである。[33] 真心とは自ら事に当たるに裏表なく行うことだし、正直とは人に対する言動に裏表がないことである。これは「ありのまま」を重んじる武士気質にも照応する。[34]

以下では、真心と正直それぞれの側面から、誠実についてさらに論を進めて行こう。

(2) 真　心

真心とは、自分以外の人や事物のために、純粋な動機に基づいて全力を尽くすことである。[35]「動機が純粋である」とは、心底、相手のために行為しようとすることである。「相手」は人のみならず、事物の場合もある。例えば、製品であれ芸術作品であれ制作中のモノ、あるいは自分が経営を任されている「会社」も、真心の対象として含まれる。「心底、相手のため」を純粋な動機と呼ぶなら、「自分の利益のための手段として相手を利用しよう」というは不純な動機である。結果として相手の利益を損なわなかった（それどころか相手に利益をもたらした）としても、自己利益のために相手を利用しようと意図したなら、その動機は純粋とは言えない。[36] 他方、「全力を尽くす」ということについては、特段の説明は不要であろう。とはいえ、その意味を敷衍する上でも、次のことを指摘しておくことは有益であろう。

真心を構成する「動機が純粋であること」と「全力を尽くすこと」は、会社の取締役に課される忠実義務と注意義務に対応していると言える。忠実義務とは「自己の利益ではなく、信任関係の相手の利益にのみ忠実に仕事をおこなう」義務、そして「その仕事はそれぞれの立場に要求される通常の注意を払っておこなわなければならない」というのが注意義務である。[37] 前者は私腹を肥やす（会社を私物化す）べく自分の地位や権力を濫用することを禁じ、後者は仕事をサボり手を抜く怠慢を戒めるものである。取締役に忠実義務と注意義務が課されているということは、「取締役は真心をこめて職務に当たらねばならない」ということである。忠実義務、注意義務と言うよりも、真心を込めてと言った方が肚落ちしやすいように思うが、どうだろうか。

真心と同じ意味で「忠」というのも手触り感のある言葉かもしれない。忠というと、君主や国家のために身を犠牲にするということがまず考えられよう。忠がそうした主従関係における献身の意味を持つようになったのは事実だとしても、元来、「他のために己を尽くす」、つまりどんな相手に対してであれその相手のために自分の力を尽くすという意味の語である。[38] 例えば『論語』学而篇にある曾子の三省の一つ「人の為に謀りて忠ならざるか」の意味は「人のためにに考えてあげてまごころからできなかったのではないか」[39] であって、「殿様のために忠義を尽くせなかったのではないか」ではない。ところが時代を経るに従って、忠の相手方が君主へと狭められていったのである。[40] それゆえ、今日我々が忠という言葉で真心（という誠実）を理解しようとするなら、哲学者・今道友信の次の指摘を銘記しておく必要がある。

「今や私どもは再びもとに帰って，目上であろうと，同輩であろうと，目下であろうと，よその知らない人であろうと，およそ人すべてに対して真心を尽くしているかどうかという誠実の内的基準，そういう問題として忠を考えていかなければならないときにきているかと思います[41]」

忠といい，真心といい，それを尽くすということは，別の面から言えば自らを欺かないということでもある。人のために自分が何かをしようと思ったのなら，その本心――「内」なる心――の通りにやるのが自分を欺かないことである[42]。そのためには純粋な動機で全力を尽くすよりほかない。さて，真心が自らを欺かないことだとすれば，他を欺かないのが正直である。

(3) 正　直[43]

一口に正直といっても，そこにはいくつかの意味が含まれる。大きく分けると「虚言を為さないこと」と「言を成すこと」の二つの意味合いがある。

虚言を為さない

「虚言を為す」とは，嘘をつくこと，他人を欺くこと，自己の利益を守る／増すために事実に反することを他者に伝えることである。虚言は、過去、現在、未来それぞれについて為しうる。

過去については、「嘘の結果報告」がまず考えられる。起きてしまったことについて、その事実をたとえ自分に都合が悪くてもありのままに告げるのは正直の基本である。アメリカの初代大統領、ジョージ・ワシントンの有名な逸話に、渋沢は好んで言及した。第4章で紹介した竜門社での講演「武士道ノ解釈」では次のように述べている。

「（……）例えば小学読本にあるワシントンが一生嘘を吐かなかった。小供の時に父の愛する桜の木を傷けて父に咎められた時に、私が過って致したに相違ございませぬと立派に答えた。（……）その場合一旦は父の機嫌を損するに相違ない。併しながら隠さずに奇麗に云うてしまった。こういうのが即ち武士道に適うた行為というて宜かろう」[44]

事実に反する嘘の結果報告は、企業の文脈に当てはめても、粉飾決算や品質データ改竄等々、枚挙に暇が無い。これらは虚言を為すことに他ならない。

一方、過去の不都合な事実を隠しようがない場合、あるいは隠蔽・粉飾していた事実が露見してしまった場合に出てくる嘘が「言い逃れ」である。問題があることを本当は知っていたのに「自分は知らなかった」と言ったり、その問題の原因／責任は本当は自分にあるのに、それを他人に転嫁するといった類いのことである。

こうした言い逃れ＝「遁辞」とは別に、証拠を挙げて「弁明」するということがある。遁辞も弁明も「言い訳」と一括りにされることがあるが、両者は区別して考えるべきであろう。武士道も証拠のない言い訳（遁辞）を否定したのであって、「はっきりした証拠がある時、証拠をあげて身のあかしをすること〔弁明〕はよい」とされた。[45] 例えば企業（者）が事実無根の疑いが掛けられたとき、言い訳は良くないとして一切黙っているのは行きすぎであろう。松下幸之助も言うように「ときには誤解というか、こちらの考えていることが〔世間に〕誤って受けとられることがある。そのような場合には、やはりその誤解をといていかなくてはならない」のである。[46] そうすることがむしろ正直であろう。[47]

現在についての虚言の一つは、「相手にとって害になるとわかっているものを、害にならない（それどころか得になる）ものとして提供すること」である。例えば、安全性に重大な問題があることに気づいているにも拘わらず、その事実を隠して製品を売ることである。ドラッカーは「『知りながら害をなすな』こそ、プロとしての倫理の基本であり、社会的責任の基本である」と言った。

・「プロフェッショナルにとって最大の責任は、二五〇〇年前のギリシャの名医ヒポクラテスの誓いの中にはっきり明示されている。『知りながら害をなすな』である。

医師、弁護士、組織のマネジメントのいずれであろうと、顧客に対し、必ずよい結果をもたらすと保証することはできない。最善を尽くすことしかできない。しかし、知りながら害をなすことはしないとの約束はしなければならない。

顧客となる者は、プロたる者は知りながら害をなすことはないと信じられなければならない。これを信じられなければ何も信じられない。

(……)

『知りながら害をなすな』こそ、プロとしての倫理の基本であり、社会的責任の基本である」[48]

知りながら害をなすことは虚言、不正直の最たるもの言ってよい。

一方、相手にあからさまな害をなすような悪いものでなくても、「実際以上に価値あるもの／ことであるかのように見せかけること」も、現在についての虚言である。低品質のものを高品質と偽って売ったり、どこにでもある代物を稀少品だと言って売りつけたりするのはその例である。この種の虚言は、直接的な売買相手など特定の他者に対してなされるだけではない。不特定多数の他者に対してなされることもある。例えば、自分や自社がやっている取り組みや事業を、実際以上に立派なこと、善なることであるように社会にアピールすることがそれである。もっぱら自分が儲かるためにやっているのに、それを「社会貢献だ」とことさらに標榜するとすれば、そこには虚栄、偽善があると言わねばならない。

未来についての虚言もある。「実現させるつもりのないことを実現させるつもりであるかのように伝えること」、あるいは「実現見込みの低いものを、高いかのように信じ込ませること」は、未来についての虚言といえる。空手形の公約を掲げるのは前者の例、相場性の商品を「必ず値上がりします」と言って売りつけるのは後者の例である。

以上のような「虚言を為す」ことを断じてしないのが正直さの一つの側面である。なお、過去についての虚言と現在についての虚言は、区別が難しい場合もある。現在といっても、それについて言及するときにはすでに過去になっている場合も少なくない。事実が未確定である未来とは異なり、過去も現在も、すでに事実は確定しており変えようがないからである。

言を成す

正直のもう一つの側面は、ひとたび約束したことは断じてこれを実行すること、つまり「言を成す」ことである。誠という字はまさに言と成からできている。然諾を重んじ、その約束を履行することは、ビジネスにおいても重要であることは論をまたない。約束した納期に間に合わせる、利益目標の必達を期すなど、約束を守ることが求められる場面は数限りない。

その場合、約束した時点では、その約束を将来実現させる意志も見込みもあった（未来についての虚言を為したわけではない）としても、その後事情が変わり、実現の意志が弱まったり客観的な情勢変化で実現の見込みがなくなったりすることもありうる。しかしそれでも「言を成す」誠実さを貫こうとするなら、そうした不利な状況に立ち向かってでも何とかそれを実現させなければならない。

他方、実現できる見込みが薄いのに約束してしまうことも、人にはありがちなことである。それ自体は未来についての虚言に属する可能性がある。しかし約束した時点で実現への意志さえもっていれば、事後的にその約束を本当にする――言を成す――ことによって正直を維持することもできる。

稲盛和夫は、京セラを創業して間もない頃、「百人ほどに増えた従業員を食べさせていくために、苦肉の策で[49]」、当時の自社の技術では実現できそうにない難しい製品の注文を「何とかやってみましょう」と言って引き受けてしまったことがある。しかし、この「うそ（虚）を本当（実）に[50]」するための修羅場の努力が、同社の独創性を育て、成長のための一つの牽引力になったと言う。「何とかやってみましょう」と言った時点では「虚言を為した」としても、その過去の虚言を「言を成す」という正直によって事後的に精算したわけである。

ただ、ここで大事なことは、約束をしたその時点ではそれを果たす能力がないとしても、約束の期限までにはその能力を身につけることができるであろうという見通しと、必ずその能力を身につけて約束を果たしてみせるという意志とが不可欠だ、ということである。[51] それなしに（その時点で）出来もしない約束を敢えてするのは、不正直か、さもなければ単なる精神論でのごり押しに過ぎない。

他方で、もしこのとき稲盛が虚言を為さないという意味での正直のみに固執して「ウチにはできません」と言ったとしたら、そしてその後も常にそうした態度で臨んだとすれば、どうだろう。なるほど正直ゆえの「健全さ」は確保されたであろう。しかし、経営にとってもう一つの不可欠な要素である「活力」は十分に生まれなかったかもしれない。その活力を稲盛は、何がなんでも約束を果たす＝言を成すという挑戦の繰り返しによって引き出したのである。かといって、結果的に約束が果たせなければ「言を成さない」不正直となり、健全さが損なわれる。

健全さと活力の両方を高めていかねばならない企業経営において、正直を貫くことは決して生やさしい課題ではない。虚言を為さないためにも、言を成すためにも、そしてもしかしたら果たせないかもしれない約束を、後に言を成すことに懸けてするためにも、必要になるのが勇気である。勇気はまた、真心を貫くためにも、そして公への奉仕を徹底していく上でも、必要であろう。

4 勇　気

古代ギリシアのアリストテレスは勇気を「臆病（不足）」と「向こう見ず（超過）」との間にある中庸の徳と位置づけた。[52] 勇気という徳は恐れによる臆病の反対であるのはもちろんだが、無謀な向こう見ずとも反対である。儒学における勇もまた同じで、単なる蛮勇は（真の）勇気とは言えない。[53] 勇気の本質は恐れるべきでないことを恐れないことにこそある。[54]

それ自体一つの徳目である勇気は、公への奉仕や誠実を実行し、その実行を貫く上で必要な心的態度でもある。事業を通じて社会に貢献しようと考えることはできる。真心を込めて職務にあたろう、正直であろうと考えることもできる。しかし考えさえすれば実行できるわけではない。その考えを実地に移すための意志と能力が必要である。

意志の主柱をなすのが克己心と勇気であろう。克己心が、自己の内なる怠惰や私欲に抗して事を為す、いわば対自的な意志であるのに対して、[55] 勇気は結果的に自分を害するかもしれない何らかの危険や脅威、失敗など、自己の外なるものが相手の対他的な意志である。[56] なすべきと考えたことの実行（あるいは、なすべきではないと考えたことを差し控えること）の前に立ちはだかる脅威や困難——自己の外なる存在や影響——によって忌避・断念しない意志の力が勇気である。公への奉仕や誠実の実行においても、人はそうしたいわば外なる敵に直面する。勇気は、経済活動であれ他の社会的活動であれ、様々な側面で必要とされる。

『論語』に「義を見て為ざるは勇なきなり」という言葉がある[57]。義とはなすべきことをし、なすべからざることをしないことである。なすべきことがわかっているのにしない、例えば目の前に困っている人、助けを求めている人がいるのにその人を救わないのは勇気がない。また、なすべかざることだとわかっているのにしてしまう、例えばいまここで逃げてはいけないのに逃げてしまうのもまた勇気がない。つまり勇気には「する勇気」と「しない勇気」がある[58]。以下では、経済士道の三つめの義である勇気をこの両方から見ていく。

(1) する勇気

経営には前向きな取り組みと後ろ向きの取り組みがある。例えば、設備投資や研究開発投資をする、新規事業や新市場に進出する、M&Aを実行する、重点領域を定めて全社的な資源配分をシフトさせる、組織体制を大きく改編する、人事評価制度を抜本的に見直す、……。これらは前向きな取り組みである。一方、後ろ向きの取り組みとして、人員を削減する、不採算の事業や市場から撤退する、赤字を計上して損失処理を一気に進める、といったことが挙げられる。

前向きであろうと後ろ向きであろうと、それが首尾よくいくか、本当に所期の結果をもたらすかは不確定である。後ろ向きの施策については必要に迫られてやむにやまれずという面もあるだろうが、とりわけ前向きの施策は「本当にこれで成功するのか。失敗するのではないか」と、その策を取ること自体が不安と背中合わせということは珍しくない。59 一方、後ろ向きの場合、仮に所期の成果を得たとしても、削減や撤退の対象となる当事者、それに社会や市場から、そうした策を講じたことに対する強い批判や責任追及を受けるかもしれない。それもまた不安や恐れの源となる。だからこそ「する勇気」が必要になる。

　する勇気が求められるのは、前進したり後退したりする際だけではない。正論を述べるにも勇気がいる。それを言うことで、自分が不利な立場に置かれたり攻撃されたりする懸念があるとき、それでも正しいことは正しいとして意見を表明するには勇気がいる。例えば、不正を犯したり誤った判断をしている経営者や上司を諫める場合である。諫めて自分が睨まれるかもしれない恐れに抗して、実際に諫言を行うには勇気がいる。60 一度は諫めてもそれが聞かれなければ、二度でも三度でも諫める。それにはもっと大きな勇気がいる。同様のことは、対上司に限らず、組織内での不正に気づいた場合にも当然当てはまる。

　それとは別に、例えば労使間の対立が激しい場合、一方が他方に（あるいは双方が互いに）ある種の恐れを抱き、相手に対して正論を述べるのに躊躇して、関係がさらに悪化したり、組織が誤った方向に進み続けたりということも起きがちである。それを打開にするには、当事者の勇気が不可欠であろう。[61]同様のことは、アクティビストと言われる投資家との対話にも当てはまる。[62]
ただし、それがどのようなものであれ、勇気の発揮は（少なくとも経営という文脈でのそれは）熟慮に基づく正しい判断が前提になければならない。[63]誤った判断を「勇を鼓して」実行しても、害あるのみである。また、単なる思いつきをろくに吟味もせず、一か八かで「勇を鼓して」行うとしたら、（たとえ当たったとしても）それは向こう見ずの蛮勇であろう。他方、正しい判断を求めて、なすべきことについて熟慮に熟慮を重ねるばかりでいつまでたっても成案を得ないとか、よい成案を得たのに店ざらしのまま実行されない、というのでは臆病の誹りを免れない。企業経営では、向こう見ず（蛮勇）もさることながら、判断の引き延ばしや店ざらし（臆病）が問題となることが多い。
伊丹［2020］は、「決断」を「『実行する』という決心をすること」と定義して、「判断」と区別している。「判断は知的な作業だが、決断には決心するというような『思い切る』ニュアンスがある」とした上で、「決断＝判断＋跳躍」と定式化している。実行するという決心（真の決断）には、「判断と行動の間に横たわる『深い淵』を跳ぶ」という跳躍が必要だ、ということである。[64]その跳躍を、心の拠り所をもって正しく行うためには哲学の支えが要ると伊丹は言う。思うに、勇気はそうした哲学を源泉（の一つ）として生まれてくるものであり、実行を直接的に後押しするものである。[65]
まずは正しい判断が重要であることはもちろんだが、いくら考え抜いても、「これなら一〇〇パーセント確実」という判断に至ることは現実にはほとんどない。判断に確信がもてないというのはむしろ常である。だからこそ、最後は勇気が必要だ――松下幸之助はこのように言う。

「(……)万が一にも誤りのない一〇〇パーセント正しい判断なんてまずできるものではない。(……)おたがい人間としては、せいぜい六〇パーセントというところ。六〇パーセントの見通しと確信ができたならば、その判断はおおむね妥当とみるべきであろう。
そのあとは、勇気である。実行力である。

いかに適確な判断をくだしても、それをなしとげる勇気と実行力とがなかったなら、その判断は何の意味も持たない。(……)

六〇パーセントでもよいから、おたがいに、謙虚に真剣に判断し、それを一〇〇パーセントにする果断な勇気と実行力とを持ちつづけてゆきたいものである」[66]

土光敏夫の語録にも「意思決定は最後には勇気の問題に帰着する」という言葉がある[67]。なすべきことの実行は、それが困難であればあるほど、最終的には「する勇気」の問題に帰着する。同じことはなすべからざることをしないことについても言える。

(2) しない勇気

「しない勇気」は、逃げない、圧力に屈しない、流れに乗らない、という三つの点から考えることができる。

しない勇気の第一に挙げるべきは「逃げない」勇気であろう。[68] 逃げない（敵に後ろを見せない）勇気は、嘘をつかない正直と並んで、武士道の根幹でもある。難儀している会社や事業を見て「不幸にも利益がない、困難だ、そういう所は逃げてしまって、儲かりそうな所には蟻の甘きに就くようにするというたら、決してこれは武士道と誰も讃める者は無いだろう」という渋沢の言葉（本章第1節）も、利に群がること以前に、困難とみればすぐに逃げてしまう卑怯を謗《そし》っているのである。道理に適った意義ある事業であれば、逃げずにそれを軌道に乗せるのがよき企業者の務めである。そして逆境においてその場に踏みとどまり、その責に踏みとどまるには、勇気が要る。

逃げといえば、言い逃れもまた逃げである。稲盛は、リーダーにとって最も大切な勇気は、自らの過ちを言い逃れせずに潔く認めて改めることだと言う。

「経営者やリーダーにとって自分がおかした過ちを潔く認めて改めることは、勇気の中でも一番大切なことです。失敗した場合、たいていの人は、言い逃れをしたり言い訳をしたりしますが、部下から見ればそれは見苦しいものです。自分が失敗したことを素直に認めて、過ちを改めることは、非常に勇気の要ることですが、これが一番大切な勇気なのです[69]」

しない勇気の第二として、「圧力に屈しない」勇気がある。この場合の圧力とは、自分が義と信じるところを曲げたり捨てたりするのを他者から迫られることである。自分が利を得たり手を抜いたりするのを妨げる他者からの「圧力」ではない（それに抗したからといって勇気があるとは言えない）。「勇なき也」なのは「義を見て為ざる」場合であって、「利を見て為ざる」場合ではない。

圧力は、例えば集団からの同調圧力としてかかることがある。組織の不正について言挙げしないように、業界の（悪しき）慣行に従うように、などと迫られる。そればかりではない。特定のステークホルダーが、自分たちの意向に従うように圧力をかけてくることもある。例えば、大口の顧客／納入先やサプライヤー、あるいはアクティビストと言われる投資家が、自分たちの要求を押し付けてくることがある。また、先鋭的な労働組合から経営者に圧力がかかる場合もあれば、逆に専横的な経営者から従業員に対するケースもあろう。政治や監督官庁からの圧力もありうる。

こうした圧力が、企業者が推し進めようとしている公への奉仕の実現・促進を妨げたり、企業者が大切にしている誠実をねじ曲げようとするものであるならば――すなわち企業者自らが信じ実行しようとしている義の実現に反するなら――企業者はそれに屈することなく、自らの義を通さねばならない。それには言うまでもなく勇気が必要である。[70]「自ら反《かえり》みて縮《なお》くんば、千万人と雖も、吾往かん（自ら反省して正しければ、たとえ相手が千万人であろうとも、進んで立ち向かう）」（『孟子』公孫丑上）[71]という勇気が最も当てはまるのが、この屈しない勇気であるように思われる。

しない勇気の第三が、「流れに乗らない」勇気である。この場合の流れとは、逆流ではなく順流を意味する。順流に乗っている時、人は安心していられる。そうであれば、その順流に乗るべきではないと判断したとき、その判断を実行するにはなにがしの勇気が必要になろう。

例えば一九八〇年代後半のバブル経済では、株価も地価も右肩上がりを続ける強く大きな流れができていた。そのさなか、まわりの企業がこぞって財テクと称して本業以外の株式投資や不動産投資に力を入れているとき、「うちは手を出さない」という態度を経営者が貫くには勇気が必要だったはずである。そこには取引銀行など外からの圧力もあったかもしれないし、それ以上に「自分だけこの波に乗らなければ、取り残されてしまうのではないか」という不安があったであろう。バブル経済に限らず、万事、世の中の流れに合わせていれば安心という気持ちが人々の中にはある。その流れと一線を画すには勇気が要る。

流れは、世間や業界など自分の外側で生じるだけではない。自社の内側で生じている流れもある。例えば自社が成長軌道に乗っているとき、その勢いから生まれる流れがある。たいていは、さらなる成長のためにこの勢いを活かして（流れに乗って）二の矢、三の矢を放つのが得策であろう。しかし場合によっては、どこかで一度立ち止まることが必要な状況もありうる。しかし立ち止まってしまえば、勢いが失われる。そのことへの不安や恐れから立ち止まることができず、結果的に蹉跌を来すという事例も古今東西珍しいくない。

こうしたことは、企業者個人の仕事や生活にも推し及ぼして考えることができよう。時流に迎合しない、がむしゃらに前に進むばかりでなく時には立ち止まる。それらもまた勇気の要ることなのである。「人の性は善なれども弱し」で、[72]悪いとわかっていても人間の弱さゆえについやってしまう、ということは起きがちである。

すべきでないと判断したことを断乎しないためには、誠実だけでは足りないこともある。なすべからざるをしないのもまた「最後には勇気の問題に帰着する」のである。

注

1 渋沢［2010］三二九頁。稲盛和夫も「企業を経営していくためには、『勇気』は不可欠です。そのことを、私は京セラという会社の経営に携わって、思い知らされました」と言っている（稲盛［2014］三〇〇頁）。

2 渋沢青淵記念財団竜門社編［1959b］三六二頁。

3 渋沢青淵記念財団竜門社編［1959b］三六四頁。

4 渋沢青淵記念財団竜門社編［1959b］三六四頁。

5 渋沢青淵記念財団竜門社編［1959b］三六四頁。

6 例えば『論語』為政篇と憲問篇における孔子の次の言葉が当てはまるだろう。「義を見て為ざるは勇なきなり〔為すべき義を見ても逡巡して為さないのは勇気がない〕」、「仁者は必ず勇あり〔仁者は義を見れば必ず断行するから、必ず勇気ありということができる〕」（簡野［1931］六三、四六九頁。〔 〕内は簡野による通釈を引用者が簡易に言い換えたもの）。

7 例えば『論語』陽貨篇に次のような孔子の言葉が見える。「君子は義を以て上と為す。君子、勇有りて義なければ乱を為し、小人、勇有りて義無ければ盗を為す」（「〔君子にとっては〕為すべきことか、為してはならぬことかの判断に立って、義理を行うことが最も大切なことだ。有位の君子に勇だけがあって義がないと、勇にまかせて分を犯し道理を乱すし、身分も地位もない小人に勇だけあって義がないと、欲をほしいままにして盗みをするようになる」（吉田［1960］三九七〜三九八頁）。

8 「義に就て」と題する論攷で、諸橋は次のように述べている。「裁制〔おさえとどめる〕割断〔きっぱりと裁断をくだす〕と相並んで義の中に含まれている本質的な要素は恥と勇とである。孟子は『羞悪の心は義の端なり』（公孫丑上）と言って、義と恥の関係を明示した。不義を恥ずる事が義を進める所以であるからである。（……）但不義を恥ずるは専ら消極的の方面に局するから、義を進むるには更に勇に俟たねばならぬ。論語に『義を見て為さざるは勇なきなり』（為政）と言い、孟子に『自ら反みて縮くんば千万人と雖も我往かん』（公孫丑上）と云（……）っているのは、何れも皆義と勇との関係を明示したものである。（……）斯く見来れば、義とは畢竟廉恥を重んじ、裁断に勇に、それが為には如何なる犠牲をも惜しまざるを言うこととなるのである」（諸橋［1977］二四〇頁）。

9 松下［2001］四一頁。なお、渋沢にも次の言葉がある。「商業は決して個々別々に立つものではない。その職分は、まったく公共的のものである」（渋沢［2010］一〇六頁）。

10 鹿島［2011］は『立会略則』を「『株式会社』立ち上げマニュアル」（三七九頁）と呼んでいる。

11 坂本［2002］五九頁。

12　渋沢［1957］一一四頁。

13　銀行について、公益をこそ第一に追求すべきと主張した渋沢の第一国立銀行株主総会での発言は、第3章第4節で紹介した。なお、『立会略則』は本文で述べたように会社の公共性を謳っている一方で、私権の重要さ（民間経済活動に政府が介入すべからざること）も強調しており、むしろ後者がこの本の特徴とされる（例えば、鹿島［2011］第四章）。しかし見方を変えれば、これほど私権を強調していてもなお、会社そのものの使命は公益の追求にあるというところに、会社を通じた民間による公益追求に対する渋沢の強い思いが表れているとも言えよう。

14　竜門社［1937］三〇八頁。

15　正確を期するなら、「渋沢自身は『合本組織』や『合本法』という表現を用いたが、後にそれは周りの人々によって『合本主義』と呼ばれるようになった」（島田編［2014］三頁）のである。

16　坂本［2002］六三頁。坂本によれば、「渋沢が理想とする実業家は、国家意識を持つことを武士に要求した水戸学の『臣』そのものである。この発想は渋沢が大蔵省に仕官する以前に存在し、また晩年まで変わらない発想であった」（六五頁）。渋沢による公への奉仕の考え方が士道と密接に関係することが、ここからもわかる。なお、渋沢に見られる水戸学の強い影響やそこにおける「臣」の考え方の詳細については、坂本［2002］を参照されたい。

17　加護野忠男編著［2016］二一七頁。

18　渋沢［2010］一六三頁。

19　ラスキン［1971］七五頁。ラスキンは同時に「その供給によって自分に利潤をもたらすのが商人の本分ではない」（ラスキン［1971］七五頁）と明言している。そして、商人が「この職分を正当に履行するためには、軍人や医師がそうであるように、必要があればかれに要求されるような方法で、自分の命を投げださねばならない」（ラスキン［1971］七六頁）と言う。商人に要求されるような方法というは、軍人のように文字通り生命そのものを投げ出す（肉体的に死ぬ）ことではなく、ふりかかってくる困難に立ち向かい、従業員を守り、「ときにはみずから進んで損失を被る」（ラスキン［1971］七四頁）ことである。ラスキンが説くこうしたあるべき商人像は、先義後利の経済士道を実践するよき企業者そのものと言える。

20 小倉［1999］二八九頁。

21 小倉［1999］一四一頁。

22 なお、ここで論じたのは、企業が自らの事業活動（本業）を通じて、またそこから生まれる利益からの納税・配当を通じて、公に奉仕するということであった。しかし企業は、本業以外でも公益に貢献することができる。典型的には、いわゆるフィランスロピーによってである。社会の公器としての企業には、むろんこうした面からの公への奉仕も求められるが、ここではそれを指摘するにとどめる。

23 和辻［2007］第二章、Koehn［2001］Ch. 5、佐々木・金編［2001］などを参照。土田［2012］が紹介する山鹿素行の次の言葉も、家族は、その構成員にとっては公だが、天下・国家との関係では私である、という入れ籠構造を示唆している。「されば父母や妻子のことを思うのも、国家や天下に比して言う場合には、我が身の思いということにならざるをえないのである」（『山鹿語録』巻一五「臣談」）（土田［2012］四〇頁）。

24 バーナード［1968］。

25 渋沢［2008］二四七頁。傍点は引用者。

26 田中［2014b］（一四一～一四三頁）では、これを「偏狭な良心」の問題として論じた。

27 稲盛［2004］一八一頁。

28 『広辞苑（第七版）』。

29 『新明解国語辞典（第八版）』。

30 相良［1980］一三四頁、一七七〜一七八頁。

31 菅野［2019］一五五、一二四頁。

32 新渡戸［2008］六九頁。

33 例えば、江戸後期の儒者である細井平洲（米沢藩主・上杉鷹山の師）は、誠を「内心と表向きと一筋にしてうちとそと二筋にならぬ事」と定義した（相良［1980］一七六頁）。

34 日本倫理思想史を専門とする相良亨は、その著『武士道』（相良［2010］）において武士気質を「一、ありのまま」「二、名と恥」「三、死の覚悟」「四、閑かな強み」「五、卓爾とした独立」という五つの章に分けて論じており、「ありのままを重んずる精神」をその第一に挙げている。

35 「真心」についてのこの定義は、相良［1980］による「誠実」の定義、すなわち「『誠実』とは、事を行い、他人と交わる時に、純粋で全力的であることであろう」（一三四頁）に倣ったものである。なお、相良は「この『誠実』の標榜ははっきりと近世からはじまっている」として、次のように指摘している。「近世ではおもに『誠』とか『至誠』という言葉で捉えられていたが、この『誠実』をまず強く説き出したのは、京都の町家出身の伊藤仁斎であり、この『誠実』を重んずる傾向が絶頂に達したのは、近世では幕末である。幕末の志士はただ『至誠』を叫び、『至誠』に生きようとした。しかし、心の純粋さを重んずる傾向は近世にはじまったものではなく、それは〔日本の〕歴史はじまって以来の強い傾向である。その傾向が近世において『誠』としてうけつがれ、現代においてまた『誠実』の尊重としてうけつがれているのである」（一三四頁）。ただし、同書は、むしろ「純粋で全力であればそれだけでよいのか」といった問題意識の上に書かれており、例えば次のような指摘がなされている。「私がいいたいのは、日本人が標榜してきた『誠実』というのは、主観的であって、したがって、具体的にはいかなる行為をも『誠実』の名において行うことになるということである。『誠実』は、自分が『誠実』だと思い込むことにおいて、何をしでかすかわからないという危険性をもっているということである。この意味において『誠実』には方向性がなく歯止めがないのである」（一三五〜一三六頁）。逆に純粋な動機に基づいてした行為の結果、自分が相手から利益を得たからといって、もとの動機が不純だったということにはならない。

37 岩井［2009］一一八頁。

38 『新漢語林（第二版）』では、「忠」の字義を「①まごころ。まこと。また、まごころをつくす。②臣下が君主に仕える道。忠義。「誠忠」③まめ。まめやか。忠実。④ただしい」としている。

39 金谷訳注［1999］二二一頁。

40 中国においては、早くも荀子が忠を「もっぱら君臣の主従関係に即して要請」される倫理と規定して、忠の意味が変質するようになった（水口［2022］七一〜七四頁）。

41 今道［1990］九七頁。

42 このことは、そもそも「他のために何かをしよう」と思わないのであれば、すなわち「何かをするのは単に自分のため」というのなら、真心の出る幕はないということを意味する。自分の利益のために他人を利用するのが自らの本心に適ったこと、「自分を欺かない」ことになってしまう。そういう企業者には経済士道は無縁である。いまここで私が真心を論じている相手は、少なくとも「事業を通じて人のために何かをしよう」という思いを第一義（先義）として抱いている企業者である。

とはいえ、そうでない企業者であってもその人が株式会社の取締役であれば、法的には「他者のため」という役回りを帯びているため、「純粋な動機で全力を尽くす」ように外側から仕向けなければならない。忠実義務と注意義務の主たる存在意義は、じつはそのあたりにあると言えよう。もっとも、他のために尽くそうと考えている人々にとっても、これらの義務は添え木として十分な意味を持つはずである。というのは、こうした人たちといえども、弱さも抱えた人間である以上、真心という内心の規制だけではうまくいかないことが往々にしてあるからである。岩井［2009］も、取締役に本来求められるのは倫理（ここでの文脈で言えば「真心」）であるものの、「人間の倫理感は稀少な資源」であるがゆえに、忠実義務、注意義務といった「法律による厳格な規制が必要とされる」という（一一七頁）。この点については、第6章第4節でも取り上げる。

43 この項は田中［2022］第4節に加筆・修正を施したものである。

44 渋沢青淵記念財団竜門社編［1959b］三六三頁。

45 相良［2010］六〇頁。

46 松下［2001］七八頁。

47 もっとも現実には、挙げようとする証拠の立証能力がどれほどかが定かでないなど、遁辞と弁明に境界線を引くのが難しい場合も少なくない。

48 ドラッカー［2008］四三〇～四三一頁。

49 稲盛［2014］四二一頁。

50 稲盛［2014］四一九頁。

51 稲盛の注文取りのエピソードを含め、このあたりの詳細な議論は田中［2022］を参照されたい。

52 『ニコマコス倫理学』（アリストテレス［2002］）第三巻第七章。

53 勇に関して、儒学の経書には次のような言葉がある。「勇敢に貴《たっと》ぶ所の者は、其の能く以て義を立つるを貴ぶなり。義を立つるに貴ぶ所のものは、其の行《おこない》有るを貴ぶなり（勇敢を尊ぶのは、それが節義を貫く力であることを尊ぶのであり、そのことを尊ぶのは、それが一つの〈価値ある〉行為を遂行することになるのを尊ぶのであ〔る〕）」（『礼記』聘義篇。竹内［1979］九五〇～九五一頁。〈〉内（引用元では丸括弧）は訳注者による）。「暴虎馮河して死して悔いなき者は、吾れ与にせざるなり（虎を手打ちにし、河を徒歩で渡るような、向こう見ずの乱暴をして、死んでも悔いることを知らぬような者とは、私は事を共にせぬであろう）」（『論語』

述而篇。諸橋［1973］一三七～一三八頁）。「勇を好みて学を好まざれば、其の蔽や乱（勇気を好んでも学問を好まないと、その害として乱暴になる）」（『論語』陽貨篇。金谷訳注［1999］三四八～三四九頁）。「勇にして礼無き者を悪《にく》む（勇気はあるが礼節を知らず、むしろ礼なきを以て勇の本質と考える者をにくむ）」（『論語』陽貨篇。諸橋［1973］四二八～四二九頁）。「以て死す可く、以て死する無かる可し。死すれば勇を傷つく（死んでもよく、死なないでもよい場合には、死なない方がよい。そんな場合に死ねば、かえって真の勇からはずれた事で、勇の徳をきずつける事になるから）」（『孟子』離婁下。内野［1962］二九七頁）。なお、これは『葉隠』聞書第一の有名な言葉「武士道と云《いう》ハ死ヌ事と見付けたり。二ツ〱之場ニて早ク死ヌ方《かた》ニ片付斗《かたづくばかり》也（武士道の根本は死ぬ事だと見きわめた。生きるか死ぬかしかない場でいち早く死ぬ方をとるだけのことだ）」（菅野ほか［2017］三五頁）というのとは対照的だが、これに関する議論はいまは措く。

54 「（……）われわれはたとえば、不名誉や貧乏、病気、友人のいないこと、死などといった悪いものすべて恐れるけれども、勇気ある人がこれらの悪いものすべてにかかわっているとは考えられない。というのは、恐れる必要があり、また恐れることが美しく、そうしないのが醜いことになるのは、いくつかの悪しきもの、たとえば不名誉のようなものに限られるからである。実際、この種の悪しきものを恐れる人が品位ある人、つつしみ深い人であり、そうしたものを恐れない人が恥知らずなのである」（アリストテレス［2002］一一八頁）。

55 先義後利には強い克己心が求められることを、第4章第3節で述べた。

56 戦における武勇はそれが最も見やすい。武勇は自分に向かってくる敵（という外なるもの）に対して発揮される。しかし勇は戦場だけのものではない。

57 渋沢はこの言葉について次のように述べている。「これは為政篇最後の句であるが、武士道などと申すものも、畢竟するに勇を振って義を行う所にあるらしく存ぜられる。苟も義の在る所、水火をも辞せずして行くというのが、これ即ち武士道の本意である」（渋沢［1922］一〇四頁）。

58 ちなみに新渡戸『武士道』の第四章は「Courage, the spirit of daring and bearing（勇気、すなわち敢為と堅忍の精神）」と題されている（Nitobe［1969］、新渡戸［2008］）。daringは敢えてすること、bearingは逃げずに背負う／引き受けることである。勇気を「する勇気」と「しない勇気」に分けることは、新渡戸が勇にdaringとbearingの二側面を見たことと軌を一にしている。

59 近年、日本企業に求められている賃上げも経営者にとってはある種の恐怖を感じさせる（しかし）前向きな取り組みと言えるだろう。例えばトヨタ自動車社長の佐藤恒治は、社長就任に先だって労組から「過去二〇年間で最高水準」の賃上げ要求を受けて、「恐怖に近いです」と、当時同社社長であった豊田章男に心情を吐露したという。それを報じた日本経済新聞の記事は次のように述べている。「〔トヨタの〕二〇二三年三月期の業績は資材高騰などの影響で増収減益を見込むなど見通しは苦しい。『早期回答で自動車産業の仲間に良い風が吹けば』。佐藤にはこんな思いもあったが、固定費増加や今後の交渉への影響を考えると腹を決めかねていた」（日本経済新聞二〇二三年三月二〇日付「満額ラッシュの裏側1　大幅賃上げ『恐怖に近い』」）。

60 諫言は武士道（『葉隠』ではとりわけ）でも重視された。例えば笠谷［2017］は次のように述べて、その現代的意義をも指摘している（なお、『葉隠』の諫言論については、小池［1999］第三章に詳しい）。

「〔主君に対する忠義・忠誠〕は主君の命令に唯々諾々と従うという意味ではなく、あくまでも自分の意見というものを持ち、必要とあらば『諫言』というかたちで、それをはっきりと述べることがむしろ真の忠義・忠誠であるとされました。主君の命令に唯々諾々と従うのは、一見忠誠のように見えるけれどもじつは媚びへつらいであって、武士としては蔑まれ、非難される行為だったのです。（……）

武士道書の中でも、とくに忠義ということに深く洞察が及んでいるのが『葉隠』でした。特徴的に記されている『諫言』という言葉は、現代社会に生きるわれわれ日本人にこそ必要な能力と言えるのではないでしょうか。『葉隠』が教える諫言の目的は、私利私欲のためではなく、『国家』、すなわち藩と大名のお家の繁栄のためと明記されています。主君が誤った行動をし、お家が間違った方向に行こうとしていると判断したならば、直言して正すように奮闘努力することが武士の忠義である。その結果として、藩とお家が堅固に発展するという考え方です。

明治以降に国家主義と結びついた武士道論では『諫言』の部分が希薄になり、命を投げ出してでも絶対服従せよという、極めて乱暴な解釈が一人歩きしました。（……）」（笠谷［2017］二〇五～二〇六頁）。

61 例えば稲盛和夫はJAL再建にあたって、パイロットたちにも応分の負担を求めるべきだと考えていた。「（……）一人のパイロットを育てるには、一億円近くのお金がかかるそうです。それだけのことを会社にしてもらった彼らは、本来、会社に感謝すべきであり、自分の権利ばかり主張するのは人間としておかしい」（大西［2013］六二～六三頁）というのである。ところが、「複雑な労使関係の歴史を持つJALでは、経営陣は組合に対して疑心暗鬼になっており、組合も経営陣を信じていない」（大西［2013］六〇頁）という状況であった。とりわけパイロットの組合はJAL労組の中でも最も先鋭的と言われていた。

彼らに稲盛は次のように臨んだ。ここに稲盛の勇気が感じられる。

「稲盛はJAL労組の中でも強硬派で知られる『機長組合』や『乗員組合』の組合員であるパイロットを集め、そこで経営の実態を正直に話した。周囲は先鋭的な組合員につるし上げられることを心配したが、稲盛は団交のような形式張ったスタイルはあえてとらず、ふらりと無防備にパイロットたちの輪の中に入っていった。

リストラの一環で機長への昇格が遅れる副機長たちから不満の声が上がったが、稲盛は懐柔策を示すわけでも、解雇をちらつかせて脅すわけでもなく、ありのままの会社の窮状を淡々と話した」（大西［2013］六一～六二頁。傍点は引用者）。

62 二〇一五年の不正会計発覚で経営危機に陥った東芝は、二〇一七年一一月、第三者割当増資でアクティビストと言われる海外投資ファンドを呼び込むことになったが、彼らとの間の溝は埋まらないまま、二〇二三年三月に日本産業パートナーズ陣営からの買収提案を受け入れ、非上場化で経営再建を目指すことになった。海外アクティビストとの溝が埋まらなかったことについて、東芝の元経営幹部は「会社の将来について、恐れず正論を戦わせることが、双方に足りなかった」と悔やんだと報じられている（朝日新聞二〇二三年一月三日付。傍点は引用者）。

63 我々の日常では、咄嗟の場合には、熟慮なしに直感による判断で行動を起こすことはある。例えば、目の前に溺れている人がいる場合である（ただしその場合でも、状況によっては、自分がその場ですぐに飛び込むか、あるいは他の手段を講じるかの意識的な選択が必要になることもありうる）。しかし経営の意思決定とその実行の大半は、そうした咄嗟の判断とは異なり、予め熟慮する時間があるのが普通である。なお、渋沢は、咄嗟の勇気を「急激的の場合の勇気」と呼んで、経営に求められる「静止的の場合の勇気」と区別している（渋沢［2010］三二九頁）。

64 伊丹［2020］四〇、四一頁。

65 稲盛は「会社のため、従業員のためを思えば、あえて苦難に身を投じようという勇気が湧いてくる」と言う（稲盛［2015］二七頁）。「会社のため、従業員のため」は経営者としての稲盛の哲学に他ならない。

66 松下［1968］八六〜八七頁（傍点は引用者）。渋沢もまた次のように言っている。「如何に人に智能の卓越したものがあっても、（……）側面から勇気の助成が無ければ、多くは成就せぬものである。人が物事を知るという機能は、ただただ知りさえすればそれでよいか、これを知って行いに表すにあたり、もし心に意識しつつあることをまったく行い能わざるは、これ勇気の欠乏に起因するものといってよい」（渋沢［2010］三二八〜三二九頁）。

67 土光［1996］五八頁。

68 この種の勇気の実例として、渋沢が称賛と共にしばしば引き合いに出したのは、初代アメリカ総領事タウンゼント・ハリスの振る舞いであった。一八六一年、彼の秘書兼通訳だったヒュースケンが江戸で攘夷派によって殺害された。この事件を受けて英仏などの使節は、身の安全を図り、かつ幕府に圧力をかけるために、江戸から引き上げた。しかしハリスはそうしなかった。渋沢はそれを次のように評している。「〔ハリスは〕『一国の主権があって取締りに任じて居るのに、それを信用しないで〔英仏等のように〕公使館を引き上げるのは、その国〔日本〕を侮辱するものだ。もし壮士が乱暴して来たら切られるまでである。一国を開こうとするに当ってはそれ位の犠牲は致し方ないことである』と称し、敢然として退かずに居た。その態度こそ実に君子的であって、日本の武士道を身を以て行うたのである」（渋沢青淵記念財団竜門社編［1961］六一七頁）。

69　稲盛［2022］一八四頁。

70　一例として、一部の株主からの合理性を欠く要求という圧力に屈しない勇気について、加護野は次のように述べている。「長期的視野で経営されている会社は、投資家の視点から見ると非効率で鈍重なように見える。こうした経営の合理性を株主に納得させるのは難しい。（……）強圧的株主は、経営に規律を与えると称し、長期的な経営を行っている企業に誤った経営を強要してしまうのである。

このように考えれば、よい経営を行っている経営者にとって最善の選択肢は、強圧的株主の横車を無視し、長期的な視野での経営を続けることである。ところが、そうした視点に立った経営の合理性を一般株主にわかるよう説明するのは難しい。

強圧的株主を支持する愚かな株主も出てくる。しかも、現在の法律では経営者の最終任免権は株主にある。株主の要求を無視するには、かなりの勇気がいる。この勇気も、マーシャルのいう経済騎士道に含まれるかもしれない」（産経新聞二〇〇五年一一月一三日付）。

71　大島訳［1983］八九頁。

72　伊丹［2007］五三頁。

第6章 実業界の王道・覇道
——責任ある企業者

1 私利即公益

(1) 「私利公益の区別は間違い」

前章では、先義後利の経済士道で重んじるべき三つの義として、公への奉仕、誠実、勇気を挙げた。このうち誠実を例にとれば、経済士道では、正直に振る舞うことを利を得るよりも「先」にする。正直そのものを重んじるのであって、正直に振る舞った方が儲かるからという理由で損得ずくで正直に振る舞ったり、正直に見せかけたりするのではない。正直に商売をすることによって、結果的に利が「後」からついてくるのである。

同様に、公益を私利よりも重んじるのが経済士道である。そして公益を重んじた事業活動の結果として、利がついてくる。第2章で論じたように公益第一・私利第二は渋沢栄一の道徳経済合一説のエッセンスであり、先義後利の経済士道の主柱と言ってよい。
ところが渋沢には、これを否定するかのような次のような発言がある。

「商業に対し私利公益などと、区別を立てて議論するはまったく間違いで、利益に公私の別を立てて行う商売は、真の商業ではないと余は判断せねばならぬ[1]」

「公益と私利とは一つである。公益はすなわち私利、私利よく公益を生ず[2]」

これは一九一二年に刊行された『青淵百話』に収録されている「商業の真意義」という話に出てくる言葉である[3]。この話の主題は、まさに公益と私利の関係である。これを主題とする代表的な講話には、他にも竜門社での演説「商人の本分」（一九八三年）と東京高等商業学校（現、一橋大学）での「修身講義（第五回）」（一九一七年）がある。これら三つのいずれにおいても、「公益と私利は一つである」「私利即公益」という論旨に変わりはない。一八九三年は渋沢五三歳、一九一七年は七七歳の年であり、少なくも実業界で大活躍していた壮年期から実業界引退後に至るまで、渋沢のこうした主張は一貫していたと言える。

「公益と私利は一つである」ならば、本書でこれまで公益第一・私利第二などと「私利公益の区別を立てて議論」し、しかもそれを渋沢の道徳経済合一説のエッセンスだなどと唱えてきたのは「まったく間違い」だったのだろうか。むろんそうではない。議論を先取りするなら、渋沢がここで言おうとしているのは、私利が道理正しい私利である限り、公益と私利は帰結としては表裏一体、ということである。これは「道徳経済合一」の別表現と見ることができる。逆に、私利が道理正しくない私利であれば、私利は決して公益と表裏一体ではない。例えば「事業で世の中の役に立った」といくら嘯《うそぶ》いても、不正な仕方で富を得たのなら、道徳と経済の合一と言えないのはもちろんである。そうであれば、「利益に公私の別を立てて行う商売」とは、敢えて道理正しくない私利を求めてやろうとする商売に他ならない。その意味で渋沢は「私利公益の区別は間違い」「利益に公私の別を立てて行う商売は、真の商業ではない」と批判しているのである。次項では、以上のような渋沢の議論を詳しく見ていくことになる。

一方、公益第一・私利第二は事業活動にあたっての動機を言っている。その動機のもとで活動することで、公益と私利とが帰結として表裏一体となる。すなわち公益第一・私利第二という動機による行動を実践することによって、道徳と経済の合一という帰結が生まれるのである。動機としては公益と私利に区別をつけても、帰結としては両者は一致し、区別はなくなる。いやむしろ公益第一・私利第二という動機上の区別をしてこそ「真の商業」なのであり、帰結としての私利即公益が実現しやすくなるのである。

とはいえ、じつは渋沢は動機において私利を第一としても（それが道理正しい私利である限り）私利即公益は実現するとも言っている場合がある。こちらは明らかに公益第一・私利第二とは矛盾する。これをどう考えればよいかが、第2節での課題となる。

(2)「真の私利」と「全くの私利」

そもそもなぜ渋沢は「商業に対し私利公益なぞと、区別を立てて議論するはまったく間違い」だと言ったのか。渋沢の考えをまとめれば、こうである。[4] 渋沢が「公益と私利は一つである」と言うのには大前提がある。それは私利が道理正しい事業を道理正しく経営することで生まれる「真の私利」であることである。そうした真の私利であれば、私利は公益と（帰結としては）表裏一体なのである。その根拠は二つある。

第一に、どんな事業でも、それが道理正しいものである限り、（真の）私利のみならず必ず公益をも生むからである。[5] 事業活動とは、顧客や地域社会ひいては国家の役に立つものである。むろん公益が及ぶ範囲は、事業の種類や規模に応じて広狭はある。[6] 例えば全国展開する銀行と町の米屋とを比べれば違いは明白である。とはいえ、いずれも公への奉仕であることに変わりはなく、しかもそれに伴って自らも利を得ることになる。道理正しい事業とはそういうものであって、単に私利だけを追求するものと誤解してはならない。[7]

第二の根拠は、公益というものは結局のところ、その「公」を構成する個々の家計・企業の富の集積である、という考え方である。渋沢は次のように述べている。

「個人の多数集合した団体が、すなわち国家ではないか。しからば、個人個人がいずれも道理正しい業体をもって進んで行ったならば、それらの分子を集めて成立しておる国家は、自然と富実になる訳である。してみれば、一家の計を立てることは、必ずしも私利を図る訳ではなく、これを広義に解釈すれば、やはり公益を図るものであると、いえるはずである」[8]

このことは裏を返せば、多くの家計や個人が貧しいのに国家のみが豊かになるということはあり得ない、ということでもある。渋沢の実業理念である合本主義も、この考えが基礎にある。[9]

渋沢の「商業に対し私利公益なぞと、区別を立てて議論するはまったく間違い」という主張は、実際、以上の二つの論拠をもってしているのである。先の引用に、これらの論拠が含まれる前段部分も加えて、改めて引用しよう。

「ある事業を行って得た私の利益というものは、すなわち公の利益にもなり、また公に利益になることを行えば、それが一家の私利にもなるということが、真の商業の本体である。このゆえに、商業に対して私利公益なぞと、区別を立てて議論するはまったく間違いで（……）」[10]

「ある事業を行って得た私の利益というものは、すなわち公の利益にもなる」というのが上で挙げた第二の根拠、「公に利益になることを行えば、それが一家の私利にもなる」が第一の根拠に対応する。

正しい道理に基づく真の私利ならば、結果としては公益と表裏一体なのである。ということは当然ながら、そうでない私利は公益とは相容れない。現に渋沢は「全くの私利で公益に関係をせぬものは幾らもあろうと思います」とも明言している。ここでは（全くの）私利と公益とをきちんと区別している[11]。公益と区別される「全くの私利」は偽の私利ともいうべきであろう。それは道理正しくない事業や経営から生じる。事業という面から言えば、渋沢は次のように言っている。

「ここで注意すべきは、その業体の性質について、選択を誤らぬようにせねばならぬということである。その業体の正と不正とに依って、自ら公益と私利が分かれるのであるから、業務の選択も根本を誤らぬようにせねばならぬ。例えば、業体には道理正しいものと、法律にこそ禁ぜられぬけれども、道理上卑しむべきものとがある。それらを混合して、なお公益と私利と同一なものであるというようなことが、あってはならぬ[12]」

いくら合法でも、道徳的に如何かと思われるような事業に手を染めたのでは、そこから得られるものは「全くの私利」に過ぎない。

一方、道理正しい事業を選んだとしても、その経営（どのように私利を得るか）が道理に反するものであっては真の私利とはならない。「人の物を掠めて自己を利する」とか「人の物を盗んで自分の物を増やす」などというのはむろん論外として、渋沢は主に二つのことを例示している[13]。

一つは嘘をついて不正直に儲けることである。例えば「悪い物を善いと云うて高く売りつける」「有るものを無いと云うて価を高める」といった行為であり、渋沢に言わせれば、これらは「全く自己だけ不道理に利そうと云う経営」である[14]。

もう一つは投機によって儲けることである。なぜなら、投機で儲ける人がいるということは、同時に損をしている人がいるはずで、「極端に云えば甲の財産が乙に移り、乙の資産が丙に飛んだと云うに過ぎぬのである」「その間の一人の富に対して何が殖えたかと云うに、何も殖えはしない。一人が増すだけ一人が減る。これは全く私は好まざるのみではない、大いに悪《にく》むべき所為と思う」[15]。社会に対して何ら付加価値をもたらさない、ゼロサムゲームの単なる金儲けは道理正しい商売ではないと言うのである。

そしてこうした不正直や投機で得た（偽の）私利について、渋沢は「かくの如きは私利決して公益に伴わぬものである」と断じている。[16] そうであれば、商売において私利と公益の区別をつけようとするのは、道理正しくない「全くの私利（偽の私利）」を得てやろうと目論んでいる輩ということになる。渋沢が、私利公益の区別を立てるのは間違いだ、真の商業ではない、と批判するのはこの意味においてなのである。

反対に、「公益と私利は正しい経営に働いて行く以上は全く一致する」「公益と私利は正しい範囲においては少しも逕庭《けいてい》ない」のであって、このことが「道徳経済合一論の十分な証拠になり得るだろうと思います」というのが渋沢の考えである。[17] 本書でこれまで述べてきた公益第一・私利第二や先義後利における「私利」や「利」も、言うまでもなく道理正しい真の私利のことである。

ここで我々は一つの問いに直面することになる。正しい経営をすれば公益と私利が一致するのであれば、事業活動を道理正しく行う限り、公益を先にするか私利を先にするかはどちらでもよいということになりはしないか、という問いである。公益と私利が表裏一体であることについて渋沢が示した二つの根拠――とりわけ第二の「私利の集積が公益」――を見ても、私利を先にして公益も十分に図られると言えるのではないか。

これについては実際、東京高等商業学校における「修身講義（第五回）」での渋沢による次のような発言がある。

「私は公益と私利と云うものを同一視して、私利最も励むべきものだ、道理正しい私の利益が完全に進ませられるによって公益が拡大されるのである」[18]

「私利最も励むべきものだ」とは、要は「私利第一」ではないか。渋沢が勧めたのは私利第一・公益第二だったのだろうか。公益第一・私利第二ではなかったのか。

2　実業界の王道を

(1)　経営哲学と経営理念

直前の問いに対する答えを先に述べるなら、じつは渋沢は、私利が道理正しい真の私利である限り私利を先にして構わないという立場と、公益を先にし私利を後にすべきだ（公益第一・私利第二）という立場のどちらをも表明しているのである。「私利最も励むべきものだ」というのは、渋沢が前者の立場を強く表現しようとして出てきた修辞と捉えたらよい。この二つの立場は、動機における公益と私利の軽重のつけ方に関しては互いに相容れないけれども、公益と私利は帰結としては表裏一体（道徳経済合一）という点では一致している。筆者は前者の立場を渋沢の「経営理念」、後者のそれを渋沢の「経営哲学」として区別したい。

経営理念や経営哲学について、決まった定義があるわけではない。どちらも同じものだとする人もいるだろう。しかしここでは両者を次のように定義することによって使い分けたい。

経営理念も経営哲学も、①企業や事業活動の目的（何のためにやるのか）と②経営行動の規範（いかに行動すべきか）についての基本的な考え方を言う。[19] その意味では同じである。違いは、それが誰によって持たれるものか、その範囲にある。経営理念とは企業者（ここでは基本的に経営者を指す）が、その企業の従業員たちと共有し、それに基づいて自身も判断・実行し、また従業員たちにもそうしてもらうための基本的な考え方である。一方、経営哲学とは企業者（経営者）が個人として抱懐し、自らの判断と実行の基礎とするための基本的な考え方である。それは他者と共有することを必ずしも前提としていない。経営理念は関係者みんなのもの、経営哲学は企業者個人のもの、と言ってもよい。[20]

概念上はこのように区別されるとしても、実際の経営哲学と経営理念の間にはもちろん共通部分があってしかるべきである。両者がピッタリと一致することさえあるだろう。逆にもし自分の経営哲学と全く相反する、あるいは無関係な経営理念をステークホルダーと共有しようとするなら、それはある種の自己矛盾、自己欺瞞であって、そうした企業者は不誠実の誹りを免れない。

しかし経営哲学と経営理念が必ずしもピッタリとは一致しない、つまり、ある企業者の経営哲学がまるごとそのまま経営理念とはなっていないことがありうる。確立した経営理念が過去から受け継がれている企業の場合、それと現在の企業者個人の経営哲学との間に多少のズレがあるのはある意味では自然であろう。しかし企業者自らが経営理念を新規に打ち出す場合でも、その人の経営哲学が隈なく経営理念に反映されるとは限らない。

経営哲学と経営理念にズレが生じるケースとして二つが考えられる。

第一に、企業者自身の経営哲学においては本質的に重要な要素が、経営理念には敢えて盛り込まれない（盛り込まれたとしても、経営哲学に占める枢要な位置と比較するとごく限定的な扱いとなる）場合である。企業者が個人の信念として大切にしているものを、ことごとく経営理念に盛り込んで他の人々と共有しようとすることが必ずしも適切ではない（と企業者が判断する）ことはありうる。典型的には、企業者自身の宗教的信条や個人的な深い思索が経営哲学の核心にある場合である。例えば『実践経営哲学』の中で松下幸之助は次のように述べている（後段は第4章第1節でも引用した）。

「正しい経営理念というものは、（……）その根底に自然の理法、社会の理法といったものがなくてはいけない。それでは、その自然の理法、社会の理法とはどういうものだろうか。これは非常に広大というか深遠というか、人知をもって究め尽くすことはむずかしいといってもいいものであろう。しかし、あえていうならば、私は限りない生成発展ということがその基本になるのではないかと思う。

この大自然、大宇宙は無限の過去から無限の未来にわたって絶えざる生成発展を続けているのであり、その中にあって、人間社会、人間の共同生活も物心両面にわたって限りなく発展していくものだと思うのである。

そういう生成発展という理法が、この宇宙、この社会の中に働いている。その中でわれわれは事業経営を行なっている。そういうことを考え、そのことに基礎をおいて私自身の経営理念を生み出してきているわけである」[21]

無限に絶えざる生成発展という大宇宙の営み、広大深遠な理法があって、人間の社会と生活もその中で発展しており、さらにその中で事業経営も行っている──これは幸之助の「経営哲学」である。経営理念は「そのことに基礎を置いて」作られているが、だからといって、現在のパナソニックグループにも受け継がれている「綱領」「信条」「私たちの遵奉すべき精神（七精神）」（これらすべてが先に定義した「経営理念」にあたる）に「大宇宙の理法」のようなことが明示的に盛り込まれているわけではない。[22] かろうじて七精神の一つ「順応同化の精神」にある「進歩発達は自然の摂理に順応同化するにあらざれば得難し」というくだりに、宇宙や自然の理法との関連を見て取れる程度である。

稲盛和夫の「経営哲学」の核心にも同様の思想がある。稲盛は「一瞬たりともとどまらないで、森羅万象あらゆるものを進化発展する方向へ導こうとする流れ」を「宇宙の意志」と呼び[23]、これと調和することの重要さを説いた。もっとも稲盛の場合、この経営哲学が経営理念にも明示的に盛り込まれてはいる。「京セラフィロソフィ」（という「経営理念」）の冒頭に掲げられているのが「『宇宙の意志』と調和する心」なのである[24]。管見では、松下よりも稲盛の方が一層、自身の経営哲学においてこうした「宇宙論」が重きをなしており、それを社内や盛和塾などで積極的に発信した。しかしその稲盛でさえ、京セラフィロソフィでの宇宙への言及は概ね冒頭の当該箇所に集中しているし[25]、「宇宙の意志」なる思想を持ち出すことを、世間がそれを胡散臭いものとみなしがちなゆえに控えめにしていたようである[26]。それゆえ、稲盛においても経営哲学と経営理念の間にはズレがあると言える。

企業者が自ら打ち出す経営理念がその人の経営哲学と必ずしも一致しない場合の二つめは、経営哲学の内容が多くの人々が共有・実践するには厳しすぎる（と企業者が判断する）とき、それを緩和・拡張する場合である。経営哲学の基底部分と矛盾しない範囲で、それを共有するためにある種の妥協をするのである。動機における公益と私利の軽重のつけ方をめぐる渋沢の言説は、この第二の場合に該当する。

ここにおいて、経営理念とも共有されるところの「経営哲学の基底部分」とは「公益と私利は（帰結として）表裏一体」すなわち「道徳経済合一」ということである。この表裏一体の公益と私利を、渋沢自身は前者を第一、後者を第二として実践しよう／実践すべきだと考えている。動機において公益第一・私利第二とするのが渋沢の経営哲学である。しかし皆がみな公益第一・私利第二で商売をするのは現実問題として難しい。それなのに「公益を第一にしない奴は実業家失格だ」などと言ったのでは皆で力を合わせて商工業を盛んにし、国を富ますことなど不可能であろう。だとすれば、動機は必ずしも公益第一・私利第二でなくても、求めるものが「真の私利」であるならば、帰結としては公益と一致するのだから、これを許容してもよいのではないか。したがって、真の私利を追求する限り動機においては私利第一でも構わない、というのが渋沢の経営理念である。ただし、この理念もまた「公益と私利は表裏一体」＝「道徳経済合一」という経営哲学の基底部分に裏打ちされている。

(2)「実業界の覇道は悪くはない」

公益と私利をめぐって、渋沢が経営哲学と経営理念を並列して論じた演説がある。一九〇七年一〇月に開かれた竜門社秋季総会における、「竜門社ノ精神及将来ノ経営ニ関スル希望」と題するものである。一八八六年四月の創立から二十余年を経た竜門社が今後の発展に向けて何か明確な「主義」を打ち立てることの必要性を述べたもので、この演説を受けて二年後に、竜門社は社則を改定して渋沢の道徳経済合一主義を看板に掲げることになった。それだけに重要性の高い演説である。

その中で渋沢は次のように述べている（このうち「一国の繁盛、多数の富を目的とし」など一部は第1章第3節でも紹介した）。

「実業界の王道・覇道は、政治界の王道・覇道と類を同じうしては論じられませぬ。けれども、私は利と義との差別を明らかにして行ったならば、即ち実業界にも王道・覇道の差別を為し得られるだろうと思う。一国の繁盛、多数の富を目的とし、自己本位でなく、事業を経営するにまずこの主義を根本として、而してその行いが総てに行き届き得たならば、即ち実業界の王道と申して私は宜かろうと思う。これに反して唯《ただ》一家の利益、我一族の富のみを図り他を虐げるとも己れの富を努めるということであったならば、これは実業界の覇道というて宜かろうと思う。併し実業界における覇道は決して悪くはない。即ち力を以て仁を仮るのであるから、仁を仮るということは既に宜しい。覇道でもなくて暴戻の君主の如きものが実業界にあったなら、これは沙汰の限りであるが、しかし真正の実業家に望む処は、どうぞ私はこの王道を以て事業を経営するにあれかしと思うのでございます。但しかような主義は一歩を誤りますると人の働きを鈍くし、人の勉強を妨ぐるようになるおそれがある。なぜならば利己主義と云うことが、どうしても人の智識を磨き勉強を増すものである。人の為となるよりは自分の為になるを望むは、ほとんど人の通有性というても宜いようなものである」[27]

王道・覇道は儒学の概念で、徳（仁愛）を以て治めるのが王道、力（武力）を以て治めるのが覇道である。儒学（特に孟子）では政治におけるこの王道と覇道の区別――王覇の弁――をやかましく言う。『孟子』（公孫丑上）では次のように述べられている。

「孟子曰く、『力を以て仁を仮る者は覇たり。覇は必ず大国を有《たも》つ。徳を以て仁を行う者は王たり。王は大を待たず。（……）』」

（「実力を用いながら、仁道を行うごとく見せかけるのは覇者である。覇者は必ず大国を持たねばならぬ。みずからの徳をもって仁政を行う者は王者である。王者は国力の大を必要としない（……）」）[28]

王覇の間には二つの差異がある。[29] 第一に王者は心から仁義を喜んでこれを真に実践するが、覇者は表向き仁義を標榜するものの、その実、これを行っているふりをしているのである。第二に、覇者は自国だけを強大にしようと努める（自己本位である）のに対して、王者が主として考えるのは、必ずしも自国を強大にすることではなく、すべての人々が満足することである。

儒学は、当然のことながら、王道こそが天下を治める道だと説く。[30] ところが渋沢は「実業界における覇道は決して悪くはない」と言う。実業界の覇道を許容しているのである。渋沢がそれを「悪くはない」とする理由は二つある。どちらも覇者の特徴を逆手にとっている。

第一の理由は、覇者が「仁を仮る」ことに着目する。覇者は仁を仮る、すなわち仁を行うふりをする。実業における「覇者」は、仁つまり公益の追求にかこつけるけれども、行動の主たる動機は別のところ――私利――にある。しかし渋沢に言わせれば、たとえ主たる動機が別のところにあろうとも、公益に資するであろう事業を行う（そうでなければそもそも仁にかこつけることさえできない）以上、何もしない、あるいは公益を損なうことをする、よりもはるかにましである。それが「仁を仮るということは既に宜しい」の意味であろう。

第二の理由は、覇者が「自己本位である」ことに着目する。人はたいてい、自分のためになると思えばこそ、懸命に勉強し熱心に働くものである。「利己主義と云うことが、どうしても人の智識を磨き勉強を増すものである」ことは、「殆ど人の通有性というても宜いようなもの」なのである。それをむしろ活かして、人々が熱心に勉強し仕事に励むことのメリットがある。

こうしたことから、渋沢は覇道を許容した。そして覇道と見た実業家たちを決して疎んじることはなかった。もちろん「覇道でもなくて暴戻の君主の如きもの」は「沙汰の限り（言語道断の論外）」だが、そうでない限り、彼はむしろ覇道と目される実業家たちをも積極的に支援することに吝《やぶさ》かでなかった。そのためかえって「渋沢は清濁併せ呑む主義であるとか、正邪善悪の差別を構わぬ男であるとか評される」ことがあったほどである。[31] こうした批判に対して渋沢は、自分はただ人のために謀って善をなし、国家社会に尽くすことを心掛けているのだが、「この心掛けがそもそも、世人から誤解さるるに至った所以ではあるまいか」と言い、続けて次のように述べている。

「余が実業界の人となって以来、接触する人も年々その数を増し、しかして、それらの人々が、余の行うところを見倣《みなら》いて、各々長ずるところに拠りて事業を精励すれば、たとえその人自身は自己の利益のみを図るの目的に出るとしても、従事する業務が正しくありさえすれば、その結果は国家社会のためになるから、余は常にこれに同情し、その目的を達しさせてやりたいと思うておる[32]」

その人が結果として国家社会のためになることをしているのに、「こいつは私利第一でおれの主義に反するから、応援してやらない」という偏狭な態度を渋沢はとらなかったのである。そうでなければ、五〇〇社余の企業の設立・育成に関わることなどできなかったはずである。それにもし偏狭な態度をとったとすれば、それは渋沢の自己本位となってしまい、公益第一とする自身の経営哲学に反したであろう。

ところで、実業界における実際の覇者の典型として渋沢が念頭に置いていたのは、大小様々な財閥であった。例えば、一九〇六年の全国実業学校長会議における商業教育に関する演説で次のように述べている。

「現今我邦には三菱とか三井とか、あるいはその他にも京都・大阪その他に実に指を折って算《かぞ》え尽くせぬ程有力な金持ちもある。近頃段々に増加して参る。実に喜ぶべきことである。一個人として大なる富力を持つのは結構で勿論喜ぶべきであるが、しかしながら一家の大富力があるからと言うて、日本全体が皆三井・三菱ほど富むと云うことはできぬ。蓋し商業家として一家の富を計るのは即ち覇道であって、公利公益を務むるのは王道である」[33]

財閥と言えば、渋沢が三〇代のころ、事業のあり方をめぐって三菱の岩崎弥太郎と言い争ったエピソードがよく知られている。個人経営主義を唱える岩崎と、合本主義を唱える渋沢とで意見が合わず物別れに終わった、という一九〇六年、東京・向島の酒楼での出来事である。[34] 合本主義を含めた渋沢の経営哲学は財閥の考え方とは相容れなかった。だからこそ渋沢は、自ら財閥を作ることがなかった。しかしだからといって財閥系企業やその関係者とは水と油の関係だったわけではない。

三井・三菱とも是々非々の立場で関係をもち、国家にとって必要な事業は協力して進めていった。三菱や岩崎一族とライバル関係にあったとはいえ、例えば東京海上保険の設立や丸の内開発などでは弥太郎とも協力した。[35] 一方、渋沢にとって、三井財閥の中心人物だった益田孝（三井物産設立時の社長を務め、三井財閥の形成にも主導的な役割を果たした）は、三井が直接関わらない事業に対して、共同出資をし経営にも共に参画する重要な「出資パートナー」の一人だった。[36]

他方、出資パートナーとして、渋沢と最も緊密な関係をもったのは大倉喜八郎と浅野総一郎である。[37] 大倉財閥、浅野財閥を築くことになるこの二人の実業家は、拡張意欲旺盛な野心家でもあったが、渋沢は彼らが主導する新規事業に自らも出資し他の出資者を集めることに骨を折るとともに、渋沢が起こそうとする事業に彼らから出資してもらうことも度々であった。こうした例は大倉、浅野に限らない。

渋沢はその言葉に違わず、覇道と目される実業家たちをも積極的に支援し、さらには共に手を携えて、日本の産業の発展を推し進めたのである。

(3)「しかしどうか王道を」

「覇道は悪くはない」と考え、道理正しい私利ならば私利を第一にしても構わないというのが渋沢の経営理念であったが、しかし看過してはならないのは、渋沢自身は自分が私利を第一とすることを良しとしなかったことである。彼自身が事業を生み育てるにあたっての経営哲学は、公益第一・私利第二であった。例えば第2章第2節で引用した渋沢の言葉を振り返ってみよう。

「余はいかなる事業を起すに当っても、またいかなる事業に関係するに当っても、利益を本位に考えることはせぬ。(……)余は何時でも事業に対する時には、これを利に喩らず、義に喩ることにしておる。まず道義上より起すべき事業であるか盛んにすべき事業であるか否かを考え、利損は第二位において考えることに致しておる[38]」

「利に喩らず」、「利損を第二において考える」の主語は「余」、すなわち渋沢自身である[39]。自分はこうしている、と言っているのである。「一国の繁盛、多数の富を目的とし、自己本位でなく、事業を経営する」という王道こそ、渋沢が自ら追求した道であった。渋沢は合本主義の立場で産業の振興を図ろうとした自らの志を次のように振り返っている(一九一六年、渋沢の喜寿祝賀会での演説)。

「(……)合本法を日本に起こしてみたいと云うことが、自分の希望であった。どうぞ共同して事業を経営するについて、その事柄が単に力に依るようにしたくない、成るべく徳に依るようにしたい、所謂覇道に依らずして王道に依りたい、この合本会社をして模範的なる営業がやって見たい。それにはどうしても自己を捨てて、ただその事に奉公の念を傾ける外はない、さらばというて一身が維持し得られぬようであっては他人の信用を受けることが出来ぬ、つまり一国の物質文明を進めねばならぬと同様に、個人も一身の存立が必要である、甚しきは妻子を養うにも他人に依頼するが如き有様では、とても信用は得られぬ訳であるから、自己の生計を立てるにおいても、相当なる勤労を要するということは、同時に考えました。さりながら自己の富を本意とせず、その事業の完全に発展して行くことを目的としたい（……）[40]」

渋沢が公益を第一とする王道を歩みつつ、「自己の富を本意とせず」しかし「自己の生計を立てるにおいても、相当なる勤労を要する」という私利第二の構えで、日本の産業発展に尽力しようとしたことが窺える。

一方、『青淵百話』ではこんな振り返りもしている。

「余は人が世に処するに当たり大資産は不必要だときわめておる。（……）自分には大財産が無くとも、相応な智恵と愉快なる働きをなし得るだけの資産があれば、それを武器として他人の財産を運用し、これによりて国家社会を益する仕事をしてゆくことが幾らもできる。今日にして思えば、余がもし過去の年月を利殖一方、儲けること一途で費やしてきたとすれば、恐らく今よりも幾分か勝れた金持ちになっておったかも知れぬが、余は（……）そんな無意義なことに甘んずることができなかった。自分が従来事業に対する観念は、自己の利殖を第二に置き、まず国家社会の利益を考えてやっておった。それであるから金は溜まらなかったが、普通の実業家と称せらるる人々よりは、比較的国家社会のためになった点が多かろうと、自ら信じておる。この点からいえば余の主義は、利己主義でなく公益主義ということができよう。こう言えば如何にも自慢高慢をいうようであるけれども、衷心自ら左様信じておるところを遠慮なく告白するばかりである」[41]

ここで渋沢は、公益第一（そして私利第二）でやってきたことのみならず、そのために個人として大きな財産が必要なわけではないとも言っていることに注目したい。というのも、孟子の言う「徳を以て仁を行ふ者は王たり」に加えて「王は大を待たず」にも照らして、自らが実業家として王道を追求してきたという自負が率直に述べられているからである。

もっとも、渋沢は自分だけが実業家として王道を歩めばよいと考えていたのではない。実業家として王道を歩むことを、現在のそして将来の、心ある実業家たちにも期待したのである。例えば、前項の最初に引用した竜門社での演説の中でも、そのことははっきりと語られていた。「実業界に於ける覇道は決して悪くはない」けれども「真正の実業家に望む処は、どうぞ私はこの王道を以て事業を経営するにあれかしと思うのでございます」と。また、これも前項で引用した一九〇六年の全国実業学校長会議での演説を、渋沢は次のように締めくくっている。

「（……）私が云う、己れ自身は富まぬでも王道を以て商業をすると自ら任ずるも、決してその論理は間違うておらぬと信ずるのであります（拍手）。故にこれから先き、諸君の引き立てて養成する学生は、どうぞ成るべく王道に依って御仕立てなさることを、切に希望いたすのであります。これを以て諸君に対する一言の意見と致します（拍手）」[42]

私利ではなく公益を第一とする王道（先義後利）で事業にあたるという経営哲学を、渋沢は自らの生き方として追求すると共に、後進の実業家たちにもその道を歩むことを期待したのである。このことは、本書のこれまでの章で引用した渋沢の数々の発言からも明らかであろう。

公益第一・私利第二が道徳経済合一説のエッセンスだと主張してきた本書において、この章に至って、この「経営哲学」の他に今さらながら「私利第一でも、正しい私利なら公益と両立するから、それで構わない」という渋沢の「経営理念」の話を持ち出したのは、一つには、公益第一・私利第二とは異質な立場を渋沢自身が明らかに許容していた事実をきちんと示しておく必要があると考えたためだが、それ以上に重要な理由がある。それは、ここで言う渋沢の経営理念的な考え方が今日一般に渋沢自身の信条とみなされがちな傾向があるけれども、渋沢の信条そして真情は決してそうではなかった、ということを明確にしておきたかったからである。彼の信条・真情は公益第一・私利第二という経営哲学だった。渋沢が自ら追求し、他の実業家にも（強要はしないが、希望として）

求めたのは、王道を以て先義後利で事業を経営することだったのである。

実業界における王覇の別は、つまるところ公益を第一とするか否かの違いにある。第5章第2節で述べたように、企業は日々の経常的な活動、すなわち顧客にとって有用な製品・サービスを提供し、そのために必要な雇用を生み出し、さらには仕入れ先や販売先、地域社会などの役に立つことを通じて、公益の追求＝公への奉仕をすることができる。一方、そうした経常的な活動を通じて、またはそこからなお進んで、自社の技術をはじめとした経営資源を活用することによって、その時々に社会が直面している諸課題の緩和・解決に企業が貢献するのもまた、公益の追求＝公への奉仕である。

この社会的課題の解決・緩和に関わる企業の営みは、今日、ＳＤＧｓやＥＳＧという言葉で盛んに語られている。次の節ではこうした活動について王道と覇道の観点から論じてみよう。

3 ＥＳＧ／ＳＤＧｓ推進の王道と覇道

(1) 渋沢はESG／SDGsの先駆者か？

気候変動対策、経済格差の是正、人権、ＤＥ＆Ｉ（ダイバーシティ、エクイティ＆インクルージョン）……。こういった社会的課題への取り組みを企業の責任ではないという人は、今日ほとんどいないだろう。目下、企業はこれらの取り組みを①国連のSDGs（持続可能な開発目標）推進の一環として、また②投資家主導のESG（環境・社会・ガバナンス）投資への対応として、進めている。気候変動を含めた社会的課題に企業が取り組むことを促すという点では、SDGsもESG投資も、直接的、間接的の違いこそあれ、目指すところは同じである。そこで以下では両者を特に区別することなく、原則としてESG／SDGsと表記して論を進めていく。

ESG／SDGsに加えて、第2章で取り上げたマイケル・ポーターらによるCSV（共通価値の創造）も、社会的課題に企業が取り組むことを促すものに他ならない。その意味ではESG／SDGsもCSVも（広義の）「企業の社会的責任（CSR）」に関わる営みである。ただ、伝統的なCSRが企業にとって既に獲得した利益の社会還元、あるいは本業から一歩踏み出した社会貢献活動と位置づけられるのに対して、これらの営みは本業そのものにおいて、あるいは本業を通じて、社会的課題に取り組むと共に、それによって企業自身の利益と企業価値も増大させるものと位置づけられている。それゆえ、これらは伝統的CSRに対して「戦略的CSR」と呼ぶことができる。

ESG／SDGsにせよ、CSVにせよ、戦略的CSRは公益の追求と私利の獲得のいずれをも意図しており、私利と公益の共存を目指すものである。その点から、渋沢の「論語と算盤」＝道徳経済合一論との共通性ないし渋沢の先駆性がしばしば指摘される。たしかに渋沢が実業を通じて目指したことは、現代のSDGsの目標に即して言えば、（当時のことゆえ「気候変動への対策」こそないものの）「働きがいも経済成長も」（目標8）、「産業と技術革新の基盤をつくろう」（目標9）、「つくる責任つかう責任」（目標12）にも通じる。[43] 企業が自らも利益をあげつつ社会に積極的に貢献するという意味で、渋沢の思想は現代に通じるものがある。

しかしながら現在の戦略的CSRのあり方は、本当に渋沢が求めるところと軌を一にするものだろうか。少なくともポーターらのCSVがそうではないことは第2章で詳説した。企業が社会的課題に取り組むことで経済的価値をも獲得するCSVを、彼らは「経済的成功を収めるための新たな方法」であって「社会的責任ではない」と明言している。[44] 彼らの提唱するCSVが社会的課題の解決に貢献しうることは嘉《よみ》すべきだが、それはあくまで自社の利益を増すための手段である。まさに実業界の覇道といってよい。「実業界の覇道は悪くはない」以上、渋沢はこれを退けることはないだろう。しかしこれが、渋沢が目指した公益を第一として私利を第二に置く「実業界の王道」とは異なることは明らかである。[45]

それに比べると、ESG／SDGsの方がまだしも、社会的課題への取り組みを企業の「責任」と捉えているように見える。特にSDGsは、持続可能な世界の実現のために、二〇一五年九月の国連サミットにおいて全会一致で採択されたものである。SDGsの一七の目標・一六九のターゲットは国際社会が協働して取り組まなければならない課題であり、今日、社会を構成する様々な主体が積極的に担うべき責任のはずである。その担い手は企業だけではない。政府や国際機関、非政府組織（NPOやNGO）、教育機関さらには市民社会全体が想定されている。教育機関について言えば、大学はむろんのこと、小中高いずれの学校でも、何らかの形でSDGsが教育の中に取り入れられている。そこでは、若い世代がSDGsを知識として知るのみならず、何らかの行動に結びつけることも期待されている。持続可能な社会を実現するための責任としての行動である。

ところがその責任を企業が果たしていくのを促すのに、責任それ自体に焦点をあてて、その大義の実践に訴えかける主張はあまり聞かれない。代わりに聞かれるのは、ESG／SDGsの促進を企業の利害に絡めて勧める主張である。

それには二つのスタンスがある。[46] 第一に、ESG／SDGsに取り組むと企業として得になるからやりましょう、というものである。曰く、SDGsによって新たな収益機会が得られる。つまり、新しい市場が創出され、企業は新たな事業機会の発掘や既存事業の拡大につなげることができる。曰く、企業のブランド力が向上する。曰く、優秀な人材を獲得しやすくなる。だから取り組もう、と。第二に、ESG／SDGsに取り組まないと損を被るからやっておきましょう、というスタンスがある。気候変動や人権への取り組みなど、投資家や社会からの期待と要求は高まる一方である。そうした中で、ESG／SDGsへの対応を疎かにすれば、それはその企業のリスク要因、社会的責任意識の欠如と見られて、株式市場や世間からペナルティを科されるだろう。だからやっておこう、と。

(2) 主たる動機は何か

こうした論法での「すすめ」は、企業によるＥＳＧ／ＳＤＧｓ推進を損得勘定に基づく利に訴えているのである。もし企業が損得勘定を主たる動機としてＥＳＧ／ＳＤＧｓに取り組むとすれば、それは利を先にして義を後にする覇道ということになる。もちろん「実業界の覇道は悪くはない」。渋沢もそれを許容するであろう。

しかしこれは、渋沢自身が求めた王道、すなわち先義後利の経済士道とは相容れないものである。ＥＳＧ／ＳＤＧｓには社会的課題の緩和・解決（という公への奉仕）そのものを主たる動機として取り組むのが、渋沢流の王道である。ＳＤＧｓの一七目標などに代表される（しかしそれに必ずしも限定されない）社会的諸課題を緩和・解決することを目的として、自社の経営資源をどのように善用すればそれに貢献できるかをまず考える。「君子は義に喩る」のである。

ただし繰り返すまでもないが、ＥＳＧ／ＳＤＧｓで儲けてはいけない、と言っているのではない。私利は「第二」に重要なものである。儲けてよいし、儲かるように努めねばならない。そうして結果的に生み出される道理正しい利は、堂々とこれを得る。渋沢なら、そうしたスタンスで臨むはずである。

とはいえ、王道を行く企業（者）なら、利損は第二に置いて考える以上、自社が貢献しうる公への奉仕という義への取り組みにおいて「時には利益を犠牲にする」（第3章第4節）ことも辞さないであろう。長期的な利益を増やすために、目先の短期的な利益は忍んで犠牲にするのではない。公への奉仕を第一に企図し、同時に私利も第二として重んじるが、第一の目的のためには、時には長期的な利益をも犠牲にすることを厭わない。これが渋沢流の王道である。

結局のところ、ＥＳＧ／ＳＤＧｓ推進をめぐる王道と覇道の違いは、社会的課題への取り組みそれ自体を目的とするか、それとも儲けるため、あるいは損をしないための手段とするか、の違いにある。

「目的としようが手段としようが、それに取り組めば結果として課題解決に貢献するのだから、どちらでもよいではないか」と言われるかもしれない。いやむしろ次のようにさえ言えるだろう――ＥＳＧ／ＳＤＧｓは儲けるための手段だと勧めた方がより多くの企業（者）がＥＳＧ／ＳＤＧｓに力を入れるようになり、結果として社会的課題の緩和・解決が進む可能性は高くなる。実際、そうした取り組みを促進するには、利に訴えるのが何より効果的だし、相手が企業である以上、そうすることはむしろ当然だ。「利よりも義を先に」などと説いたのでは、たいていの企業（者）は受け入れてくれない――こういう主張も肯けはする。

しかし、だから企業はもっぱら損得第一でＥＳＧ／ＳＤＧｓに取り組めばよいのだと言うとしたら、それは渋沢の経営哲学とは相容れない。ここで言いたいのは、このことである。渋沢は利よりも義を先にする王道をこそ説いたのである。このことを看過して、覇道が主流を占める現在のESG／SDGｓ推進を渋沢の信条・真情と同一視するのは的外れと言わざるを得ない。繰り返すが、利よりも義を先にという立場を受け入れ、公への奉仕という義を先にするというスタンスで臨むのが、ESG／SDGｓ推進の王道である。そしてそれを通じてきちんと利益を上げていくのである。そのような行き方をとるならば、それは渋沢を先駆者とするESG／SDGｓへの取り組みと言ってよいだろう。

(3) 責任をもってESG／SDGｓに取り組む

渋沢が、今の言葉で言えばESG／SDGｓへの取り組みが含まれる「公への奉仕」という義を先にする王道を説いたのは、そうすることを企業者の責任と捉えていたからである。このように言えば、覇道でESG／SDGｓをすすめる人たちも言うだろう、「いや、自分たちだってESG／SDGｓは責任だと考えている」と。しかし、責任というのは「儲かるからやる」ものなのだろうか。儲からないなら果たさなくてよいのか。儲からなくても（あるいは時には利益を犠牲にしてでも）やらなければならないのが責任というものではないのか。そして、儲からないかもしれない責任への取り組みを儲かるようにしてみせるのが、企業の本領、腕の見せ所ではないだろうか。

覇道でESG／SDGｓをすすめる議論は、責任の問題を損得勘定で論じようとしている。そこでは責任と損得が混同されていないのである。義と利が区別されていないのである。義と利を弁別すること、すなわち「義利の弁」は、古来、儒学における一大問題であり、王道と覇道を区別する大前提ともなる。江戸前期の儒者・兵学者である、山鹿素行は「義利の弁」に関して「君子と小人の差別、王道と覇道の違いなどは、すべて義と利との間〔の区別〕にある」「聖人・君子が好み、嫌うところ〔利を好み、損を嫌う〕も一般の人に異ならず、ただ、〔一般の人とは違って聖人・君子は〕義と利の区別について惑わないだけのことである」と述べている[47]。前節で引用した一九〇七年の渋沢の演説「竜門社ノ精神及将来ノ経営ニ関スル希望」の中で、渋沢自身も「私は利と義との差別を明らかにして行ったならば、即ち実業界にも王道・覇道の差別を為し得られるだろうと思う」と言っている。

実業界の王道を行くには、損得（利）ではなく責任（義）を本位としなければならない。そしてそのためには、そもそも義と利とが弁別できていなければならない。しかし近年のESG／SDGs推進論においてはその弁別をせずに、責任が損得勘定で論じられている。そのことが先鋭的に表れているのが、役員報酬をESGの成果に連動させようという動きである。温暖化ガス削減なり、ダイバーシティの促進なり、自社が設定したESG課題の目標をクリアすれば経営者の報酬があがるようにするというのである[48]。こうした動きの背後には、投資家サイドからの強い働きかけがある。環境や社会に配慮することが企業の責任だとされる中で、これらの責任をより積極的に果たさせるべくインセンティブを与える、というわけである。例えば次の新聞記事の記述は、このあたりのことを端的に物語っている。

「投資家は企業にESG課題に取り組むよう求めてきたが、現状では不十分だと見ている。〔そこで投資家は〕役員報酬をESG評価に連動させることで経営者にインセンティブが働き、責任を持って取り組むようになると考えている。経営者にとってESG成果を上げることが一段と重要になる」[49]

「インセンティブが働き、責任を持って取り組むようになる」といった論法は、この記事に限らず、今日至る所で見ることができる。しかしインセンティブで損得勘定が働いた結果なされる行動を、そもそも「責任を持った取り組み」と言えるのだろうか。経営者とは「社会の公器」であるはずの企業の経営を預かっている人である。その人が、自分の懐に経済的な見返りが入らなければ自社のなすべき環境や社会への配慮に消極的なのだとしたら、あるいは自身の経済的な利得を主たる動機として積極的に取り組むのだとしたら、「計算高い経営者」ではあっても「責任ある経営者」とは言えないであろう。

インセンティブは利の問題、責任は義の問題である。計算高い経営者はその区別（義利の弁）ができていない（しようとしない）。責任ある経営者はそれができる（意識的に区別する）。素行の言うように「君子と小人の差別、王道と覇道の違いなどは、すべて義と利との間〔の区別〕にある」のである。

もっとも、投資家が企業にESG活動を促す目的は、それが企業の責任だからというより、むしろ中長期的な企業価値や株式リターンの向上を狙ってということの方が強いであろう。後者が目的の投資家からすれば、役員報酬のESG連動は自分たちが中長期的に得る利（企業価値や株式リターン）のための利（役員報酬インセンティブ）であって、義（企業の社会的責任）のための利（役員報酬インセンティブ）ではない。そうであれば大抵の投資家にとって義利の弁など問題にはならない。

しかし、企業としての責任を担っていない投資家とは異なり、その責任を担っている当事者たる企業の経営者にとっては、義と利をきちんと弁別して義を先にするというあり方に意識的であるかどうかは重要な問題である。責任ある「よき企業者」でありうるか否かの分岐点がそこにある。投資家はいざ知らず、経営者自身が「役員報酬のインセンティブのお陰で、私は責任を持ってESGに取り組めるようになった」と本気で考えるとしたら、その人を「よき経営者」とは言えないだろう。

ただ、このことに関連して一つ言い添えておきたいことがある。それは「役員報酬にESG連動の仕組みを組み込んでいる企業の経営者は、みな計算高い小人の経営者だ」と言っているわけではない、ということである。たしかに、この仕組みそれ自体の意図（責任を損得勘定で行わせる）は明らかに小人的である。しかしそのような仕組みが目の前にあるからといって、経営者が環境や社会、企業統治に対する自社の取り組みを進めるにあたり、必ず自分の損得勘定によって――私利を第一として――しなければならない、あるいは、する、というわけではない。そのような仕組みが導入されていたとしても、それにも拘わらず、経営者自身が自社の社会的責任を自覚し、公への奉仕という義を第一としてそれらに取り組むという道は残されている。いわば「小人的仕組みを君子的に運用する」ことも、容易ではないかもしれないが、できるはずなのである。その結果、設定したＥＳＧ目標がクリアされれば、むろんそれを反映した報酬を得ることになるであろう。しかしそれが悪いというのではない。私利そのものを疎かにすべきではない。[50]「私利第二」である。

　投資家側からの強まる要求に対応すべく、役員報酬のＥＳＧ連動を導入しなければならないという企業側の事情もよくわかる。また、そうすることがＥＳＧへの取り組みに対する経営者自身のコミットメントを対外的に示すという要素もあるだろう。こうした仕組みを導入する流れ自体は受け入れざるを得ないとしても、インセンティブ（利）と責任（義）は別物だ、金銭ずくで取り組むことが「責任として取り組む」ことではない、という認識だけは失わないようにしたいものである。それと共に、少なくとも渋沢の経営哲学たる「実業界の王道」に共鳴する経営者諸氏には、このような仕組みを導入したとしても、それを「君子的に運用する」ことによって、あくまで王道を貫かれることを期待したい。

4　コーポレート・ガバナンスと経営者の責任

(1)　経営者に求められる「誠実」

本章ではここまで、公益と私利の関係を問題にして、道徳経済合一説のエッセンスである公益第一・私利第二こそが渋沢が求めた実業界の王道だ、という話をしてきた。これは義を「公への奉仕」と見た場合の先義後利の実践とも言える。

ところで、渋沢の「実業界の王道」の定義は、「一国の繁盛、多数の富を目的とし、自己本位でなく」事業を経営すること、であった（本章第2節）。「一国の繁盛、多数の富を目的とする」のが「公への奉仕」に当たる一方、「自己本位でなく」は真心と正直とからなる「誠実」に通ずる。渋沢は実業界の王道を誠実という義の観点からも捉えていたと言える。

渋沢が「会社銀行員の精神上の資格」として第一に挙げたのも、他ならぬ「誠実」であった。

「（第一）実直なること。正直にして親切に、かつ徳義を重んずる人でなくてはいかぬ。詐欺、騙瞞の行為ありて徳義の何物たるを知らぬ人は、たとえ一時的な用を弁ずることはあっても、永久の成功は覚束ない」[51]

言うまでもないが、ここで渋沢は「永久の成功を収めるために、実直に振る舞いましょう」「正直は最良の方策だから、そうしましょう」（先利後義）と呼びかけたのではない。実直であることを、まっとうな会社員・銀行員の「資格」として指摘しているのであって、彼らが成功するための「方策」として勧めているのではない。

誠実は会社や銀行で働く企業者の誰にでも求められる徳目だが、中でもこれを最も強く要求される企業者が経営者である。経営者に求められる誠実は、経営者の規律の問題、すなわち企業統治に深く関わっている。企業統治とは、「経営者がなすべきことをし、なすべからざることをしないようにさせること」である。[52]

岩井［2009］は、株式会社の経営者は、エージェンシー理論が誤って説くような「株主の代理人（agent）」ではなく、「会社の信任受託者（fiduciary）」であるという。[53] それゆえ経営者の規律は、代理人の場合に適用されるような「契約」による他律的コントロールではなく、信任受託者としての自己規律、具体的には①自己利益を追求せず、②職務に手を抜かず、という「倫理」によらねばならない。経営者の会社に対する信任関係の維持には、経営者自身の倫理が究極的には不可欠なのである。しかし「人間の倫理感とは希少な資源[54]」であるためこれを個人に委ねることはできず、法で強制する必要が出てくる。それが❶忠実義務、❷注意義務である。岩井は以上のように論じた上で、「経営者が会社に対して負う忠実義務と注意義務こそ、コーポレート・ガバナンスの中核」[55]だと指摘する。

「自己利益を追求せず、職務に手を抜かない」のは、本書でいう真心としての誠実のことである。第5章第3節で述べたように、真心とは、自分以外の人や事物のために、純粋な動機に基づいて全力を尽くすことを言う。「純粋な動機に基づいて」が①／❶に、「全力を尽くす」が②／❷に相当する。さらに言えば、これらは誠実のもう一つの要素である正直とも関係する。自己利益を追求するから「虚言を為す」のであり、職務に手を抜くから「言を成さない」のである。すべてとは言わないが、たいていのケースではそうであろう。

「経営者がなすべきことをし、なすべからざることをしない」上での最も望ましい姿は、経営者が法で強制されずとも、自己利益を追求せず、職務に手を抜かないように自らを律することである。それを可能にするのが、経営者の誠実という倫理に他ならない。そうであれば、忠実義務・注意義務よりむしろそれらが究極的に求めている経営者の誠実こそが企業統治の本質である、と言わねばならない。渋沢もまた、企業者の徳義を何よりも重んじ、誠実の欠くべからざることを繰り返し説いたのである。彼の求めた実業界の王道に本当に適うのは、そうした規律のあり方である。

とはいえ、人間の倫理感がいつも十分に発揮されるとは限らない（「希少な資源」である）のも事実である。経営者の自律には限界がある。それゆえ誠実を担保する基本的な手段・枠組みとして❶忠実義務、❷注意義務は課さねばならない。その意味で、これらの義務を「コーポレート・ガバナンスの中核」と言うことはできる。実業界の王道を求めた渋沢と雖も、自律の限界を補うにそうした法的義務を以てすることの必要性は十分認めるに違いない。

経営者は、(a)自ら誠実に職務にあたるのが本来であり、しかし(b)人間としての弱さゆえに不誠実になりがちなのを、忠実義務・注意義務を法的に負っていることを意識することで自ら慎む。厳密な意味での自律は(a)のみと言うべきだが、(b)も法的義務による自律の補完と捉えて自律の一種とみなすことができる。

(2) コーポレート・ガバナンスという覇道――「誠実」と「勇気」をめぐって

ところが、今日の企業統治はと言えば、もっぱら他律に依拠している。その背後には、経営者は放っておけば必ず(他を犠牲にして)自己の利益を追求したり、職務に手抜きをしたりする、という経営者性悪説がある。経営者の不誠実を大前提とし、企業統治の本質は誠実であるなどという言説を単なる理想論、精神論と一蹴し、忠実義務・注意義務の存在によって経営者が自ら慎むなどということにはさしたる期待もしないのが、現下の企業統治の議論と言ってよいだろう。その代わりに持ち出されるのが、経営者に対する牽制とインセンティブ付与――ムチとアメ――による他律的な規律づけである。以下では、「コーポレート・ガバナンス」というカタカナ語を、「企業統治」という日本語と区別して、こうした他律的な規律づけの意味で用いることにする。[56]

一般にコーポレート・ガバナンスの議論では、牽制は独立社外取締役の増員等による取締役会の独立性強化、インセンティブ付与は役員報酬の業績連動性の強化や自社株報酬の割合の増加によって図る、というのが主たる考え方である。我が国でも二〇一五年のコーポレートガバナンス・コード（CGコード）施行以来、これらの方策によって上場企業経営者の規律を高めようとしている。[57]

まずは牽制について。独立社外取締役が一定以上の割合を占める独立性の高い取締役会という他者からの牽制を受けることで、経営者は、①会社（や、そのステークホルダー）を犠牲にした私欲の追求や、②（取締役会によるリスクテイクの後押しも相まって）非効率で現状維持的な経営に甘んじることをしにくくなる、とされる。しかし経営者が自己利益を追求しなかったり、職務に手抜きをしなかったのが、監督者に見張られたり尻を叩かれたりしたからだとしたら、それはその人の誠実によるものではない。その経営者はいわば自己保身（という自利心）に突き動かされているのである。別の観点から言えば、独立性の高い取締役会がもし本当に機能するなら、どんなに不誠実な経営者であっても、現在の自らの地位や報酬を守りたいがために、会社を犠牲にした私欲の追求やぬるま湯経営はしないはずである（もしすれば解任されるのは必定だから）。コーポレート・ガバナンスのロジックにおいては、責任ある経営者による誠実さの追求など期待されてもいなければ求められてもいないのである。

次にインセンティブ付与について。会社や株主が儲かるように経営すれば、経営者自身も儲かるようにするというのが、インセンティブ付与の仕組みである。これに至ってはなおのこと、誠実などに眼中にないことは明らかである。経営者は、自分が儲かるから、会社や株主を儲けさせる。そこにあるのは経営者の自利心であって、誠実さではない。こうしたことについて、渋沢は『論語と算盤』で次のように警鐘を鳴らしている。

「関係の会社銀行等の事業を盛大ならしむべく、昼夜不断の努力を尽くすは、実業家として洵《まこと》に立派のことである。その株主に忠なる者と称するも不可なしであるけれども、もし会社銀行のために尽くす精神が、よってもって自ら利せんとする、いわゆる利己の一念に止まりて、株主の配当を多くするのは、〔自身もその会社や銀行の株主となっているその実業家の〕自家の金庫を重からしむるためなりとせば、もし会社銀行を破産せしめ、株主に欠損を与うるをもって、自己の利益が多いという場合に際会したならば、あるいはこれをも忍ぶやも測られない。孟子のいわゆる『奪わずんば饜《あ》かず』とは、すなわちこれである」[58]

経営者がもっぱら自己利益を追求する限り、表向きは株主重視を標榜していても、場合によっては株主を犠牲にすることで自分が得をしようとすることも辞さないだろう、というのである。その大規模な典型例を、二〇〇一年に起きた米エンロン社の破綻プロセスに見ることができる。これほど悪質なものではないとしても、これと同様のロジックによって、経営者が自己利益のために自身の経営する会社やそのステークホルダーを犠牲にすることは稀とは言えない。

いずれにせよ、コーポレート・ガバナンスが想定するインセンティブ・スキームは、経営者に誠実を求めないばかりでなく、自己利益の追求を公に認めている。それどころか、自己利益の追求を期待してさえいるとも考えられる。というのは、もし経営者の自己利益を追求する性向が弱ければ、そのような経営者にはインセンティブの効き目はあまり見込めないからである。自らの損得を第一に考える欲深い経営者であればあるほど、インセンティブ設計のし甲斐もあるわけである。経営者に本来求められる真心の一側面、すなわち動機の純粋さ（忠実義務がそれを補完するところの「自己利益を追求せず」）とは無縁、いや正反対の考え方である。[59] もっぱら自分が儲かるために会社の経営にいそしむ経営者を「誠実な経営者」とは呼べないであろう。

ところで現在のCGコードにおいて、インセンティブ付与は、最終的に会社の業績を向上させるためのみならず、より直接的に、経営者にリスクをとって迅速・果断な意思決定をさせる、いわゆる「攻めのガバナンス」の手段とも位置づけられている。例えば、CGコード（二〇二一年六月版）の原則四－二では、次のように言われている。

「（……）経営陣の報酬については、中長期的な会社の業績や潜在的リスクを反映させ、健全な企業家精神の発揮に資するようなインセンティブ付けを行うべきである」

なるほど「企業家精神」には自分が儲けたいという営利心が含まれる。しかし「健全な企業家精神」には、それに加えてもっと大事な、欠くべからざる要素がある。それは「勇気」である。優れた企業家でこれを欠く人がいるだろうか。

社会的課題の緩和・解決のためにせよ、自社の存続・発展のためにせよ、それに必要な投資や改革は、たとえ高いリスクや困難が伴うとしても決断し、実行する。それは本来、経営者の責任である。そうであれば、自分自身が儲かるかどうかは第二において、迅速・果断に決断・実行するのが責任ある経営者のあるべき姿であろう。そこには勇気が不可欠なはずである。渋沢が「世に立つ者は、常に勇気の必要に迫られつつあるので、なかんずく事業界に携わる者において、その必要性が甚だ多い」と言った（第5章第1節）のも肯ける。

反対に、会社や社会のために必要な意思決定を「自分が儲かるから」（というのを主たる動機として）決断・実行する、あるいは自分が儲かる仕組みがないならリスクなどとらず困難に挑もうとしない、そういう経営者が「健全な企業家精神」を持った責任ある経営者だろうか。自分が儲けたい一心でリスクを取るのなら、賭け事とどこが違うのか。いや、違いはある。賭け事は自分のお金でするが、企業の投資は会社のお金――つまり他人のお金――でする。他人のお金で自分が一儲けできるのならなおのこと、勇気を欠く臆病な人でさえ進んで賭けに出るだろう[60]。

勇気は、自らが引き受けた責任――とりわけ公への奉仕という義――に真剣に向き合うことから生まれる。稲盛和夫は「会社のため、従業員のためと思えば、あえて苦難に身を投じようという勇気が湧いてくる」と言った[61]。自分が一儲けできるぞ、と思ったときにもやる気は高まるだろうが、それは勇気とは別物である。他方、取締役会や株主からせっつかれて困難な決断をしそれを実行したとしても、それを勇気ある行動とは言えまい。インセンティブにせよ、牽制にせよ、いわゆるコーポレート・ガバナンスによって経営者の勇気は生まれはしない。それによって経営者の誠実が生まれないのと同様である。

最後に、誤解のないように付け加えておこう。筆者は「牽制やインセンティブ付与など不要だからやめてしまえ」と主張しているのではない。人は誰でも自利心とそれゆえの弱さをもつ。したがっていくら誠実を求め、かつそれを担保するために忠実義務・注意義務を課してもなお、経営者による（他者を犠牲にした）自己利益追求や職務懈怠といった逸脱は当然起きうる。経営者とは多くのステークホルダーの福利・命運を左右する存在である以上、(a)経営者の逸脱を防ぎ、(b)過度に逸脱した経営者はこれを確実に解任するための牽制の仕組みは置かねばならない[62]。また、インセンティブ付与にしても、そもそも「私利第二」や「後利」が「利は捨てるべきどうでもよいもの」ではなく「利は銀メダルとして重んじてよいもの」なのだから、成果に見合った報酬を受けること自体は何も悪くはない。リスクを取った者に対して正当な対価を与えるという意味でも、インセンティブ付与には（結果において）望ましい側面がある。

筆者がこの項で言おうとしたのは、経営者の規律がコーポレート・ガバナンスの牽制やインセンティブの仕組みの所産である限り、それは経営者の誠実や勇気とは無縁だ、ということである。問題の核心は、自社のコーポレート・ガバナンスの仕組みがどうあれ、経営者自身がその主観的態度において自らの規律をどのように実現するか、にある。前節の終わりで述べた「小人的仕組みの君子的運用」の余地がここにもある。健全で活力ある経営をするために、誠実や勇気を必要としないコーポレート・ガバナンスという「薬」に頼るのか（そうであれば経営者は自分の損得勘定を働かせるだけで済む）、それともそうした薬には頼らず、自らが誠実に勇気をもってその職務に取り組む――少なくともそうあろうと努める――のか。[63]薬に頼るのなら、それは経営者の規律づけにおける覇道である。自ら誠実に勇気をもってその職務に取り組むことこそ、経営者規律の王道である。[64]

(3)「責任のアウトソーシング」という無責任

今でいうコーポレート・ガバナンスの必要性を、渋沢も、条件付きではあれ、否定しないであろう。インセンティブに関しては先の金庫の喩えのような懸念をもっていたものの、こと牽制に関する限り、そもそも渋沢自身、関係する様々な会社で自身が取締役などとして監督の任に当たったり、その任を託すべく信頼する実業上のパートナーを会社に送り込んだりしている。しかし渋沢は、いまのコーポレート・ガバナンス論とは異なり、経営者の誠実や勇気を度外視して、もっぱら経営者の自利心に訴える仕組みを作り上げて監督の実をあげ、業績を向上させさえすればよい、などとは考えていなかった。むしろ経営者の誠実や勇気をこそ、最重視した。

自分自身の利得を図るよりも先に会社とそのステークホルダー、さらには社会のために全力を尽くすことは、言うまでもなく経営者の責任である。そして責任とはそれを担う者が自ら果たすべきものであって、究極的にはその人が公への奉仕を旨として、勇気をもって誠実にその任に当たるかどうかにかかっている。ところが経営者の誠実や勇気とは無縁の現今のコーポレート・ガバナンス論は、こうした本質において個人の倫理的問題を「仕組み」の問題にすり替えている。政治哲学者の玉手慎太郎の言葉を借りれば、「倫理のアウトソーシング」である。倫理のアウトソーシングとは「個人に倫理的な行動や態度を要求することなしに、端的に望ましい帰結が生み出されるように制度を設計しようという考え方」をいう[65]。

こうした考え方が広がっていると指摘する玉手がその一例として挙げているのがＳＤＧｓである。「理由は何であれ、環境問題や貧困問題に取り組む企業の製品を求める消費者が増え、それに応じて企業がますますそういった取り組みに関与する、そういった仕組みが作られれば、ＳＤＧｓの目指す倫理的配慮は自ずから達成される」という、いわば「消費主義的なＳＤＧｓ」に玉手は懸念を示している。[66] 環境問題や貧困問題の緩和・解決それ自体を目的とするのではなく、それらの問題をいわば媒介（手段）として、要は経済活動を盛んにしよう、という風潮が現下のＳＤＧｓ推進に見られることは、前節で述べた。玉手はこれを消費者サイドに視点を置いて論じているが、これを企業サイドから見たのが先述の「覇道としてのＥＳＧ／ＳＤＧｓ」であることは言うまでもない。企業者に公への奉仕という「倫理的な行動や態度を要求することなしに、端的に望ましい帰結が生み出されるように制度を設計しようという考え方」が、そこには歴然としている。そしてそれが最も露骨に表れているのが、ＥＳＧ連動型役員報酬の導入を声高に企業に求める投資家やマスコミの姿勢であろう。

公への奉仕にせよ、誠実や勇気にせよ、これは企業者の責任に属する。一方、近年のコーポレート・ガバナンスやＥＳＧ／ＳＤＧｓの促進策は、企業者がもし責任ある行動をとったならば得られたであろう帰結と（少なくとも表面上は）同じ帰結を期待しているにすぎない。企業者の責任（に基づく行動）そのものを期待しているわけではない。その意味で、「倫理のアウトソーシング」というより「責任のアウトソーシング」と言った方がよりぴったりくるであろう。しかし責任をアウトソースしたところに、責任の居場所はない。責任ある行動を伴わない経営は無責任な経営と言わざるをえない。

(4)「経営の本質は責任にほかならない」

これに対して渋沢は、企業者に責任を求めた。公への奉仕、誠実、勇気を第一に置いて決断し行動することを求めた。渋沢はそれほどに企業者の責任を重んじた。「倫理的な行動や態度を要求」したのである。それを大前提とした上で、利を得ることをも積極的に是認した。それが本書で述べてきた先義後利という準則であり、この準則に従って決断し行動するのが、渋沢の求めた経済士道である。

ピーター・ドラッカーは、渋沢の経営思想の中核に「責任」があることを夙《つと》に喝破していた。彼の主著『マネジメント』の日本語版序文での次の渋沢評はよく知られている。

「率直にいって私は、経営の『社会的責任』について論じた歴史的人物の中で、かの偉大な明治を築いた偉大な人物の一人である渋沢栄一の右に出るものを知らない。彼は世界のだれよりも早く、経営の本質は『責任』にほかならないということを見抜いていたのである」[67]

ここで「社会的責任」とは、フィランスロピーなど本業から一歩踏み出したいわゆる「企業の社会的責任（CSR）」ではなく、第5章第2節で述べた、事業活動そのものを通じた「公への奉仕」を指している。ドラッカー自身は「〝利潤の確保〟こそ第一の社会的責任である」と述べている。[68] ただし、これを「私利第一」の主張と誤解してはならない。ドラッカーはここで「利潤」を「私利」ではなく「公利」と位置づけた上で、そう言っているのである。

「利潤はたんに企業経営者や投資家が『手に入れたいと願う』何ものかではなく、それは経済社会全体が必要とする何ものかである」[69]

利潤は「社会に住む人々のために、好ましい未来の仕事を用意するための唯一の方法であるがゆえに」、また「満足な人間生活のためになくてはならぬ他のあらゆるもの――教育から芸術まで、保健から引退した老人の年金まで――をまかないうる唯一の原資であるがゆえに」、経済社会全体がこれを必要とする。[70] この意味での利潤を確保することは、「公利」の追求＝公への奉仕と言える。それに対して自分が「手に入れたいと願う」利潤が「私利」である。

ひたすら私利を追い求めるのは無責任な経営者である。それと同時に、公利を進んで求めようとしない経営者もまた無責任だとドラッカーは言う。

「アメリカ人がこれまでそうであったように、『利潤』が投資家や企業の経営者のみの追い求めるものと考えるのは、無責任きわまる態度である。しかしまた多くの日本やヨーロッパの企業経営者のように、それを『汚い用語』だとして、なるべく考えようとしないのも同じく無責任な態度ではなかろうか[71]」

私利を求めることが「責任」でないことは定義上、明白である。他方、私利ではなく公利としての利潤を確保することは「責任」＝義であり、経営者がこれを蔑ろにすることは許されない。ところで、ドラッカーは同じ日本語版序文の最後のところで、再び渋沢に言及している。こちらは従来、ほとんど引用されたことがないと思われるが、渋沢と責任の関連を指摘したものとしてより重要である。

「経営者が独自の『権限』行使を許されているとはいえ、経営者が固有の『特権』をもつとはとうてい信じ難い。一〇〇年前渋沢栄一がわれわれに教えたことがあるとすれば、それは『経営者には責任がある』という一つのことである[72]」

経営者には独自の権限行使が許されている以上、そこには当然、責任というものがなければならない。自分の責任は疎かにして権限だけ行使するなどという「特権」もないし、「経営者としての責任を果たしてほしかったら破格の報酬を寄越せ」などと要求する「特権」もない。

経営者には責任がある。一〇〇年前の渋沢が我々に教えたこの当たり前のことが、コーポレート・ガバナンス改革やESG／SDGs推進策をはじめとする、現在の企業経営をめぐる重要問題の議論において度外視されてしまっているのではないか。

先義後利の経済士道は、責任あるよき企業者の道である。これを実践し、実業界の王道を歩むことは、広く企業者に対して望まれるところだが、企業者の中でもとりわけ重い責任を担う経営者には、特にそれが求められて然るべきであろう。

注

1 渋沢［2010］一〇四頁。

2 渋沢［2010］一〇六頁。

3 『青淵百話』の話の中のいくつかは、同書刊行以前に出された雑誌等にその出典を求めることができるが、「商業の真意義」については、二〇二四年三月現在、公益財団法人渋沢栄一記念財団情報資源センターも出典・初出の本格的な調査には至っておらず、その初出は未だ確認されていない。したがって、ここでは同書が刊行された一九一二年、すなわち渋沢七二歳の頃の発言とみなすことにする。なお、『青淵百話』および本書における同書からの引用元である『渋沢百訓』との関係については、第1章の注2を参照されたい。

4 以下の議論は、渋沢の「商人の本分」（渋沢青淵記念財団竜門社編［1959b］一五七～一六一頁）、「商業の真意義」（渋沢［2010］、一〇二～一〇六頁）、「修身講義（第五回）」（渋沢青淵記念財団竜門社編［1962b］二二六～二三〇頁）による。

5 「商人の本分」「商業の真意義」「修身講義（第五回）」の三つの講話うち、「商人の本分」がこのことを最も強調している。

6 渋沢は公益を次のように捉えている。「日本全体において、あるいは日本のある地方において、あるいはある社会において、一般の利益の増してくること、蓋しこれを公益と云うに決して差支えなかろうと思う」（「修身講義（第五回）」渋沢青淵記念財団竜門社編［1962b］二二六頁）。

7 渋沢は例えば次のように言う。「各人その執り居る一身の事業を単に一己の欲得ばかりでやって居ると思うも比《ひと》しく誤謬の甚だしきものである」（「商人の本分」渋沢青淵記念財団竜門社編［1959b］一五八頁）。

8 「商業の真意義」（渋沢［2010］一〇五頁）。

9 「会社制度の創始」という訓話で、渋沢は次のように言っている。「一人だけ富むので国は富まぬ、国家が強くはならぬ。殊に今の全体から商工業者の位置が卑しい、力が弱いと云うことを救いたいと覚悟するならば、どうしても全般に富むことを考えるより外はない。全般に富むと云う考えは、これは合本法より外にない」（渋沢［1928］二四頁）。

10 「商業の真意義」（渋沢［2010］一〇四頁）。

11 「修身講義（第五回）」（渋沢青淵記念財団竜門社編［1962b］二二九頁）。この講義の冒頭で、渋沢自身、こう言っている。「まず第一に私は今申す公益と私利の区別について、自分の平常理解して居る点をここにやや研究的に申上げて見たいと思います」（二二六頁）。「商人の本分」で公益・私利の問題を説く最初でも「この商売人の最も考えなければならぬのは、公益と私利と云うものの差別を明らかにしなければならぬと思う」と述べている（渋沢青淵記念財団竜門社編［1959b］一五八頁）。
12 「商業の真意義」（渋沢［2010］一〇五頁）。
13 「修身講義（第五回）」（渋沢青淵記念財団竜門社編［1962b］二二九頁）。
14 「修身講義（第五回）」（渋沢青淵記念財団竜門社編［1962b］二二九、二三〇頁）。
15 「修身講義（第五回）」（渋沢青淵記念財団竜門社編［1962b］二二九頁）。
16 「修身講義（第五回）」（渋沢青淵記念財団竜門社編［1962b］二三〇頁）。
17 「修身講義（第五回）」（渋沢青淵記念財団竜門社編［1962b］二二八頁）。
18 「修身講義（第五回）」（渋沢青淵記念財団竜門社編［1962b］二三〇頁）。傍点は引用者。
19 これは伊丹・加護野［2022］（三六五頁）における「経営理念」の定義（経営理念とは、①組織の理念的目的と②経営行動の規範の二つについての基本的な考え方）に準じたものである。
20 伊丹［2024］においても同様に、経営哲学を「経営者個人の哲学」「経営者の決断のための羅針盤」、経営理念を「現場のための羅針盤」と対比して定義されている。
21 松下［2001］二四～二五頁。
22 パナソニックグループの〈経営理念〉にあたる「綱領」「信条」「私たちの遵奉すべき精神（七精神）」の具体的な文言は同グループのWebサイト（https://holdings.panasonic/jp/corporate/about/philosophy.html）を参照。
23 稲盛［2014］五二～五三頁。
24 稲盛［2014］四九～五八頁。
25 ただし、それ以降でも「一日一日をど真剣に生きる」「心に思い描いたとおりになる」「純粋な心で人生を歩む」「手の切れるような製品をつくる」という各項目の中に宇宙への言及が見られる。

26　例えば、ＪＡＬ再生を果たした後の二〇一二年の盛和塾世界大会塾長講話で、稲盛は、ＪＡＬ再建に成功できた「真の要因」は宇宙の意志と同調した懸命な努力によって「サムシング・グレート」が応援してくれたからだと「私は固く信じています」と述べた上で、次のように真情を吐露している。「ただ、こういうことを新聞や雑誌のインタビューなどで話してみても、世間はすぐに『なんだ。あいつは宗教がかったことを言っている。新興宗教ではないか』などと言い出しますので、『日本航空の再建はフィロソフィとアメーバ経営によるものだ』と言わなければならないのです。／それも紛れもない事実なのですが、そういうすばらしいフィロソフィとアメーバ経営の力に、さらにもっと大きく強い力が加わって、想像もしない、すばらしい成果を得ることができたのです。今日は、このことをよく理解してくださる盛和塾の皆さんが聞いておられるだけに、改めて申し上げた次第です」（稲盛［2016c］二九八、三〇〇頁。

27　渋沢青淵記念財団竜門社編［1959b］四〇六頁。傍点は引用者。

28　宇野［2019］九七～九八頁。

29　諸橋［1989］六九～七〇頁。

30　ただし、荀子は「人に君たる者は、礼を隆《とうと》び賢を尊びて王たり、法を重んじ民を愛して覇たり」（『荀子』天論篇および大略篇）と述べ、覇者を「法治を重視するタイプの君主」「民衆を愛する好ましい為政者」と位置づけて、「徳治・礼治を重視する王」に次ぐ高い評価を与えている（水口［2022］一一九頁）。

31　渋沢［2010］七七頁。

32　渋沢［2010］七八頁。

33　渋沢青淵記念財団竜門社編［1959b］八五一頁。

34　もっとも、この論争で両者が喧嘩別れしたというわけではないようである。井上［2020］によれば、「栄一が言うには、そのとき険悪になったのではなく、双方考えが違うので、おのおの長ずるところでやっていこうという程度であったようです」とのことである（一二〇頁）。

35 公益財団法人渋沢栄一記念財団［2012］一二五～一二六頁。しかも、渋沢の後継者である孫の渋沢敬三の妻登喜子は、他ならぬ岩崎家の出身であった（一二六頁）。

36 島田［2011］九二頁。渋沢と益田が協力して設立に関わった会社として、例えば大阪紡績、東京人造肥料、日本煉瓦製造がある（島田［2007］一五二～一五三頁、井上［2020］一六三頁）。なお、井上［2020］は「益田が何か事業を起こそうとして栄一に相談すると、栄一は必ず『よしやろうじゃないか』と言って賛成し、主導者として邁進するので、後からついていく益田は『いつもへとへとになった』と述べています」（一六二頁）というエピソードを紹介している。

37 島田［2007］第五章第一節、島田［2023］。

38 渋沢［1975］一七六頁。傍点は引用者。

39 同じく第2章第1節で引用した次の一節も「余」が主語になっている。「ゆえに余は（……）国家に必要なる事業は利益の如何をば第二におき、（……）起すべき事業ならばこれを起し、その株も持ち、実際に利益を挙げるようにして、その事業を経営して往くべきものだと思うておる。余は常にこの精神で種々の事業を起し、これに関与し、またはその株を持っておるもので、この株は騰貴《あが》るであろうからと考えて、株を持ったことは未だ曾てない」（渋沢［1975］一七七頁。傍点は引用者）。

40 渋沢青淵記念財団竜門社編［1963］一六〇～一六一頁。

41 渋沢［2010］五七～五八頁。

42 渋沢青淵記念財団竜門社編［1959b］八五一～八五二頁。

43 杉山［2021］四五頁。

44 Porter and Kramer［2011］p. 64。第2章第2節参照。

45　もっとも、ポーターらの唱える――いわば「教科書通りの」――CSVが私利を第一とする実業界の覇道だからといって、世の中で実際に「CSV経営」を掲げている企業が、必ず教科書通りに私利第一でCSVに取り組んでいるとは限らない。この点には注意を要する（終章第2節も参照されたい）。

公益（義）と私利（利）を区別し、いずれを「先」にするか、両者の関係をどうするか、といったことを、本書ではやかましく説いてきたけれども、世の中ではそうした議論はそもそもあまり意識されていない。それゆえ、ポーターらのCSVを取り入れているとする企業であっても、その企業自体として、もしくはそこで働く経営者や従業員（という企業者）が、公益と私利の共存を図りつつ、私利よりむしろ公益の方を重んじて、つまり王道的に事に当たっている場合もありうる。それは常にではなく、時としてかもしれない。あるいは現状はいつも私利が先になってしまいがちだが、目指すところは公益を先にすることだ、というケースもあろう。いずれにせよ、こうしたことは「企業は社会の公器」という意識が強い日本の企業には、とりわけ当てはまるように思われる。

しかし少なくとも教科書的なCSVに関する限り、「経済的成功を収めるための新たな方法であって、社会的責任ではない」という以上は、やはり覇道と位置づけるよりほかはない。

46　以下は、田中［2020a］三三一～三三三頁に加筆・修正を施したものである。

47　『山鹿語類』巻第二十一「義利を弁ず」（山鹿［1983］一二三三～一二三四頁）。なお、この箇所は第4章注26でも引用した。

48　最近では役員報酬のみならず従業員のボーナスにもESGへの取り組みを反映する動きがあるが、ここではもっぱら役員報酬との関連で論を進める。

49　日本経済新聞二〇二〇年一二月六日付。傍点は引用者。

50　とはいえ、ESG成果に紐付くインセンティブは、当期利益や株価など最終的な成果が現れないうちに（単にＥＳＧ課題を達成したというだけで）経営者らに報賞を与えるものである。その点で、当期利益などの最終的な成果に紐付く通常のインセンティブとは異なり、その正当性には議論の余地がある。

51 渋沢［2010］二五二頁。傍点は原文。

52 田中［2014b］六頁。

53 詳しくは、岩井［2009］第三章を参照されたい。なお、この段落は、田中［2020b］二九頁の記述に基づく。

54 岩井［2009］一一七頁。

55 岩井［2009］一一九頁。

56（広義の）「企業統治」には、経営者が他者から規律づけられる「他律的な企業統治」（＝コーポレート・ガバナンス）のほかに、経営者が自ら規律づける「自律的な企業統治」がある、というのが筆者の理解である。このような理解のもと、田中［2014b］では、経営者の自利心（端的に言えば損得勘定）が規律の源となる前者を「自利心による企業統治」、経営者の良心（責任感や使命感など）が規律の源となる後者を「良心による企業統治」と名付けて両者を区別した上で、良心による企業統治のメカニズムとその重要性を論じた。なお、本文で言及した経営者性悪説については同書の第一章第四節、その危険性については同書の第五章第四節を参照されたい。

57 以下の牽制と誠実に係るインセンティブ付与との記述は、田中［2020b］のⅢ節の一部に加筆・修正を施したものである。

58 渋沢［2008］二六六頁。

59 もっとも、こうしたスキームにおいて、経営者が自分の損得を考えてよいのは「会社も儲けさせる限りにおいて」であり、会社を犠牲にすることが許されているのではない（のが建前である）。しかし、自己利益の追求がいわば公然と容認され慫慂《しょうよう》されること自体の問題について吟味する必要がある。経営者による自己利益追求が公然と容認・慫慂されていれば、建前上はそれが「会社の利益のため」の方便であったとしても、やがてその建前は形骸化して、「自己利益のため」の自己利益の追求という逸脱行動に陥りがちである。巨額報酬のインセンティブを与えられた経営者が現にそうした行動に陥ったらしい例は枚挙に暇がない。

60 ただし、いくら「他人のお金で」と言っても、むしろそうであるがゆえの厳粛さが企業の投資やその他リスクを伴う施策にはあることは言うまでもない。それらは一か八かの賭けとは違って、①周到な合理的判断が必要である上に、②失敗すれば自分だけでなく多数のステークホルダーに損害を与え、何らかの責任を取らねばならない。それゆえ、企業の投資等は賭け事とは本来異質のものであることはもちろんである。

61 稲盛［2015］二七頁。

62 企業統治における社外取締役の役割に関する私見は、田中［2014b］第八章第二節で詳述している。

63 むろん後者で臨んでもなお、経営者は自分の弱さに負けて逸脱してしまうかもしれない。それを自覚する経営者が牽制やインセンティブの仕組みをきちんと整えておくことには意味がある。しかし、いざという時、必要な分に限ってその「薬」が使われることと、日頃からそれに頼ることは区別せねばならない。

64 田中［2014b］では、この王道を「良心による企業統治」として論じた。

65 玉手［2023］一三頁。

66 玉手［2023］一〇頁

67 ドラッカー［1974］六頁。

68 ドラッカー［1974］九頁。

69 ドラッカー［1974］九頁。

70 ドラッカー［1974］九～一〇頁。

71 ドラッカー［1974］一一頁。もっとも、いまの日本の企業経営者の多くは、ドラッカーの当時とは異なり、利潤を必ずしも「汚い用語」とは見ていないであろう。

72　ドラッカー［1974］一二頁。

終章　経済士道を生きる

1　資本主義再生のための第三の道[1]

(1)　資本主義と伝統的／戦略的CSRの限界

近年、資本主義の見直し・再構築を模索する動きが世界的に進んでいる。その背景には、これまでの資本主義のあり方が、所得格差拡大や地球温暖化、雇用や金融の不安定化といった諸問題を生み出しているという深刻な問題意識がある。二〇二〇年一月のダボス会議が「資本主義の再定義」をテーマに掲げて大きな話題となって以来、こうした動きは強まっているように思われる。

資本主義のあり方と格差や環境の問題とがどのように関わっているのかについて詳しく論じることは本書の範囲を超える。ただ、一つの考え方として、これまでの資本主義のあり方がもつ二つの特徴が、それ自身の行き詰まりに大きく関わっているように思われる。

特徴の第一は、企業の目的を専ら株主利益の最大化においてきたことである。企業は、そもそも多様なステークホルダーを抱えている。しかし、株主以外のステークホルダーについては、これを等閑視するか、仮に顧慮するとしてもせいぜい株主利益拡大のための手段としてそうするのが、少なくともこれまでの（英米に代表される）資本主義の典型的な考え方であった。そのことが、例えば雇用の不安定化や所得格差の拡大、これらを背景にした社会における反巨大企業感情の醸成の一因になっているのではないかという認識のもと、「ステークホルダー資本主義」が近年、盛んに言われるようになっている。[2]

その裏返しとも言える第二の特徴が、経済主体が担うべき「積極的道徳（なすべきことをせよ）」が、事実上免除されてしまっていることである。ここで言う積極的道徳とは、公益の追求——経済士道でいうところの公への奉仕——のことである。[3] 企業は何よりもまず自社の製品・サービスの提供（そしてそれを担う人々の雇用）を通じて広く社会に貢献し、公益の増進に寄与する。しかしこれまで企業に課されてきたのはもっぱら法やルールを犯すべからずといった消極的道徳であって、公益追求に係る積極的道徳は必ずしも強調されてはこなかった。資本主義の父、アダム・スミスの議論が端的に示すように、正義を犯さずフェアプレイに徹する限り、個々の経済主体が意図して追求すべきは公益ではなく私利である。皆が私利を追求する結果、意図せざる結果として社会の繁栄という公益が実現する——これが市場経済の常識と言ってよいだろう。第2章第1節で引用したスミスの言葉、「公共の利益のために仕事をするなどと気取っている人びとによって、あまり大きな利益が実現された例を私はまったく知らない」というのは、もっと平たく言えば「なまじ公益など追求すると碌なことはない」ということである。これを積極的道徳の免除と言わずして何と言おう。[4]

ただし、皆が私利を追求することで社会の繁栄という意図せざる結果が生じるためには「見えざる手」が十分に働かなければならない。ところがそれが実際には十分に働かない。そこに問題がある。いわゆる「市場の失敗」である。それへの対処として、従来は政府が規制なり課税なりをすることによって、いわば「見えざる手を助けよう」としてきた。しかしそれにも限界があることを、今日の地球温暖化や経済格差をはじめとした諸問題が物語っている。

資本主義市場経済の存続を望むのであれば、見えざる手を助けるための、政府による介入を超えた、新たな方策を検討する必要があるのではないだろうか。そう考えたとき、本書で述べてきた渋沢流の公益第一・私利第二、すなわち先義後利の経済士道で事業活動を企業（者）が行うことが、重要な意味を持ってくるように思われる。言うまでもなく、経済士道は経済活動における積極的道徳——公益の追求——を個々の経済主体に免除していない。それどころかその中核にあるのが公益追求である。

もっとも、公益追求については「企業は従来でも必ずしもこれを免除されていたわけではない」「伝統的なＣＳＲも戦略的なＣＳＲ（ＥＳＧ／ＳＥＧｓやＣＳＶ）も、企業に公益への貢献を求めてきたではないか」といった異見があるかもしれない。しかし伝統的なそれであれ、戦略的なそれであれ、従来のCSRは、少なくとも見えざる手を助けるような形で企業に積極的道徳を課しているとは言えない。

まず伝統的CSRについて考えよう。伝統的CSRが消極的道徳のみならず積極的道徳も企業に求めてきたのは事実である。とはいえ、そこで企業がなすべき積極的道徳として想定されるのは、福祉や文化・スポーツへの寄付や支援などのような、いわゆるフィランスロピー活動であった。これらは価値ある活動ではあるけれども、あくまで本業の結果得られた富の再分配、あるいは本業から一歩踏み出した慈善活動の色彩が濃く、企業の本業そのものの活動とは一線を画している。企業が本業それ自体を通じてなすべきことをする積極的道徳を求めているわけではない。だからこそ逆に、近年、それを求める戦略的CSRが叫ばれるようになってきたのである。他方で、伝統的CSRはフィランスロピーだけでなく、人権尊重、環境保護、コンプライアンスといったことも企業に求めてきた。これらはむろん企業の本業に深く関わる。しかしここで課されているのは、なすべからざることをしない消極的道徳であって、積極的道徳ではない。さらに、歴史的に見てリベラルな思想と親和性が高い伝統的CSRでは、企業の利益は必ずしも肯定的に捉えられてこなかった。以上の考察を踏まえ、伝統的CSRにおける公益と私利の関係を位置づけるなら、それは「公益第一」ではあっても、私利は本書がいう意味での「第二」ではなかった。端的に「公益偏重・私利軽視」と表現して差し支えなかろう。
これに対して戦略的CSRは、企業が本業そのものによって、積極的道徳に通じる社会的課題の緩和・解決による公益の増進を推し進めることを企図している。しかしCSVが公益の増進を私利獲得の手段と位置づけているにすぎないことは、第2章第2節で指摘した通りである。また、第6章第3節で見たように、ESG／SDGs経営の推進も、儲けるために／損しないために取り組もうという論調が現在の趨勢である。戦略的CSRは私利を尊重しつつ公益との共存を目指すものではあるが、そこでは公益を手段として私利という目的を図るという意味で「私利第一・公益第二」になっている。

二〇一一年に『ハーバード・ビジネスレビュー』に掲載されたマイケル・ポーターらの論文"Creating Shared Value"（Porter and Kramer〔2011〕）の副題には「資本主義をいかに再生するか（How to reinvent capitalism）」というフレーズが含まれている。伝統的CSRでは資本主義の再生は適わないとみた彼らが、それに取って代わる道として示したのがCSVであった。なるほど公益偏重・私利軽視の伝統的CSRのみに拠ったのでは、市場経済の活力を活かすことは難しく、資本主義の再生など望めないであろう。それならCSVのように私利第一・公益第二を旨とする「第二の道」に頼ればよいのだろうか。資本主義の再生のためには見えざる手を助けるということができなければならない、という前提に立つならば、戦略的CSRにも大きな限界があると思われる。

少なくともCSVに関する限り、これは見えざる手を助けるどころか、反対に見えざる手に寄りかかるものである。彼ら自身、言っているではないか、「CSVはアダム・スミスの見えざる手という概念を拡張したものである」[5]と。CSVは、目先の私利だけでなく、視野を広げて公益も意識した方が、かえって自分自身の私利が増える場合がある、という新発見であって、それによって利己的な経済人が損得勘定に入れるべき範囲が広くなったのである。その意味で「見えざる手の概念が拡張された」のである。見えざる手の側からこれを見れば、社会の調和と繁栄のために働かなければならない範囲が広がり、忙しさが増すことを意味する。CSVの実行は、見えざる手にさらなる負担をかけこそすれ、これを助けることにはならないだろう。

(2) 公益第一・私利第二で見えざる手を助ける

いま公益偏重・私利軽視の伝統的CSRを左派、私利第一・公益第二の戦略的CSRを右派とみなすなら、公益第一・私利第二の渋沢流経済士道は、これら左右両極の中間に位置する、資本主義再生のためのいわば「第三の道」である。この道は、左派がもつ公益重視という美点は活かしつつ私利軽視という欠点に陥ることなく、同時に右派がもつ私利尊重という姿勢を損なわずに公益の手段視という欠点に陥ることがない。それゆえ中庸をいく行き方である。この公益第一・私利第二の経済士道を実践するよき企業者こそ、見えざる手を助けることができると考えられる。[6]その根拠は四つある。

第一に、見えざる手にもし意図や目的があるとすれば、それは社会全体の繁栄という公益の実現に他ならない。そうであれば、公益第一のよき企業者は見えざる手と同じ目的を共有し、同じ方向を向いて事をなすことになる。そうすることで、見えざる手の仕事の一端を分け持ち、その働きを助けることになる。単純ではあるが、これが四つの根拠の中で最も重要なものである。より多くのよき企業者がこの企てに参画すればするほど、見えざる手は力を得て、人々の無邪気な私利追求から惹起される資本主義の弊害が緩和される可能性は高まるのではないだろうか。

第二に、よき企業者にとって私利は第二であって第三や第十ではない。私利をこのように決して軽視せず、その追求に取り組むこともまた、見えざる手を助ける上で必要である。なぜならば、見えざる手は諸々の経済主体が私利を熱心に追求してこそ働くはずだからである。もし私利追求を罪悪視して、皆が無欲恬淡になってしまったら、見えざる手も働きようがなくなるだろう。それは、いくら立派な舵があっても、船に推進力がなければ、つまり動いていなければ、船を方向付けることができないのと同じである。私利追求はこの推進力を生み出すものである。社会全体の繁栄という方向に船が進んでいくためには、個々の経済主体の熱心な私利追求という推進力が欠かせない。ただし、いくら熱心に私利追求といっても、私利追求を第一の目的としたのでは、見えざる手に寄りかかってその負担を増すばかりである。とても助けにはならない。私利第二が意味する私利への絶妙な比重の置き方が、ここで生きてくる。

　さらに公益第一・私利第二には交差効果とでも呼ぶべきものが二つある。私利第二が公益の追求を強め、逆に公益第一が私利の追求を後押しするという効果である。公益第一・私利第二で見えざる手を助けることができる根拠の、前者が三つめ、後者が四つめである。

　まずは私利第二が公益の追求を強めることについて。「私利が第二」と位置づけられることによって、よき企業者の公益重視が一層強められる。というのは、よき企業者にとってそれ自体も大切であることが自明な私利を「第二」と敢えて明示することによって、本当の第一が何であるかが強調されるからである。人は最も大事だと思うものを「第一」に掲げるけれども、それに次ぐ第二のものをわざわざ明示することはしないのが普通である。例えば、「安全第一」とは言うけれども、それに続く「第二」は明示されない。しかしそれでは第一の重要さを本当に強調することにはならない――ヤマト運輸の小倉昌男はそう考え、「安全第一、営業第二」を掲げて自社の車の事故を減らし、[7]宅急便創設にあたっては「サービスが先、利益は後」と強調することで宅急便ビジネスを急速に軌道に乗せた。その結果、安全と営業は両立し、サービスと利益も両立したのである。公益と私利の関係についても、私利が第二と明示してはじめて「本当の第一」が公益であることが揺るぎないものになるであろう。そしてその結果、公益と私利の両立が実現するであろう。

　次に公益第一が私利の追求を後押しすることについて。これは「公益が第一」と位置づけられることによって、よき企業者が私利を生みだしそれを殖やそうとする努力が強められる、という一見パラドキシカルな効果である。よき企業者も人間である以上、自社の利益（という私利）をあげる動機として、自分自身の富や名声を得たいという「自利心」がある。しかし公益第一を旨とするよき企業者が自社の利益を追求する上では、もう一つの動機が働くことになる。それは、公益の増進に役立つ自分たちの事業を維持・発展させるためにも、自社の利益をきちんとあげようという動機である。言うまでもなく、いかなる事業も利益があがらなければ継続できず、利益が増えなければその事業の便益をより広範な社会に推し拡げていくことができない。こうした動機は企業者の自利心ではなく「良心」に属する。他の企業者が専ら自利心だけで利益追求をするのとは異なり、よき企業者は自利心に加えて良心をも原動力にして、自社の利益を追求する。なるほど自利心は人間の動機として強い力を持つが、「世のため人のため」という強い使命感・責任感に裏打ちされた良心は、それを凌ぐ力を持ちうる。いずれにせよ、自利心と良心とが共に働けば、利潤追求はより力強いものとなるであろう。それが社会の推進力を強め、見えざる手の働きを促進する（上記の第二の根拠）ことになるはずである。

よき企業者は公益第一・私利第二で事業に取り組むことで、見えざる手を助ける。それによって社会の繁栄と調和に寄与する。ここで思い出していただきたいのが、第4章第1節で紹介した渋沢の「至誠以て天地の化育を賛《たす》く」という言葉である。「士魂商才」と揮毫してくれるように頼まれた渋沢が、「それはあまりよい熟語ではないから」と言って代わりに示したのが、『中庸』からとったこの言葉であった。

「天地の化育を賛く」は「見えざる手を助ける」と読み替えることもできよう。

渋沢は「至誠は士魂、天地の化育を賛くは商才に通じると考えます」と言っている。誠実さ（真心）をもって公への奉仕を第一とする士魂によって、天地の化育を助（賛）けるのがあるべき事業活動だ──渋沢自身はこのように考えて、これを実践した。

現代の我々も彼の経済士道を受け継ぎ、日々の仕事を通じてこの壮大な営みに参画することができる。いや、資本主義市場経済を持続可能なものにしたいのなら、一人でも多くの企業者がこれに参画することが望まれる。もろん経済士道を実践する企業者が世の大半を占めることまで期待するのは現実的ではなかろう。それでもなお、先義後利で公益の追求を志すよき企業者が一定程度輩出するならば、その人達が見えざる手を助ける十分な力になるはずである。

とはいえ、私利第一の戦略的CSRならともかく、公益第一の経済士道の実践者が、はたして見えざる手を助けるに足るほどにまで広がりうるだろうか。しかも生き馬の目を抜くこのグローバル資本主義の時代に、である。困難なことは明らかである。しかし不可能だと決めつけることもできないのではないか。

2 経済士道の社会的可能性[8]

(1) 思想としての普遍性

本書では「先義後利の経済士道」という考え方を、日本近代の代表的実業家である渋沢栄一の思想と実践から抽出した。これが日本では共感を得やすいであろうことは、先義後利やそれに類する言葉を社是・社訓に掲げている企業が少なくないことからもわかる。近江商人の「三方良し」のように、先義後利もまた商売上の美点として日本独特で特殊なもののようにも思われるかもしれない。ただ、渋沢の経営哲学のバックボーンは儒学である。道徳経済合一説にせよ、合一を実現するための要訣である先義後利にせよ、儒学がその支えになっている。士道に関しても、渋沢は「論語は最も士魂養成の根底となるものと思う[9]」と主張し、その士魂を実業の道に適用すべく「今や武士道は移してもって、実業道とするがよい」「実業道即武士道」と説いたのである。[10]

先義後利の経済士道が儒学に根を持つ、あるいはそれと親和性の高いものであるなら、何より中国・韓国などいわゆる儒教文化圏で受け入れられる余地があるだろう。中国について言えば、元々「儒商」すなわち「儒教の教えから経済倫理を導き、それに則って行動する企業家[11]」の伝統があり、近年、再び関心が高まっている。渋沢は、その儒商の日本での代表的な存在としてとりあげられることが少なくない。[12]

他方、本書において、経済士道の実践者として渋沢に次いで度々言及してきたのが稲盛和夫である。その稲盛に対して、中国でも、経営者のあるべき姿を求める企業者たちから高い関心と敬愛が寄せられてきた。稲盛の思想自体は儒学（の影響も受けているとはいえ、それ）に依拠したものとは言えないが、「利」を重視して高収益を目指しながら、それ以上に利他の心や正直、勇気といった「義」を強調するその哲学と経営実践が、多くの企業者を惹きつけているのであろう。[13] なお、二〇二三年三月末の時点で累計発行部数が全世界で二五〇〇万部を超える稲盛の著書・翻訳書は中国がその三分の二を占めるほか、韓国、ベトナム（伝統的に儒教文化圏に含まれる）でも発行部数が伸びており、東アジアでの関心が高まっていることは確かである。[14]

ただ、先義後利によって経済活動を行う経済士道的な考え方は、アジアだけでのものでもない。第4章で見たようにアルフレッド・マーシャルは、二〇世紀のはじめに「経済騎士道」を唱えた。企業者が経済活動において安直な金儲けを潔しとせず、公共心と義侠心によって事を為し、矜持をもって困難に挑み、その結果得られた正当な利益は軽蔑することなく立派な戦果として尊重する、そういう道である。紛れもなく先義後利である。その上、こうした企業者のあり方を騎士道という武人の倫理との共鳴によって表現している。後でも触れるように、現実の厳しい競争環境の中で、先義後利を実践するよき企業者が勝ち残って見えざる手を助けるに至るためにも、戦う姿勢は不可欠である。この「戦う君子の商《しょう》」がもつニュアンスを「経済騎士道」や「経済士道」は余すところなく表現している。[15]

マーシャルに強い影響を与えたトーマス・カーライルが言う「産業の指揮官（Captains of Industry）」もまた、高潔な騎士道をもって経営に当たるよき企業者のあり方を説いたものである。産業の指揮官には「従業員との間に仁愛と忠誠に根差した長期的関係を築くこと」「利を第一としないこと」などが求められる。利を第一としないとはいえ、指揮官である以上、勝つ（競争に勝ち、利益をあげて自社を存続発展させる）ことが使命であることは言うまでもない。ここにも「戦う君子の商」の姿がある。

そもそも先義後利の発想は、西洋のキリスト教文化にとっても、異文化からの借り物などではないはずである。聖書に「まず神の国と神の義とを求めなさい。そうすれば、これらのものはみな添えて与えられる」（マタイによる福音書六章三三節）というイエスの言葉がある。これについて、新約聖書学者の八木誠一は次のように敷衍している。

「ほんとうにそう信じ、また覚悟して生きるとき、生活に必要なものは神の国への付け加えとして与えられるものだ、それらは後からついてくる、とイエスは言う」
「神は生活の資を、これを第一に必要なものとして求めない人に与える、というのである」[16]

聖書における「神の国と神の義」を、経済士道における「義」と同一視することはもとよりできないけれども、人が先義後利で生き、事に臨む、その心的態度には相通ずるところが十分にあると思う。[17]

実際、この聖句をビジネスのあり方と直接に結びつけて語った、アメリカの歴史的な企業者がいる。自動車王ヘンリー・フォードである。『私の実業哲学（My Philosophy of Industry）』と題する著書の中で、彼は次のように述べている。

「我々がそれを用いるのを拒むか、さもなければ我慢しなければならない多くの悪しき諸慣行に、産業界全体が悩まされている。代わりとなる正しい方法、正しい動機、真の奉仕観念がなければならない。（……）かつて語られた一つの言葉が、この問題の解決に光明を投じてくれる。『まづ神の国と神の義とを求めよ。さらば凡てこれらの物は汝らに加へらるべし』。山上の垂訓からのものである。宗教的に聞こえるが、ただ事実がありのままに述べられているのである。（……）この正しい道を行き、それに拠って事を為したまえ。そうすれば諸君は（……）貧困、不正、欠乏のない世界を手に入れることができる」[18]

こうした哲学のもと、フォード自身、自社の経営にあたって企業の目的を「奉仕」であるとし、利潤は第二においた。彼が掲げる四カ条からなる奉仕の原則の第三カ条は次の通りである。

「三、奉仕を利潤よりも優先させること。利潤がなければ事業は拡張しない。利潤をあげることは本来的に何ら悪ではない。経営の行き届いた企業であれば、利潤を生まないはずはない。しかし、利潤はよき奉仕への見返りとして、得なければならないし、必ず得られるはずのものである。それは奉仕の条件ではあり得ず、奉仕の結果でなければならない[19]」

ここで言われているのは、まぎれもなく公益第一・私利第二である。フォードにとって「公益」のために奉仕すべき対象は何より顧客（大衆）と自社従業員であり、それぞれに対して高品質の低価格製品と高賃金の提供によってそれをなそうとした[20]。フォードのこうした考え方は、フォード社が自動車業界をリードしていた当時、産業界や学界に大きな影響を与えていた[21]。

経済活動にあたっての先義後利やそれに基づく経済士道的な考え方は、他にも様々な地域、時代に見出されるであろう。少なくとも、日本や東アジアに限ったものではない。思想としての普遍性は十分ありえよう。とはいえ、それを実践している企業者となると、どれほどいるだろうか。渋沢、稲盛、フォード（あるいは本書で他に言及した小倉昌男や出光佐三など）といった、ごく一握りの卓越した企業者に限られるのだろうか。決してそうではないだろう。

(2) 実践普及のポテンシャル

マーシャルによれば「世の中には一見したところよりはるかに多くの経済騎士道が存在する」[22]。これは、当時の英国に限らず、現代の世界においても確かなことだと思われる。「『論語』という倫理のほうが利益よりやっぱり上だし、そちらの方が大事」という基本姿勢を貫きつつ、論語と算盤を両立させている人は「世の中に結構いっぱいいるんじゃないですか」――序章で紹介した安崎暁によるこの見立ても思い出したい。経済（騎）士道といった名称はともかく、企業活動における先義後利の実践ということなら、これを直接・間接に見聞きした経験を読者もお持ちではないだろうか。いや、読者が企業者であれば、自身がそれを信条とし、実践しておられるかもしれない。

筆者は一橋ビジネススクールで担当している「経営哲学」の授業で、あるいは企業のエグゼクティブやミドルを対象とした研修や実務家向けの講演で、渋沢の道徳経済合一説や公益第一・私利第二、先義後利についてレクチャーし、それをもとに議論や対話をすることがしばしばある。そこで経験してきた実務家たちの反応から言えることがいくつかある。一つは、そもそも公益と私利のどちらを先にするかなどという問題はほとんど考えたことがなかった、という人が多いことである。これはある意味で自然なことであろう。しかしながら、二つめに、「自分は、いつもできているとは言えないけれど、私利を大切にしつつも公益優先の心構えで仕事をしているつもりだ」という人が、どのような場にもほぼ必ずいることである。経済士道を実質的に実践している――少なくとも志している──人たちは確実に存在する。彼らは渋沢の経営哲学を聞いて「我が意を得たり」の思いを抱き、勇気づけられる。

ところが、勇気づけられるのは彼らだけではないのである。「そんな問題は考えたことがなかった」という多数派の人々の中にも、公益第一・私利第二という考え方を知ってこれに共感し、意を強くする人たちが想像以上に多くいる。利益を稼がねばならないのが当然の企業という場で働きながら感じる、「自分たちは何のために働いているのか」というモヤモヤ感を、公益第一・私利第二が払拭してくれるのであろう。企業者にとって、「公益を重視せよ」だけでは単なる綺麗事に聞こえるだろう。他方、「社会課題の解決への貢献は、所詮自分たちが儲けるための手段にすぎない」という（ポーターらの唱える意味での）CSV的な見方にも違和感を覚える企業者が少なくない。注意したいのは、いわゆる「CSV経営」を標榜している企業にあってもそれは変わらないことである。むしろ、そうした企業において自分の担当事業を通じて真剣に「CSV」を実現しようと考えている人たちの中に、（ポーターらの教えとは異なり）公益第一・私利第二を強く志向している人（あるいは、自分もそういう志向をもっていた／もちたい、と気づく人）が多く見出されることが珍しくない。

経済士道の実践は、一握りの著名で卓越した企業者だけのものではないのである。使命感や矜持をもって人知れずこれを実践している企業者は、世間のあちこちに存在している。しかもまばらにではなく思いのほか多く。それに加えて、公益第一・私利第二を、実践するには至っていなくても、ありたい姿として思い描いている企業者の数ならもっと多いであろう。すでにそう思い描いている人だけでなく、こうした考え方を知ることで、これからそう思い描くようになる人々をも加えれば、その数は一層増えるはずである。経済士道の実践が普及するポテンシャルは大きい。

しかも事は公益第一・私利第二に限らない。これは経済士道の三つの義のうちの「公への奉仕」に関わるものだが、「誠実」や「勇気」についても同様である。誠実について言えば、例えば、正直に商売をする、その主たる動機が「そうした方が得になるから」という損得勘定ではなく、「そもそも人は正直であるべきだから」「嘘をついて商売をするのは良心が咎めるから」という徳義心にある人は少なくないはずである。たとえ苦しい状況に追い込まれ嘘をつきたくなっても、義を先にして正直を貫く。その結果、利も後からついてくる。これまた先義後利の実践に他ならない。また、この面での実践が必ずしもできていなくても、「本当はもっと正直に商売をしたい」と願っている人も少なくあるまい。

こうした経済士道の実践をポテンシャルにとどめず、いかに顕在化させ、強めていくかが重要である。「見えざる手を助ける」ことの実をあげるためにも、それは不可欠である。

(3) 経済士道の拡充

経済士道の実践者を増やし、またその実践の中身を強化・充実すること、すなわち「経済士道の拡充」のための方策として何があるだろうか。経済〔騎〕士道を盛んにするためにマーシャルが必要だと説いたのは、現存する実践を顕彰することであった。

「(……) 来るべき世代が、現代の事業活動において真に創造的で騎士道的なものを探し出して顕彰するならば、世界は、物質的な豊かさにおいても人格的な豊かさにおいても、急成長するであろう[23]」

世に埋もれた経済〔騎〕士道を顕彰するためには、「騎士道的で高貴なものとそうでないものとを弁別する」必要があるが、マーシャルはこの「細心の注意と熟考と労力を必要とする仕事」を「実業家の膝下で彼らから学んでいる経済学者の最も重要な任務である」と言っている。[24] いまなら経済学者を経営学者と言い換えた方が当たっているだろう。あちこちの経営の現場を間近で見たり、企業者たちと彼らの実践と背後の思想について突っ込んだ議論をしたりする機会に恵まれた経営学者の「重要な任務」の一つとして、経済士道を実践するよき企業者の顕彰という仕事があってよいはずである。

ただし、顕彰は学者だけの仕事ではない。企業者の実践を直接見聞きしているのは、なんと言っても同僚や取引相手、同業者をはじめとするステークホルダーたち自身である。それぞれの職域、企業、業界、地域社会において、関係する人々が経済士道の実践を「探し出して顕彰する」ことに主体的に取り組むことには深い意義がある。

顕彰のほかにもう一つ、経済士道の拡充のために必要な仕事があると思う。それは経済士道の闡《せん》明《めい》（はっきりしていなかった意義や道理を明らかにすること）、すなわち「そもそも経済士道とはいかなるものか」を秩序立てて明らかにすることである――経済活動において何が義であり、何が利であるのか。義を先にし利を後にして事業を行うとはどういうことであって、どういうことではないのか。先義後利の経済士道を実在のどんな企業者がどのように実践してきたのか（これは「顕彰」とも重なるが）。これらのことが曖昧であったのでは、顕彰も的外れのものになってしまうであろう。

本書において筆者が及ばずながらも試みてきたのも、この作業であった。とはいえ、学者が理論的に考えるだけでなく、実務家が自らの豊かな経験と思索を引っ提げて、経済士道の何たるかを実践的に論じることも欠かすことができない。義利合一について、三島中洲が学者の立場からこの説を展開した一方、渋沢栄一は実務家の立場から、その道理や意義を論じたのである。むしろ実務家による説き明かしがあってこそ、学理的な探究も実のあるものになる。

顕彰や闡明が経済士道の拡充に役立つと考える主たる理由は、それによって企業者たちが経済士道の実践を触発されるだろうからである。顕彰により、先義後利で事業活動にあたって成果をあげた企業者の実例を知れば、自分もそれに倣いたいと共鳴する人が出てくるはずである。また、倣いたいと思いながらも「義を先にして本当に商売をやっていけるだろうか」と不安を感じていた人には、それが可能だという自信や勇気を与えるだろう。一方、経済士道の実践に対する共鳴や自信・勇気は、実例を知るだけではなく、それを支える理論的根拠を明瞭に把握すること（闡明）によっても後押しされるであろう。さらに言えば、顕彰と闡明によって触発されるのは、これから経済士道を実践するようになる予備軍だけではない。現にそれを実践している企業者たちもまた、さらなる共鳴と自信・勇気を得て、その実践に一層力を入れることになるだろう。こうして経済士道の実践が拡充されていく。[25]

以上、経済士道の拡充のためには顕彰と闡明とが必要であることを述べた。しかし経済士道の拡充にとって本質的に不可欠なのは、よき企業者たちによる経済士道の実践そのものとそれによる垂範・感化である。これについては多言を要すまい。

経済士道が拡充され、その実践が世の中で盛んになることで、よりよい社会が築けるはずである。一つには、見えざる手を助け、資本主義市場経済の持続可能性を高めることが期待される。[26]じつはいまでも、経済士道の実践者たちは現に見えざる手を助けている。しかし、環境にせよ経済格差にせよ、世界が直面する課題が深刻化するなかで、それらを緩和・解決し、健全で活力ある社会にしていくには、もっと多くの助け手が必要なのである。

とはいえ、それでもなお見えざる手を十分に助けることは難しいかもしれないし、助け得たところで、社会は（見えざる手がそこに介入するところの）市場や経済だけで成り立っているのではない。経済合理性とは別に、価値観や道徳、文化を抜きにしてよき社会を考えることはできない。

経済士道の実践が拡がり、それが目につくようになれば、社会の価値観や道徳にも好影響を与えるだろう。例えばマーシャルは「たとえ愚鈍な者でも、それがどのように得られたかを吟味することなしに富それ自体に敬意を払うことは、徐々にしなくなるであろう」[27]と言う。富とあらば手放しにありがたがる社会と、正しく得た富にのみ称賛を与える社会と、どちらがよい社会かは論じるまでもない。この場合、経済士道の三つの義のうちの「誠実」が、その実践を通じて社会に実を結んだのである。

経済（騎）士道が普及した社会について、マーシャルはこんなことも言っている。

「高い能力と責任的人格を必要とするけれども多額の俸給をあてがうことが容易でない仕事に、富裕な人々が自らの身を捧げるよう導かれるかもしれない」[28]

経営破綻したＪＡＬの再建という「高い能力と責任的人格を必要とするけれども多額の俸給をあてがうことが容易でない仕事」を、すでに大いに功を成した企業者として晩年を迎えていた稲盛和夫は無報酬で引き受けた。渋沢栄一は実業界での活躍にとどまることなく、数々の社会公益事業に生涯にわたって献身しぬいた。そうした公益事業の中には「高い能力と責任的人格を必要とするけれども多額の俸給をあてがうことが容易でない仕事」があまたあったであろう。経済的成功を収めた人々が、それに安住することなく、困難を伴う社会公益的な事業への尽力を、多額の報酬目当てではなく、自ら買って出る社会もまた、あらまほしき社会である。渋沢や稲盛は、いわば自らの経済士道に導かれてそうしたのだが、経済士道の拡充によってこうした動きが広がれば、世の中はよりよいものになるだろう。それは、経済士道の三つの義のうちの「公への奉仕」が社会に根を張った姿である。

ここまで経済士道について、それが拡充されることの意義を市場や社会というマクロの視点から論じてきた。しかし経済士道は、そもそもがそれを探求・実践する一人ひとりの生き方というミクロの問題と言える。社会的に普及しようがしまいが、個々の企業者の生き方として探求・実践する価値のあるものである。このような面からの経済士道の意義に触れることで、本書を締めくくることとしたい。

3 よき企業者の生き方としての経済士道

経済活動を先義後利の経済士道に則って行うか否か。それは、二つの意味で個人の選択の問題である。

一つの意味は、自分が仕事や商売をする上で義を先にして利を先にするかは、その人その人の価値観によらざるを得ない、ということである。先義後利だけが正しいと決めつけてこれを強制する社会は、健全とは言えない。もちろん、最低限の法令やルールを犯してでも利を先にするというのであれば、そんなやり方をその人の価値観だからと容認するわけにはいかない。しかし、法やルールをきちんと守る限りにおいて、自己の利益を先にすることは非難されることではない。アダム・スミスが想定した市場における経済主体はまさにそのような存在だし、渋沢もまた「実業界における覇道は決して悪くはない」として「自己の利益のみを図る」実業家に対しても、それが正しい事業であるなら、支援を惜しまなかった。第6章で論じた「責任を損得勘定で行わせるような小人的仕組み」も、望ましい帰結をもたらすものとして受け入れる向きが一般的である。

このように利を先にすることが容認されるとしても、それでもなお「自分は義を先にする」というのは、その人の価値観であり、その人の矜持に係る事柄である。そういう生き方を選択する人もいれば、しない人もいる。それを選択するのが、本書で「よき企業者」と呼んできた人である。よき企業者は、仮に「小人的な仕組み」が与えられたとしても、自らの自由意志によってそれを「君子的に運用」するであろう。そこに経済士道の実践がある。

もう一つの意味は、先義後利の経済士道の実践は、「個人」がするものであって、「企業」という集団や組織がするものではない、ということである。倫理・道徳の担い手は個人であって、集団や組織ではない[29]。ある企業が先義後利で経営していると見えるならば、それは経営者や管理職、従業員といった、その企業を構成している生身の人間が判断し、実行している結果である。その企業がやっているのではない。公への奉仕、誠実、勇気という三つの義の実行主体は企業という集団だ、と言うとしたらおかしなことではないか。経済士道はＣＳＲのような「企業の責任」ではない。あくまで「個人の責任」、より正確に言えば「企業という組織で仕事をする企業者という個人の責任」である。道徳経済合一説をはじめとする渋沢の数多の議論も、みな企業者個人の責任を言っている。それは本書で引用してきた発言からもわかるであろう[30]。

先義後利の経済士道は、企業者個人の生き方の問題である。それは利よりも義を重んじるという規範を実践する生き方に他ならない。現実の生々しい世界を、先義後利という真正の美学をもち、よき企業者として生きる生き方である。

よき企業者は、この生き方によって道徳と経済を合一させる。論語と算盤を両立させる。その結果、事業活動を通じて多くの人々を幸せにしつつ、自分もまた幸せに生きる。物質的な幸福のみではない。精神的な幸福をも含む「物心両面の幸福」である。

よき企業者は、見えざる手を助けるという壮大な営みにも参画する。そうすることによって、健全で活力ある市場メカニズムの持続可能性を高め、真の社会の繁栄を促進することに貢献する。

個々のインパクトはたとえ小さくとも、なにがしかの確かな寄与があるはずである。

よき企業者はまた、その生き方を通じて他の企業者たちに模範を示すことができる。義を先にして利を後にすることで、道徳と経済を高い次元で両立させることが可能であることを、そして何よりそういう生き方が実在することを、自らの実例によって示すのである。渋沢栄一がそうであったように、稲盛和夫がそうであったように。この垂範は、よき商売の仕方だけを教えるものではない。よき生き方とは何かを示すことにもなる。

第4章第2節で、よき企業者のことを「戦う君子の商」とも呼んだ。義に喩って商売をしつつ、必要な争いや競うことを辞さない商人である。君子は小人と対比されるが、『論語』における君子と小人を、中国哲学者の加地伸行はそれぞれ「教養人」と「知識人」と訳出している。君子＝教養人とは、「知識人にして、さらに道徳的修養を積んだ人格者」である（「知識を欠いた人格者」ではない）[31]。そうであれば、「戦う君子の商」たるよき企業者は、現代における真に教養ある生き方に示唆を与えることになるであろう。

スイスの哲学者・法学者のカール・ヒルティの『幸福論（第二部）』に「教養とは何か」と題する論文が収められている。これは「もともと若い商人たちのクラブで行われた講演」を元にしたものである。[32]その中でヒルティはこう述べている。

「こうした〈利己主義に基づく〉生存のための戦いが、今やわれわれの人間的尊厳をすっかり破壊して、われわれを猛獣にひとしいものにしそうな時期にあたり、これに対抗して立ちあがることは、現代の真に教養ある者みなが果たすべき最大の任務である。

真に教養ある人々は、こうした生存のための戦いは必要でないこと、そして、このような人生の迷路からぬけ出すには、その時々に最も強大な利己主義者がとってきた悲しむべき道とは異なる道があることを、みずからの実例をもって示さなければならない。結局、そのような利己主義者は、この戦いにおいて、最も恵まれた場合でも、ただ多くの同胞の生存を圧迫して、しかも彼自身のより良き自我をも失ったにすぎない[33]」

経済士道は「利己主義者がとってきた道とは異なる道」である。経済士道を実践することで道徳と経済を高い次元で両立させ、渋沢が言う「強慾無理なる争奪をせずとも、利益は自ら順理より生ずるものである[34]」ことの実例を示すことは、「利己的な生存競争が不要である」ことの証左となるだろう。

しかしそのためには、教養人たる君子の商は戦わねばならない。よき企業者は「戦う君子の商」でなければならない。二つの次元での戦いがある。

第一に利を先にする競争相手との戦いである[35]。「自ら順理によって利益が生じる」と言っても、先義後利で臨むだけで棚ぼた式に利益が転がり込んでくるわけにはいかない。「義を行えば利はついてくる」というのは真理であるけれども、それでもなお努力を要する。[36] しかもその努力には、しかるべき力量が伴わねばならない。「良いことを立派に」行うだけでなく、それを「上手に」行わねばならない。すなわち「よき企業者」であるとともに「巧みな企業者」でもなければならない。勝つための懸命の努力と商売や経営に関する高い力量（そこには戦略や組織に関する構築力、市場や技術、社会や時代に対する洞察力、自他にとっての利害を見極める力、交渉力、統率力、実行力など、経営に係る様々な力量が含まれる）――これらの点で劣るならば、君子の商は小人の商たちに駆逐されてしまうだろう。これらの点で両者が伯仲していても、いや君子の商の方が優っている場合でさえも、小人の商の方に競争上の分があるかもしれない。義よりも利を優先する方が、少なくとも短期的には、戦いを有利に進め利益を取れるというのはありそうなことである。君子の商は、その短期の（あり得べき）劣勢を持ちこたえねばならない。たとえ個々の小人の商の利益が永続的でないとしても、彼らは入れ替わり立ち替わり現れてくる。君子の商は彼らの向こうを張って、長期的に競争に勝っていかねばならない。立派な行いも、その結果が負け戦ばかりであったのでは、こと経済活動という領域においては、人々に範を示すことはできない。

第二に、より本質的なこととして、自己との戦いである。そもそもこれなしに第一の戦いに臨むことはできない。利よりも義を重んじるという規範を実践し堅持するには、克己が必要である。第

4章第3節で述べたように、利欲を滅却して義のみを追求するという「捨利取義」にも克己心はいるが、利をある程度肯定した上で、その利よりも義を優先させるという「先義後利」には、見方によってはもっと強い克己心がいる。利欲（自利心）はなまじ生かしておきつつ、なおかつ義を優先するところに「義と利の緊張関係」があるからである。

これを裏面から見れば、先義後利においては、肯定されるべき利を、義を立てるために犠牲にしなければならない時もあるということである。先義後利は規範である以上、義のためには時には利を犠牲にすることが求められる。[37] ①利を犠牲にすることで、なすべきことをよりよく実現できると見込まれる時、あるいは②利を犠牲にしないと、なすべからざることをしてしまうことになる時に、利を犠牲にすることが、よき企業者にはある。そうした犠牲の大半は、必ずしも企業の業績や企業者自身の生計を危うくするほどのものではないであろう。それでもやはり、克己が必要なことに変わりはない。本来取っても差し支えない利を敢えて取らないように自制するからである。

しかしながら、義を重んじると利が甚だしく損なわれる（場合によっては正味で損失となる）という事態も起きないとは限らない。先義後利が利をも重んじる思想であるとはいえ、経済士道の実践者が「仕える」相手は義であって利ではない。[38] それゆえ、経済士道の実践者はそうした事態に際会したときでもなお、利を犠牲にして義を取る覚悟が求められる。その場合、企業者が経営する会社の利の甚大な犠牲に関わる議論は（会社を存続させることの「義」をめぐる複雑な検討を要するので）さしあたり措くとしよう。いま企業者個人の利を甚だしく犠牲にすることについて考えるならば、例えばなすべからざることを断乎しないために自らの職を賭すということの決断と実行には、一層大きな克己心が必要になることは明らかである。

経済活動において先義後利を貫くには、自己と戦い、競争相手――とりわけ利を先にする相手――と戦わねばならない。だからこそ本書では、先義後利による経済活動のあり方を示すのに「商人道」と言わず、武人の倫理にも通じる「士道」と言ったのである。また「よき企業者」の別称を「君子の商」にとどめず「戦う君子の商」としたのである。

「規範としての先義後利」を貫いてこの戦いを続けるために、何がよき企業者の力になるだろうか。大前提になるのは「よく生きたい」というその人の意志だが、その上で、「真理としての先義後利」すなわち「義を行えば利はついてくる」ということに対するその人の信念の強さ・深さが大きな力となるはずである。[39]渋沢にとっては『論語』に代表される儒学への理会と信頼が、稲盛にとっては「因果の法則」とそれを支える「『宇宙の意志』と調和する心」というフィロソフィが、そうした信念の土台だったであろう。[40]そうした土台の上で、実地において規範としての先義後利の経験を重ねていくにつれて、よき企業者は先義後利が真理であることへの確信を深めていくのではなかろうか。

もっとも、「義を行えば利はついてくる」のが真理だと主張する一方で、筆者は先ほど「義を重んじると利が甚だしく損なわれる（場合によっては正味で損失となる）事態も起きないとは限らない」と言った。ここには矛盾がある。この矛盾は論理では解消しえないであろう。この矛盾があることを承知の上で、それにも拘わらず、先義後利を真理と捉え、これを心の武器として戦いに臨むかどうかは、その人自身の信念ないし信仰の問題である。

ところでヒルティは、若い商人たちに向けた「教養とは何か」の中で、先の引用に続けて次のように言っている。

「（……）一方には、利己的な自己保存欲と、短い生涯にできるだけ官能的な享楽をむさぼろうとする立場があり、他方には、人間愛、他人のための配慮、精神の高揚、また、より高貴な魂の諸力の完成を求める立場がある。この両者こそ、今やまもなく戦闘準備をととのえて相対峙しようとする二大陣営である。諸君もそのいずれかの陣営に参加せざるをえないであろう[41]」

この「二大陣営」を、実業界における覇道と王道の両派になぞらえることもできよう。渋沢自身は王道派としての旗幟を鮮明にしていた[42]。もっとも、彼は覇道派にも、その事業が正しいものであるなら同情を寄せ、支援を惜しまなかったので、王道派として覇道派と対峙して戦ったというのとは少し様相が異なるようにも思える。これは渋沢が単なる実業家、経営者ではなく、近代日本とその社会が必要とした多くの民間企業の設立・育成を領導するという独特の立場に立っていたことによるところが大きかろう。しかし現代（いや渋沢の当時でも）のほとんどすべての企業者にとっては、自分が直接関わる企業の営みそれ自体を通じて社会に貢献することが、求められる役割である。そうであれば、よき企業者たらんとする者は、王道派としての旗幟を鮮明にした上で、やはり覇道派に対峙しなければならない。

ただし、王道派にとって戦いの目指すところは、自己以外の諸々の相手を駆逐・殲滅することではない。それを目指すのは、その定義からして、覇道派である。王道派は、たとえ相手が覇道派でも、彼らが道理正しい事業をしている限り、これを討ち滅ぼすのが望みではない。望むところは彼らとも共に栄えること、すなわち共存共栄である。渋沢も企業間、労使間、国家間など様々なレベルでの共存共栄（彼は共存同栄とも表現した）の大切さを、そしてそれには王道を以てするのが不可欠であることを説いてやまなかった。言い古された言葉ともいえる「共存共栄」だが、これを主導するのは王道派であって覇道派ではないことを我々は銘記しなければならない。

王道派にとって戦いの目指す究極は、しかしながら、単なる共存共栄にはとどまらないはずである。彼らにとって覇道派が覇道派のままで彼らと共存することが理想なのではない。理想とすべきは、覇道派の一人でも多くが王道派に転じて、共に栄えることである。それは王道の王道たる所以である道徳的感化による[43]。すなわち、厳しい競争の中で利を確保していかねばならない経済活動において、先義後利の経済士道を実践し、自他共の繁栄という実績をあげてみせる――そのようなよき企業者の生き方によって、他の多くの企業者を感化することが、この戦いにおける真の勝利である。

王道派陣営に属する一人ひとりのよき企業者が、この陣営を優勢にするために、経済士道の実践によって一翼を担おうとすることは、価値ある生き方だと信ずる。それは企業者の世界をより良くするだけでない。文字通りの「世界」をもより良くするであろう。

注

1 この節は、田中［2020a］第2節、第4～5節に（Tanaka［2020］第Ⅵ節にも拠りつつ）大幅に加筆・修正を施したものである。

2 二〇一九年夏、米主要企業の経営者団体であるビジネス・ラウンドテーブルが、それまでの株主第一主義を見直して、従業員や地域社会など多様なステークホルダーを尊重する方針を打ち出した。その後、実際にその方針に則した行動がとられたかどうかは大いに議論のあるところのようだが、「株主第一主義の見直し」が大きな話題になったことだけは確かである。

3 第5章第2節で述べたように、公益追求には広範な株主の致富を図ることが含まれると考えることもできよう。そうだとしても、（広範な）株主の富を増すことは、企業が実現する公益の一部に過ぎない。企業が追求すべき公益は株主利益だけだと言うのなら、それは企業の責任の矮小化というほかない。

4 市場原理主義の立場に立つミルトン・フリードマンは、まさにこのスミスの言葉も引用しつつ、企業にとっては事業活動によって利潤を追求することが、そしてその経営者にとっては株主利益を最大化することが、「ただ一つの社会的責任」だと主張した（フリードマン［2008］二四九頁）。

5　第2章第2節参照。

6　「見えざる手を助ける」というここでの議論と必ずしも直接的な対応関係があるわけではないものの、鹿島［2011］は、岩井克人「個人『合理性』と社会『合理性』」（『ヴェニスの商人の資本論』（ちくま学芸文庫）所収）における議論を援用しつつ、渋沢自身が「明治という社会における、神の半ば『見えざる』手だった」（四七六頁）と論じている。詳しくは鹿島［2011］第四章（第四二回）を参照されたい。

7　小倉は次のように言っている。「営業を第二とすることで、本当の第一は安全であることを強調したのである。労災事故は、少しずつ減っていった。にもかかわらず、営業のほうはむしろ活発になっていた」（小倉［1999］一四五頁）。

8　この節のタイトルは、言うまでもなくMarshall［1907］の標題「経済騎士道の社会的可能性」を模したものである。

9　渋沢［2008］二三頁。

10　渋沢［2008］二四七、二四五頁。

11　木村［2021］。

12　例えば、二〇一四年に北京大学高等人文研究院で開催されたDiscourse on Confucian Entrepreneurs 2014において、「渋沢栄一の合本主義は、東アジア近代における数少ない儒商の成功例として紹介され、一〇〇名以上の中国の企業家が熱心に聴講し」たという（木村［2021］）。

13　中国における近年の稲盛ブームについて、稲盛の著書の中国語訳を手掛けてきた曹岫雲は「改革開放以降の市場競争で、格差は広がり、腐敗した手段で豊かさを求める人もいた。経営の道徳や人格を重視する稲盛さんの思想が、経営者の心に響いている」と述べている（朝日新聞二〇二〇年一一月二六日付）。なお、稲盛の思想において儒学がその中心を占めるわけではないといっても、稲盛による論語や孟子への言及も見られる。例えば、第一一回盛和塾全国大会（二〇〇三年八月二二日）での講話では、本書でも度々取り上げてきた論語の「君子は義に喩り、……」についての次のような発言がある。

「『論語』の中には、「君子は義に喩り、小人は利に喩る」という言葉もあります。君子は『義』に基づいてさまざまな行為をするけれども、小人は『利』に基づいて生きていくという意味です。言い方を換えれば、『君子は利を追いかけているように見えて、実は義を追いかけている。人間としての正しい道を貫けば、自然と利益はもたらされる』ということです」（稲盛［2016a］三四六頁）。最後の部分は稲盛による敷衍と考えられるが、これはまさに第3章第3節で述べた「真理としての先義後利」（義を行えば利はついてくる）にあたる。

14 京セラ（株）二〇二三年五月三一日付プレスリリース「京セラ創業者　稲盛和夫の著書　全世界累計発行部数二五〇〇万部突破」（https://www.kyocera.co.jp/newsroom/topics/2023/002205.html）および「日本経済新聞電子版」二〇二三年六月一日付「稲盛和夫氏の著書、世界で二五〇〇万部　中韓ベトナムで人気」。

15 マーシャルの「経済騎士道が発展しなければ、自由企業体制下の世界は最上の理想に近づくことはできない」という言葉（Marshall［1907］p. 25）は——当該論文の文脈から取り出して、この言葉自体に着目するならば——「経済士道によって見えざる手を助け、資本主義を持続可能なものにする」というここでの議論を連想させる。

16 八木［2009］一二四頁。

17 第3章第1節で、先義後利の出典の一つとされる『孟子』の「王、何ぞ必ずしも利を曰わん。亦た仁義有るのみ」「苟《いやしく》も義を後にして利を先にすることを為さば、奪わずんば饜《あ》かず」という言葉を紹介した。渋沢もしばしば引用したこれらの言葉について、近代日本を代表するキリスト者である内村鑑三は前者を「利よりも仁義を貴んだところは確かに偉大である」、後者を「事実そのままである」と評したのに続けて、次のように言う。

「さらにまた、仁道を施して、『しかして王たらざる者は、いまだこれあらざるなり』と言えるがごとき、『まず天国とその義とを求めよ。さらば、これらのもの、みな、なんじらに加えらるべし』とのキリストの言に、及ばずといえども遠からざるを見る」(内村［2005］六〇頁)。

「しかして王たらざる者は……」は冒頭の段より少し後に出てくる別の段での孟子の言葉だが、孟子が同じく梁の恵王に先義後利を説いたものであることに変わりはない。内村もまた、先義後利にこの聖句と相通じるところのあることを認めているのである。

18 Ford［1929］pp. 37-38.

19 Ford［1922］p. 26.

20 自社従業員の福祉もまた「公益」に含まれることについては、第2章第3節、第5章第2節を参照されたい。

21 『経営学大辞典（第二版）』(中央経済社) 八一〇頁。

22 Marshall［1907］p. 25. なお、第4章第2節で紹介した、次の言葉も再掲しておこう。「実業生活には表面には出ていない騎士道が現に多く存在すること、そしてもし我々が骨折ってそれを探し出し、中世の戦の騎士道を称賛するのと同じように称賛するならば、はるかに多くの実業生活における騎士道が存在するであろうことを、私は申し上げたく思う」(Marshall［1907］p. 14)。

23 Marshall［1907］p. 26.

24 第4章第2節参照。

25 経済士道の拡充のための「顕彰」について、もう少し考えてみよう。一般に顕彰の目的の一つは、立派な行為を世に知らしめることである。それによって、その行為への共鳴やそれに倣うことへの自信・勇気が人々の間に生まれ、広がる。しかし顕彰にはもう一つの本来的な目的がある。それはその立派な行為をした人に栄誉を与える、ということである。その得られるであろう栄誉が、企業者を経済士道の実践へと誘うかもしれない。とはいえ、企業者が栄誉そのものを第一義の目的とするなら、それは「先利」であって、定義上、経済士道とは呼べなくなる。経済士道を拡充する上での顕彰の主たる役割は、やはり共鳴や自信・勇気を生むことによる人々の触発にある、と考えるべきだろう。
　ただし、それなら顕彰が与える栄誉など等閑視すべきかと言えば、そうではない。栄誉を捨てて顧みないというのでは、先義後利の「後利」、つまり「銀メダルとしての利」とはならないからである。そもそも、武士であれ、騎士であれ、彼らにとって名誉は極めて重い価値を持っていた。それを蔑ろにしたのでは士道とは言えない。経済士道の実践で顕彰された企業者は、その栄誉を自らの実践の結果として尊重し、歓ぶであろう。もっとも、先義後利の実践の結果得られる名誉の感覚は、たとえ公式に顕彰されなくても、それを真に実践した人ならば自ら内に持つこともできるはずである。

26 稲盛和夫も、二〇一四年五月九日にオックスフォード大学で行われた講演で、「私のフィロソフィに基づく経営は、企業の発展を導くにとどまらず、現在の資本主義社会の矛盾をも打開するものであると考えています」と述べている（稲盛［2017］一七頁）。

27 Marshall［1907］p. 26.

28 Marshall［1907］p. 27.

29 これについてここでは立ち入らないが、この主張はコント＝スポンヴィル［2006］の所説を参考にしている。

30 例えば「道徳と経済を一致させることは、一致さすべきその人にそれだけの十分な覚悟、平素の用心がなければいけないことと思うのでございます」（第1章第4節）。なお、「渋沢の当時はCSRなどという概念はなかったのだから、『企業の責任』を言わなかったのは当たり前ではないか」といった反論があるかもしれない。しかしもしいま渋沢が生きていたら、彼がもっぱら「企業の責任」を熱心に説き、「企業者個人の責任」については（インセンティブなどで）アウトソーシングしておけばよいと語るだろうなどとは、とても思えない。渋沢はやはり企業者個人の責任の大切さをこそ説くであろう。

31 加地［2009］四四頁。なお、同書一三〇～一三一頁も併せて参照。

32 ヒルティ［1962］一五〇頁。

33 ヒルティ［1962］一五六頁。傍点は原典。

34 第3章第3節参照。

35 もちろん競争においては「義を先にする相手」同士でも戦わねばならないが、ここで詳しく言及する必要はないだろう。

36 第3章第4節参照。

37 第3章第4節参照。なお、そこでも述べたように、ここでいう犠牲は「長期的に見れば、じつはあとから十分取り返すことができる」という意味での「元が取れることを期待する損得ずくの犠牲」ではない。

38 第4章第3節参照。

39 第3章第3節参照。

40 稲盛における「因果の法則」と「宇宙の意志」との関係については、さしあたり田中［2024］を参照されたい。

41 ヒルティ［1962］一五六～一五七頁。傍点は原典。

42 第6章第2節参照。

43 覇道の覇道たる所以である強制によるのではない。

参考文献

赤塚忠［1967］『新釈漢文大系　第二巻　大学・中庸』明治書院。

アリストテレス［2002］『ニコマコス倫理学』（朴一功訳）京都大学学術出版会。

安崎暁・西藤輝・渡辺智子［2010］『日本型ハイブリッド経営─二一世紀経営者の役割─』中央経済社。

M・アンダーソン&P・エッシャー［2011］『MBAの誓い─ハーバード・ビジネス・スクールから始まる若きビジネス・リーダーたちの誓い─』（青木創訳・岩瀬大輔監訳）アメリカン・ブック&シネマ／英治出版。

伊丹敬之［2007］『よき経営者の姿』日本経済新聞出版社。

伊丹敬之［2010］『ミネルヴァ日本評伝選　本田宗一郎─やってみもせんで、何がわかる─』ミネルヴァ書房。

伊丹敬之［2020］『経営の知的思考　直感で発想　論理で検証　哲学で跳躍』東洋経済新報社。

伊丹敬之［2024］『経営理念が現場の心に火をつける』日経BP　日本経済新聞出版。

伊丹敬之・加護野忠男［2022］『ゼミナール経営学入門　新装版』日経BP　日本経済新聞出版本部。

出光佐三［1971］『日本人にかえれ』ダイヤモンド社。

稲盛和夫［2004a］『［新装版］心を高める、経営を伸ばす─素晴らしい人生をおくるために─』PHP研究所。

稲盛和夫［2004b］『生き方─人間として一番大切なこと─』サンマーク出版。

稲盛和夫［2010］『ど真剣に生きる』（生活人新書）NHK出版。

稲盛和夫［2012］『新版・敬天愛人　ゼロからの挑戦』PHPビジネス新書。

稲盛和夫［2014］『京セラフィロソフィ』サンマーク出版。

稲盛和夫［2015a］「経営者に求められる人間性」（盛和塾神戸塾長例会講話、一九九〇年二月一九日）稲盛和夫著・京セラ株式会社編『稲盛和夫経営講話選集　第二巻　私心なき経営哲学』ダイヤモンド社。

稲盛和夫［2015b］「なぜ経営に『利他の心』が必要なのか」立命館大学稲盛経営哲学研究センター開設記念講演講話録（二〇一五年六月二五日　立命館大学大阪いばらきキャンパス）。http://www.ritsumei.ac.jp/research/riprc/common/file/pdf/news/150605_kaisetsukinen.pdf
稲盛和夫［2016a］「われわれが目指すべき商人道」（第一一回盛和塾全国大会講話、二〇〇三年八月二二日）稲盛和夫著・京セラ株式会社編『稲盛和夫経営講話選集　第五巻　リーダーのあるべき姿』ダイヤモンド社。

稲盛和夫［2016b］「徳に基づく経営」（中日経営者交流フォーラム―調和を目指す企業建設―、二〇〇七年七月五日）稲盛和夫著・京セラ株式会社編『稲盛和夫経営講話選集　第五巻　リーダーのあるべき姿』ダイヤモンド社。

稲盛和夫［2016c］「人と企業を成長発展に導くもの―日本航空再建の真の要因と日本経済の再生について―」（第二〇回盛和塾世界大会講話、二〇一二年七月一九日）稲盛和夫著・京セラ株式会社編『稲盛和夫経営講話選集　第六巻　企業経営の要諦』ダイヤモンド社。

稲盛和夫［2022］『経営12カ条―経営者として貫くべきこと―』日経ＢＰ　日本経済新聞出版。

井上潤［2020］『渋沢栄一伝―道義に欠けず、正義に外れず―』ミネルヴァ書房。

今道友信［1973］『美について』講談社現代新書。

今道友信［1990］『エコエティカ―生圏倫理学入門―』講談社学術文庫。

今道友信［2010］『今道友信　わが哲学を語る―今、私達は何をなすべきか―』（佐藤孝雄・池田雅之編）かまくら春秋社。

岩井克人［2005］『会社はだれのものか』平凡社。

岩井克人［2009］『会社はこれからどうなるのか』平凡社ライブラリー。

于臣［2008］『渋沢栄一と〈義利〉思想―近代東アジアの実業と教育―』ぺりかん社。

宇同［1977］『中国哲学問題史　下冊』（澤田多喜男訳）八千代出版。

内野熊一郎［1962］『新釈漢文大系　第四巻　孟子』明治書院。

内村鑑三［2005］「孟子を読む」『内村鑑三信仰著作全集　第二二巻』教文館。

内村鑑三［1995］『代表的日本人』（鈴木範久訳）岩波文庫。

宇野精一［2019］『孟子　全訳注』講談社学術文庫。

大島晃訳［1983］『中国の古典4　孟子』学習研究社。

太田嘉仁［2018］『ＪＡＬの奇跡―稲盛和夫の善き思いがもたらしたもの―』致知出版社。

大西康之［2013］『稲盛和夫　最後の闘い―ＪＡＬ再生にかけた経営者人生―』日本経済新聞出版社。

小倉昌男［1999］『小倉昌男　経営学』日経ＢＰ社。

小竹武夫訳［1978］『漢書　中巻』筑摩書房。

加護野忠男［2014］『経営はだれのものか―協働する株主による企業統治再生―』日本経済新聞出版社。

加護野忠男［2010］『経営の精神―我々が捨ててしまったものは何か―』生産性出版。

加護野忠男編著［2016］『日本の企業家2　松下幸之助―理念を語り続けた戦略的経営者―』ＰＨＰ研究所。

笠谷和比古［2017］『武士道の精神史』ちくま新書。

加地伸行［2009］『論語　増補版』講談社学術文庫。

鹿島茂［2011］『渋沢栄一Ⅰ　算盤篇』文藝春秋。

金谷治訳注［1961］『荀子（上）』岩波文庫。

金谷治訳注［1999］『論語』岩波文庫。

菅野覚明［2006］『武士道に学ぶ』日本武道館。

菅野覚明［2009］『日本の元徳』日本武道館。

菅野覚明［2019］『本当の武士道とは何か―日本人の理想と倫理―』ＰＨＰ新書。

菅野覚明、栗原剛、木澤景、菅原令子訳・注・校訂［2017］『新校訂　全訳注　葉隠（上）』講談社学術文庫。

簡野道明［1931］『論語解義』明治書院。

木村昌人［2021］「なぜ世界中で『渋沢栄一』が研究されているのか―渋沢の資本主義思想『合本主義』の今日的意義―」東洋経済オンライン六月一六日。

小池喜明［1999］『葉隠―武士と「奉公」―』講談社学術文庫。

國分功一郎［2021］「中動態から考える利他―責任と帰責性―」伊藤亜紗・中島岳志・若松英輔・國分功一郎・礒崎憲一郎『「利他」とは何か』集英社新書。

小林秀雄［1974］『考えるヒント』文春文庫。

Ａ・コント＝スポンヴィル［2006］『資本主義に徳はあるか』（小須田健／コリーヌ・カンタン訳）紀伊國屋書店。

坂本慎一［2002］『渋沢栄一の経世済民思想』日本経済評論社。

相良亨［1980］『誠実と日本人』ぺりかん社。

相良亨［2010］『武士道』講談社学術文庫。

佐々木毅・金泰昌編［2001］『公と私の思想史　公共哲学1』東京大学出版会。

笹倉一広［2011］「渋沢栄一『論語講義』の書誌学的考察」『言語文化』第四八巻、一二七～一四五頁。

笹倉一広［2012］「渋沢栄一『論語講義』原稿剳記（1）論語総説」『言語文化』第四九巻、一〇九～一二八頁。

笹倉一広［2013］「渋沢栄一『論語講義』原稿剳記（2）学而第一　一～一〇章」『言語文化』第五〇巻、九七～一二〇頁。

M・サンデル［2010］『これからの「正義」の話をしよう――いまを生き延びるための哲学――』（鬼澤忍訳）早川書房。

渋沢栄一［1918］「道徳と経済」『竜門雑誌』第三五六号。

渋沢栄一［1922］『実験論語処世談』実業之世界社。

渋沢栄一［1926］『青淵百話　再版』同文館。

渋沢栄一［1928］『青淵先生訓話集』竜門社。

渋沢栄一［1957］「立会略則」明治文化研究会編『明治文化全集第一二巻　経済編〔改版〕』日本評論新社。

渋沢栄一［1975］『論語講義　新版』明徳出版社。

渋沢栄一［2008］『論語と算盤』角川ソフィア文庫。

渋沢栄一［2010］『渋沢百訓――論語・人生・経営――』角川ソフィア文庫。

公益財団法人渋沢栄一記念財団編［2012］『渋沢栄一を知る事典』東京堂出版。

渋沢青淵記念財団竜門社編［1955］『渋沢栄一伝記資料　第四巻』渋沢栄一伝記資料刊行会。

渋沢青淵記念財団竜門社編［1959a］『渋沢栄一伝記資料　第二五巻』渋沢栄一伝記資料刊行会。

渋沢青淵記念財団竜門社編［1959b］『渋沢栄一伝記資料　第二六巻』渋沢栄一伝記資料刊行会。

渋沢青淵記念財団竜門社編［1959c］『渋沢栄一伝記資料　第二七巻』渋沢栄一伝記資料刊行会。

渋沢青淵記念財団竜門社編［1961］『渋沢栄一伝記資料　第三九巻』渋沢栄一伝記資料刊行会。

渋沢青淵記念財団竜門社編［1962a］『渋沢栄一伝記資料　第四一巻』渋沢栄一伝記資料刊行会。

渋沢青淵記念財団竜門社編［1962b］『渋沢栄一伝記資料　第四四巻』渋沢栄一伝記資料刊行会。

渋沢青淵記念財団竜門社編［1962c］『渋沢栄一伝記資料　第四五巻』渋沢栄一伝記資料刊行会。

渋沢青淵記念財団竜門社編［1962d］『渋沢栄一伝記資料　第四六巻』渋沢栄一伝記資料刊行会。

渋沢青淵記念財団竜門社編［1963］『渋沢栄一伝記資料　第五〇巻』渋沢栄一伝記資料刊行会。

渋沢青淵記念財団竜門社編［1968］『渋沢栄一伝記資料　別巻第五』渋沢栄一伝記資料刊行会。

渋沢青淵記念財団竜門社編［1986］『渋沢栄一訓言集』国書刊行会。

渋沢秀雄［2020］『父　渋沢栄一』実業之日本社文庫。

島田虔次［1967］『大学・中庸（新訂　中国古典選　第四巻）』朝日新聞社。

島田昌和［2007］『渋沢栄一の企業者活動の研究―戦前期企業システムの創出と出資者経営者の役割―』日本経済評論社。

島田昌和［2011］『渋沢栄一―社会企業家の先駆者―』岩波新書。

島田昌和［2023］「渋沢栄一の経営者ネットワーク分析―関連上位経営者たちとの関係性―」『渋沢研究』第三五号、二一五～四二頁。

島田昌和編［2014］『原典でよむ　渋沢栄一のメッセージ』岩波書店。

清水洋［2022］『アントレプレナーシップ』有斐閣。

杉山里枝［2021］「渋沢栄一の社会事業と現在のＳＤＧｓ、ＥＳＧの考え方への萌芽」『月刊資本市場』一一月号（四三五号）、三九～四七頁。

Ａ・スミス［2000a］『国富論（一）』（水田洋監訳・杉山忠平訳）岩波文庫。

Ａ・スミス［2000b］『国富論（二）』（水田洋監訳・杉山忠平訳）岩波文庫。

Ａ・スミス［2003］『道徳感情論（上）』（水田洋訳）岩波文庫。

竹内照夫［1979］『新釈漢文大系　第二九巻　礼記（下）』明治書院。

竹内照夫［2000］『四書五経入門―中国思想の形成と展開―』平凡社ライブラリー。

武田晴人［2021］『ミネルヴァ日本評伝選　渋沢栄一―よく集め、よく施された―』ミネルヴァ書房。

田中一弘［2013］「道徳経済合一説の真意―東京高等商業学校での講話から―」橘川武郎・島田昌和・田中一弘編著『渋沢栄一と人づくり』有斐閣。

田中一弘［2014a］「道徳経済合一説―合本主義のよりどころ―」P・フリデンソン／橘川武郎編著『グローバル資本主義の中の渋沢栄一―合本キャピタリズムとモラル―』東洋経済新報社。

田中一弘［2014b］『「良心」から企業統治を考える―日本的経営の倫理―』東洋経済新報社。

田中一弘［2017］「渋沢栄一の道徳経済合一説からみたフィロソフィとアメーバ経営―公益と私利の両立をめぐって―」アメーバ経営学術研究会編『アメーバ経営の進化―理論と実践―』中央経済社。

田中一弘［2020a］「『論語と算盤』と『資本主義の再定義』―経営の責任としての公益追求―」『月刊監査役』四月号（七〇八号）、二二～三八頁。

田中一弘［2020b］「経営者の誠実さとガバナンス改革」『経営行動研究年報』第二九号、二八～三三頁。

田中一弘［2022］「稲盛哲学と〈誠実さ〉―「正直」の観点から―」『稲盛和夫研究』第一号、一九～三六頁。

田中一弘［2024］「研究報告②『フィロソフィの根底にあるもの』（第三回稲盛和夫研究会・第八回アメーバ経営学術研究会シンポジウム「稲盛和夫の経営理念とアメーバ経営―その起源と現代的意義―」）『稲盛和夫研究』第三号、九九～一〇八頁。

玉手慎太郎［2023］「強い制度志向と倫理のアウトソーシング」『現代思想』一月号、八～一六頁。

長幸男［1984］「解説」渋沢栄一述、長幸男校注『雨夜譚―渋沢栄一自伝―』岩波文庫。

土田健次郎［2011］『儒教入門』東京大学出版会。

土田健次郎［2012］『「日常」の回復―江戸儒学の「仁」の思想に学ぶ―』早稲田大学ブックレット。

土屋喬雄［2002］『日本経営理念史』麗澤大学出版会。

堂目卓生［2008］『アダム・スミス―「道徳感情論」と「国富論」の世界―』中公新書。

土光敏夫著・本郷孝信編［1996］『新訂・経営の行動指針』産業能率大学出版部。

P・F・ドラッカー［1974］『マネジメント（上）―課題・責任・実践―』（野田一夫・村上恒夫監訳）ダイヤモンド社。

P・F・ドラッカー［2008］『マネジメント（上）―課題、責任、実践―』（上田惇生訳）ダイヤモンド社。

西沢保［2007］「騎士道の精神、経済社会に」（経済教室）『日本経済新聞』八月一五日付。

新渡戸稲造［2008］『武士道』（矢内原忠雄訳）岩波文庫。

日本経済調査協議会［2006］「お天道様に恥じない経営―日本企業のガバナンスと社会的責任―」（調査報告2006-1）。

根井雅弘［1995］『二十世紀の経済学―古典から現代へ―』講談社学術文庫。

C・I・バーナード［1968］『新訳　経営者の役割』（山本安次郎・田杉競・飯野春樹訳）ダイヤモンド社。

一橋大学学園史刊行委員会編［1995］『一橋大学百二十年史―Captain of industry をこえて―』一橋大学。

C・ヒルティ［1962］『幸福論　第二部』（草間平作・大和邦太郎訳）岩波文庫。

福沢諭吉［2002］「痩我慢の説」『福澤諭吉著作集　第九巻　丁丑公論　痩我慢の説』（坂本多加雄編）慶應義塾大学出版会。

福田徳三［1920］『現代の商業及商人』大鐙閣。

藤井専英［1969］『新釈漢文大系　第六巻　荀子（下）』明治書院。

P・フリデンソン／橘川武郎編著［2014］『グローバル資本主義の中の渋沢栄一―合本キャピタリズムとモラル―』東洋経済新報社。

M・フリードマン［2008］『資本主義と自由』（村井章子訳）日経BP社。

本田濟［2006］『易経講座　上巻』斯文会／明徳出版社。

松尾匡［2009］『商人道ノス、メ』藤原書店。

松下幸之助［1968］『道をひらく』PHP研究所。

松下幸之助［1998］『人生談義』PHP文庫。

松下幸之助［2001］『実践経営哲学』PHP文庫。

松下幸之助［2009］『松下幸之助の哲学――いかに生き、いかに栄えるか――』PHP文庫。

松山直樹［2014］「A・マーシャルにおける経済騎士道と公正賃金」『経済学史研究』第五五巻二号、五四～七二頁。

三島毅（中洲）［1886］「義利合一論」『東京学士会院雑誌』第八篇之五。

三島毅（中洲）［1907］「道徳経済合一説」（三島中洲講演 明治四〇年一一月）、渋沢青淵記念財団竜門社編［1962a］『渋沢栄一伝記資料 第四一巻』渋沢栄一伝記資料刊行会、四二一～四二五頁。

三島毅（中洲）［1909］『中洲講話』文華堂。

三島毅（中洲）［1919］「三島毅碑銘」『斯文』第一編第四号。

三島正明［1998］『最後の儒者――三島中洲――』明徳出版社。

水口拓寿［2022］『中国倫理思想の考え方』山川出版社。

宮本又郎編著［2016］『日本の企業家1 渋沢栄一――日本近代の扉を開いた財界リーダー――』PHP研究所。

守屋淳［2020］『渋沢栄一「論語と算盤」の思想入門』NHK出版新書。

諸橋轍次［1973］『論語の講義 新装版』大修館書店。

諸橋轍次［1977］「義に就て」『諸橋轍次著作集 第三巻』（鎌田正・米山寅太郎編集）大修館書店。

諸橋轍次［1989］『諸橋轍次選書三 孟子の話』大修館書店。

八木誠一［2009］『イエスの宗教』岩波書店。

安岡正篤［1960］『易学入門』明徳出版社。

山鹿素行［1983］「山鹿語類（抄）」田原嗣郎責任編集『日本の名著12　山鹿素行』中央公論社。

吉田賢抗［1960］『新釈漢文大系　第一巻　論語』明治書院。

J・ラスキン［1971］「この最後の者にも」（飯塚一郎訳）五島茂責任編集『世界の名著41　ラスキン　モリス』中央公論社。

李退渓［2015］『自省録』（難波征男校注）（東洋文庫）平凡社。

竜門社［1937］『青淵先生演説撰集（竜門雑誌第五百九十号附録）』竜門社。

渡辺和子［2013］『面倒だから、しよう』幻冬舎。

和辻哲郎［2007］『倫理学（一）』岩波文庫。

Carlyle, T.［1843］*Past and Present*, In *The Works of Thomas Carlyle*, Vol. X, 1969, edited by H. D. Traill. AMS Press.
Ford, H.［1922］*My Life and Work*. William Heinemann.
Ford, H.［1929］*My Philosophy of Industry*. Coward-McCann.
Friedman, M.［1970］The social responsibility of business is to increase its profits. *New York Times Magazine*, September 13.
Koehn, D.［2001］*Local Insights, Global Ethics for Business*. Rodopi.
Marshall, A.［1907］The social possibilities of economic chivalry. *The Economic Journal*, 17(65), 7–29.
Nitobe, I.［1969］*Bushido: The Soul of Japan*. Charles E. Tuttle Company.
Porter, M. E. and M. R. Kramer［2006］Strategy and society: The link between competitive advantage and

corporate social responsibility. *Harvard Business Review*, 84(12), 78–92.

Porter, M. E. and M. R. Kramer［2011］Creating shared value: How to reinvent capitalism and unleash a wave of innovation and growth. *Harvard Business Review*, 89(1–2), 1–17.

Tanaka, K.［2017］Harmony between morality and economy. In P. Fridenson and T. Kikkawa (Eds), *Ethical Capitalism: Shibusawa Eiichi and Business Leadership in Global Perspective* (pp. 35–58). University of Toronto Press.

Tanaka, K.［2020］Prioritizing public interest: The essence of Shibusawa's doctrine and its implications for the re-invention of capitalism. *Hitotsubashi Journal of Commerce and Management*, 53(1), 1–19.

Vogel, D.［2005］*The Market for Virtue: The Potential and Limits of Corporate Social Responsibility*. Brookings Institution Press.（邦訳版『企業の社会的責任（ＣＳＲ）の徹底研究：利益の追求と美徳のバランス―その事例による検証―』（小松由紀子・村上美智子・田村勝省訳）一灯舎、二〇〇七年）。

あとがき

渋沢栄一は、私が奉職する一橋大学の大恩人である。前身である商法講習所の時代から学校運営に深く関与して、この学校が一再ならず直面した存亡の危機を救い、一九二〇年に東京高等商業学校が大学に昇格して東京商科大学（現、一橋大学）となるに至るまで強力に支援し続けてくれたのが渋沢であった。こうした本学とのつながりに加え、私自身、儒学を活かした経営哲学を研究テーマの一つとしてきたことから、「論語と算盤」の渋沢栄一には早くから関心をひかれていた。

その私が渋沢の道徳経済合一思想の研究に本格的に携わるようになったのは、二〇一〇年代前半に実施された二つの共同研究プロジェクトに参画してからである。一つは一橋大学大学院商学研究科（当時）のグローバルCOEプログラム《日本企業のイノベーション》の下で行われた「渋沢栄一プロジェクト」、もう一つは公益財団法人渋沢栄一記念財団が組織した「合本主義研究プロジェクト」である。それぞれの成果は前者が『渋沢栄一と人づくり』（有斐閣、二〇一三年）、後者が『グローバル資本主義の中の渋沢栄一』（東洋経済新報社、二〇一四年）および *Ethical Capitalism: Shibusawa Eiichi and Business Leadership in Global Perspective*（University of Toronto Press, 2017）に結実している。

本書の初めの方で提示した道徳経済合一説の論理構造や、そのエッセンスとしての公益第一・私利第二は、すでにその時点で明らかになっていた。本書ではそれを起点として、公益第一・私利第二を「先義後利」に押し広げて、渋沢が真に求めた「道徳と経済を合一させる道」の探究をさらに進めた。併せて、渋沢と現代の接点にも目を向け、ＥＳＧ／ＳＤＧｓ経営やコーポレート・ガバナンス、これからの資本主義のあり方などに対する示唆についても論及した。できる限り渋沢の言説・思想に基づく根拠を示して論じることを心がけた一方で、渋沢に拠りつつ私自身の考えを述べたところも少なくない。また、私は儒学の専門研究者でもない。中には行き過ぎた主張や理解不足、思わぬ誤解があるかもしれない。諸賢のご叱正を願うものである。

ところで、渋沢が真に求めた「道徳と経済を合一させる道」のことを本書では「経済士道」と呼んだ。敢えてこのような名称を用いずとも、先義後利の意味（第3章）、公への奉仕、誠実、勇気という三つの義（第5章）、王道と覇道の区別（第6章）を理解しさえすれば、渋沢の「経営哲学」を知り、現代の我々がそれを活かす手がかりを知るには十分かもしれない。それにも拘わらず、一つの章（第4章）を設けて「経済士道」を論じ、これを本書の副題にまで掲げたのには理由がある。本文で述べたように、渋沢自身が「武士道は即ち実業道なり」と考えていたこと、先義後利の企業者として「戦う」必要がありそれを明示する狙いがあること、そして先義後利が個人の価値観ひいては生き方——道——に関わるということ。殊に最後の点に関連して、これに加えて強調しておくべきは、「先義後利は実行しなければ意味がない」から、である。

幕末、江戸城無血開城への道を開いた幕臣・山岡鉄舟が、明治になって武士道の眼目についてこう語っている。「まず、世人が人を教えるに、忠・仁・義・礼・知・信とか、節義・勇武・廉恥とか、（……）言いかえれば種々あって、これらの道を実践躬行する人をすなわち、武士道を守る人というのである」（勝部真長編『山岡鉄舟の武士道』角川ソフィア文庫、二九頁）。徳目が何であれ、それを実践躬行すること、もっと言えばその人の実際の行いがそれらの徳目の現れになっていることこそが武士道の武士道たる所以である――私はそのように理解している。

「先義後利」（という一種の徳目）を自身・自社の哲学・理念として謳うことは難しくはない。しかしそれを実行しないことには「士道」にはならない。このことを、自戒も込めて記しておきたい。「先義後利の経営」を実行すること、実行し続けることが「渋沢栄一が求めた経済士道」である。

先述の通り本書の起点となり、また本書の議論全体の礎ともなったのは、二〇一〇年代前半の二つの共同研究プロジェクトである。とりわけ日米英仏の八名の研究者がメンバーとなって進められた「合本主義研究プロジェクト」では、経営史学の領域でいずれも立派な業績をあげてこられた先生方との間で、毎回、知的刺激に満ちた議論をする機会に恵まれた。ロンドン、ボストン、パリ、東京などで開かれた研究会では、渋沢における公益と私利の関係についてもたびたび熱い議論が交わされ、そのたびごとに道徳経済合一に対する私の理解は磨き直されていった。研究者として、まことに心躍る経験であった。メンバーであった先生方に、この場を借りて深く感謝申し上げたい。中でも橘川武郎先生と島田昌和先生には「合本プロジェクト」のみならず、グローバルＣＯＥプログラム「渋沢栄一プロジェクト」でもお世話になった。そもそも両プロジェクトへの参加を誘い、私の渋沢研究への道を開いてくださったのが橘川先生である。プロジェクトの研究成果の発信に向けても絶えず背中を押してくださり、研究者として場数を踏むことの大切さも教えていただいた。渋沢研究の第一人者である島田先生には、両プロジェクト終了後も、共著論文の執筆などを通じて多くのことを教えていただいている。本書の主張のいくつかについて賛意を示してくださったことが、執筆を進めるにあたって大いに励みとなり力となった。

公益財団法人渋沢栄一記念財団にも厚く御礼を申し上げる。「合本主義研究プロジェクト」というこの上ない機会を与えていただき、その研究プロセスにおいても、成果発信にあたっても、惜しみない支援を賜った。同財団にはグローバルＣＯＥプログラム「渋沢栄一プロジェクト」でも側面からサポートをいただいた。両プロジェクトに当時、同財団の研究部部長として携わられた木村昌人先生に謝意を表する次第である。さらに、本書の執筆過程では、同財団情報資源センターのスタッフの方々から貴重なご教示・ご協力を得た。ここに記して感謝したい。

本書はまた、本書で言うところの「企業者」の方々に負うところも大である。一橋大学大学院経営管理研究科（一橋ビジネススクール）のＭＢＡコースで私が担当している「経営哲学」の授業、そして一橋シニアエグゼクティブ・プログラム（ＨＳＥＰ）の受講者の皆さんとの議論や提出された課題レポートから、多くの気づきと知見、刺激をいただいた。また、ＨＳＥＰのゲスト講師の方々をはじめ幾人もの経営者から、貴重なご経験、ご自身の哲学を伺うことを通じて、多くを教えていただいた。このほか、企業研修や講演会の参加者とのやりとり、フィードバックからも様々な学びを得た。こうした企業者の皆さんの存在が、この本を書き切る原動力となった。感謝申し上げる次第である。

本書の出版にあたっては有斐閣書籍編集第二部の藤田裕子さんと得地道代さんに大変お世話になった。古い言葉の引用や注記がふんだんにある本書の編集・製作には相当なご苦労をおかけしたことと思う。心から御礼を申し上げたい。

二〇二四年六月　新日本銀行券の発行を翌月に控えて

田中一弘

付記　本書は、日本学術振興会科学研究費補助金（課題番号 20K01877）の成果の一部である。

著者紹介　　田中　一弘（たなか　かずひろ）

一橋大学大学院経営管理研究科・商学部教授
1990年一橋大学商学部卒業。1999年一橋大学大学院商学研究科博士後期課程修了。博士（商学）。神戸大学大学院経営学研究科助教授，一橋大学大学院商学研究科准教授などを経て，2018年より現職。専門は経営哲学，企業統治。
主な著作：『「良心」から企業統治を考える』（東洋経済新報社，2014年），『渋沢栄一と人づくり』（共編著，有斐閣，2013年），『企業統治』（共著，中央経済社，2017年）。

先義後利の経営――渋沢栄一が求めた経済士道

Responsibility Ahead of Profit: Economic Chivalry of Shibusawa Eiichi

---

2024年7月30日　初版第1刷発行

著　者　田中一弘
発行者　江草貞治
発行所　株式会社有斐閣
〒101-0051 東京都千代田区神田神保町2-17
https://www.yuhikaku.co.jp/
印　刷　株式会社精興社
製　本　牧製本印刷株式会社
装丁印刷　株式会社亨有堂印刷所

落丁・乱丁本はお取替えいたします。定価はカバーに表示してあります。

Printed in Japan. ISBN 978-4-641-16633-2